ALFRED MAME ET FILS
A TOURS

LES PIRATES
DE
LA MER ROUGE

SOUVENIRS DE VOYAGE

PAR

KARL MAY

TRADUIT DE L'ALLEMAND PAR J. DE ROCHAY

C'était bien un cadavre humain, que les oiseaux de proie dépeçaient.

LES PIRATES
DE
LA MER ROUGE

SOUVENIRS DE VOYAGE.

PAR

KARL MAY

TRADUIT DE L'ALLEMAND PAR J. DE ROCHAY

TOURS
ALFRED MAME ET FILS, ÉDITEURS

M DCCC XCI

AVANT-PROPOS

Les récits de voyage, toujours aimés du public, ne furent jamais si recherchés qu'à présent. Ils servent à la vulgarisation des connaissances géographiques; pour les rendre attrayants, on y a mêlé le roman ou les aventures extraordinaires, essayant de substituer ce genre de littérature aux contes et aux nouvelles.

C'est pour répondre à un goût, presque à un besoin devenu si général, que nous avons entrepris la traduction de la longue série des voyages de M. May. Il nous a semblé que le style du narrateur serait apprécié en France; que ses dialogues, si vifs, si naturels, si amusants, plairaient; que sa verve, son caractère aventureux, sa brillante imagination le rendraient sympathique malgré sa nationalité, et ces qualités-là, nous nous sommes efforcé de les mettre dans tout leur jour en les exprimant dans notre langue.

Si M. May écrit sans prétentions pédagogiques, s'il laisse un libre cours à son imagination dans les récits de ses rencontres ou de ses aventures, ses descriptions, ses renseignements sont toujours exacts et instructifs. Il a visité l'Amérique, l'Océanie, l'Afrique, l'Asie, et nous espérons bien l'y accompagner successivement; mais de tous ses voyages, celui qui semble avoir laissé à notre auteur les plus vifs souvenirs et l'inspirer davantage, c'est l'exploration publiée [1] sous le titre de GIOLGEDA PADISCHANUN :

---

[1] Dans une excellente revue imprimée à Ratisbonne, le *Hausschatz*.

A l'ombre du Padischah. A part la Terre sainte, que le voyageur n'a point vue, ou dont il n'essaye pas du moins de nous redire les émotions après tant de pèlerins, M. May parcourt presque toutes les contrées sur lesquelles s'étend la domination ottomane.

Il s'arrête « aux lieux ou furent Babylone et Ninive », se rappelant les magnifiques accents des prophètes; il les répète avec respect devant ces pierres dispersées sous la malédiction divine!

Les aventures qui arrivent au voyageur ne se lient point tellement l'une à l'autre, qu'il ne soit aisé de les diviser, comme nous le faisons, en plusieurs épisodes distincts; cependant elles forment un ensemble qu'on voudra lire, croyons-nous, quand une fois on aura fait connaissance avec l'intéressant narrateur et son naïf compagnon arabe.

Dans ce volume, nous suivons M. May à travers les chotts de la Tunisie; en Égypte, où il navigue sur le Nil; enfin sur les bords de la mer Rouge, où une rencontre très dramatique avec les pirates de ces parages lui fournit une curieuse étude de mœurs.

Le vieux traducteur de Plutarque parle « du plaisir d'écouter ceux qui reviennent de loin racontant les choses qu'ils ont vues en estrange pays, les mœurs des hommes, la nature des lieux, les façons de vivre différentes des nostres.

« Ces récits, ajoute-t-il, nous passionnent de joie, de peur ou d'espérance, ni plus ni moins que si nous estions presque sur le fait, sans estre en aucun danger. »

Puisse notre traduction procurer ces sensations à nos lecteurs, et les tant « ravir d'aise qu'elle leur fasse oublier les heures », comme dit le bon Amyot. Puisse-t-elle surtout leur fournir une distraction instructive et saine.

J. DE ROCHAY.

LES PIRATES
DE
LA MER ROUGE

I

UNE AVENTURE EN TUNISIE

« Est-il possible, Sidi, que tu veuilles rester toute ta vie un giaour, un infidèle, plus méprisable qu'un chien, plus répugnant qu'un rat, lequel ne se nourrit que de pourriture !
— Oui.
— Effendi, je hais les incroyants, je me réjouis de penser qu'après leur mort ils iront dans la Djehanna, où loge le diable; mais toi, Sidi, je voudrais te sauver de l'éternelle damnation qui t'attend. Tu es si bon, si différent des autres sidis que j'ai servis ! Écoute, je te convertirai malgré toi, tu verras ! »

Ainsi parlait Halef, mon domestique, le guide intelligent et fidèle avec lequel je venais de gravir les pointes escarpées du Djébel (montagne) Aurès, de descendre les flancs du Dra (colline) el Haouna pour arriver, en traversant le mont Tarfaoui, aux stations de Seddada, de Kris et de Dagache, puis près de là prendre le chemin qui conduit à Fetnassa par le fameux chott el Djerid.

Halef était un garçon fort original, si petit qu'il eût facilement passé sous mon bras ; si maigre, si menu, qu'il faisait songer aux plantes desséchées d'un herbier. Sa petite tête disparaissait presque complètement sous un turban de trois pieds de diamètre ; son burnous, jadis blanc, avait pris toutes les nuances de la saleté. Certes, ce manteau avait été fait pour un homme beaucoup plus grand ; de sorte que, quand mon brave petit compagnon descendait de cheval, il était obligé de porter sa queue sur son bras, comme les amazones. Malgré son étrange accoutrement, mon Halef savait fort bien se faire respecter ; son intelligence était au-dessus de l'ordinaire dans sa condition ; il montrait en toute circonstance un courage, une adresse, une persévérance, que rien ne rebutait. De plus, il parlait tous les dialectes usités dans ces contrées, ce qui était inappréciable ; aussi le traitais-je en ami plutôt qu'en serviteur.

Un seul point nous divisait : Halef, musulman convaincu, ne croyait pouvoir mieux me témoigner son affection qu'en essayant de me convertir à l'Islam. Il venait justement de se lancer dans une nouvelle tentative à cet égard, et je ne pouvais m'empêcher de sourire pendant qu'il se démenait de la façon la plus grotesque.

Je chevauchais sur un petit cheval berbère à demi sauvage, et si bas de jambes que mes pieds touchaient presque la terre ; Halef avait enfourché une vieille et maigre jument, haute comme une girafe ; aussi notre homme me regardait-il de son haut, gesticulant avec animation, les pieds hors de l'étrier, les bras levés vers le ciel, renforçant chacun de ses arguments par la plus expressive pantomime. Comme je ne répondais rien, il continua :

« Sais-tu, Sidi, ce qui arrive aux giaours après leur mort ?

— Dis-moi cela, Halef !

— Après la mort, tous les hommes, tant musulmans que chrétiens, juifs ou autres, vont dans le Barzakh.

— C'est l'état de l'âme entre la mort et la résurrection ?

— Oui, Sidi ; ensuite tous les morts seront réveillés par la trompette ; alors viendra le dernier jour, la fin de toutes choses. Tout s'anéantira, excepté el Koukrs (le trône de Dieu), el Rouh (l'Esprit), el Laühel mahfous (la table de Dieu), enfin el Kalam (la plume qui a écrit la destinée de tous les êtres).

— Et il ne restera plus rien ?

— Non.

— Mais le paradis et l'enfer ?

— Sidi, tu es prudent et sage, tu remarques tout de suite mon oubli. Que c'est donc dommage que tu veuilles rester giaour ! Mais, je le jure par ma barbe, je te convertirai malgré toi ! »

A ces derniers mots, le front de Halef se plissa de rides menaçantes ; il arracha quelques poils à sa barbe clairsemée, écarta les jambes et tira la crinière de sa monture, comme s'il eût voulu *extirper* le diable qui était censé hanter ma personne.

La pauvre jument, si cruellement réveillée de ses mélancoliques réflexions, s'emporta d'abord, fit quelques ruades peu convenables à son âge, puis se calma et reprit son allure paisible, ce qui permit à Halef de continuer ses exhortations.

« Oui, s'écria-t-il, le paradis et l'enfer subsisteront après le dernier jour ! car où iraient les bienheureux et les damnés ? Mais, avant de s'y rendre, les ressuscités devront passer le pont de Sirath, qui s'étend par-dessus le lac Handb, et qui est fin et tranchant comme le fil d'un sabre bien aiguisé.

— Tu oublies encore quelque chose !

— Et quoi ?

— L'apparition du Deddjel !

— C'est vrai !... Sidi, tu connais le Coran et tous les saints livres et tu ne veux pas embrasser la loi ! Mais ne t'inquiète pas..., je ferai de toi un fidèle croyant ! — Oui, oui, avant le jugement apparaîtra le Deddjel, que les giaours appellent l'Antéchrist, n'est-il pas vrai, Sidi ?

— Oui.

— Et alors le grand livre sera ouvert ; il contient le compte de ce que chacun a fait de bon ou de mauvais, et l'examen de tous les hommes durera cinquante mille ans. Ce temps passera en un moment pour les bons ; il semblera éternel aux méchants. Là se pèseront les actions humaines.

— Et après ?

— Après viendra la sentence. Ceux dont les bonnes œuvres l'emporteront iront en paradis ; les pécheurs, les infidèles seront damnés pour toujours ; mais les musulmans qui auront péché passeront seulement quelque temps en enfer.

— Tu vois, Sidi, ce qui t'attend, que tu fasses ou non de bonnes œuvres ! Mais tu seras sauvé, tu viendras avec moi dans le paradis. Je te convertirai, je te convertirai ! »

Pour confirmer cette promesse, Halef frappa si vigoureusement des deux talons sur les maigres flancs de sa monture, que la vieille Hassi Ferdajn, vivement contrariée, dressa les oreilles et tourna la tête comme pour demander à qui son maître en voulait.

« Qu'est-ce qui m'attend dans votre enfer ? repris-je.

— Dans l'enfer brûle le *Nar,* le feu éternel ; dans l'enfer coulent des torrents si infects, que, malgré leur soif dévorante, les damnés ne peuvent boire. Là aussi croissent des arbres affreux entre lesquels se trouvent les Zakoum, dont les branches portent des têtes de diables au lieu de feuilles.

— Brrrou !

— Oui, Sidi, c'est épouvantable ! Le gouverneur de la Djehenna (géhenne) est l'ange du châtiment ; le sévère Thabek, son royaume, se divise en sept cercles, dont chacun a sa porte.

« Dans le premier sont les musulmans ; ils se purifient là de leurs fautes. Dans le second, les chrétiens ; dans le troisième, les juifs ; dans le quatrième, les sabéens ; le cinquième est réservé aux adorateurs du feu ; le sixième, à ceux qui adorent les idoles et les fétiches ; mais le septième, qui se nomme Derk-Asfal ou Zaoviat, est le plus profond, le plus terrible ; c'est là que seront précipités les hypocrites et les apostats.

« Dans tous ces cercles, les damnés seront sans cesse poussés, traînés, chassés, par les démons au milieu des flammes ; ils mangeront les fruits du zakoum, qui sont des têtes de diables, et ces têtes leur dévoreront les entrailles ! O Effendi, embrasse la loi du Prophète, afin de ne pas demeurer longtemps en ce lieu maudit !

— Mais si je quitte ma foi, Halef, j'irai dans notre enfer, et il n'est guère moins effrayant que le vôtre.

— Ne crois pas cela, Sidi ! Je te promets, par le Prophète et tous les califes, que tu iras en paradis. Faut-il te décrire le paradis ?

— Oui, certes !

— Eh bien, le paradis est situé au-dessus du septième ciel ; il a huit portes. En y entrant, on trouve d'abord une grande et admirable fontaine autour de laquelle cent mille élus peuvent se désaltérer à la fois ; son eau est blanche comme du lait, son parfum plus suave que celui de la myrrhe ; des milliers de coupes d'or sont placées sur ses bords. Après cela, tu verras le lieu délicieux où les élus, couchés sur des coussins brodés d'or, mangent des mets exquis que leur servent de jeunes garçons plus beaux que le jour et des houris incomparablement belles. Leur oreille se délecte sans cesse au chant de l'ange Israfil, et l'harmonie des zéphirs, qui traversent les arbres où pendent mille clochettes d'argent, les jette dans un ravissement perpétuel. Le vent du paradis vient du trône de Dieu; il chante éternellement. Les élus ont une stature de soixante pieds de haut; tous atteignent l'âge de trente ans, mais ne le dépassent jamais. Au-dessus de tous les arbres célestes est le Toubah, l'arbre du bonheur, dont la tige s'élève au milieu du palais de Mahomet et dont les branches couvrent la demeure des élus, en leur offrant tout ce qui peut flatter leurs désirs. Des racines du Toubah sort le grand fleuve qui arrose le paradis; ses vagues sont de lait, de vin, de café et de miel liquide! »

Malgré le sensualisme dont cette description est empreinte, je remarquais combien Mahomet avait emprunté aux données chrétiennes, accommodant adroitement ces grandes idées avec les grossiers instincts des nomades qu'il cherchait à civiliser, dans une certaine mesure.

Halef me regardait d'un air radieux, attendant l'effet de son discours. Comme je ne répondais pas assez vite à son gré, il me demanda :

« Eh bien, que dis-tu ?

— Je t'avoue, en toute franchise, que je n'ai nullement envie de grandir jusqu'à soixante pieds; d'ailleurs, la troupe des houris ne me tente pas le moins du monde, car je déteste les femmes !

— Et pourquoi ? murmura Halef très surpris.

— Le Prophète n'a-t-il pas dit : « La voix de la femme ressemble au chant du bulbul (rossignol), mais sa langue est plus empoisonnée que celle de la vipère ? N'as-tu pas lu cela ?

— Je l'ai lu. »

Tout confus de se voir réfuté par les paroles mêmes du Prophète et ne sachant comment se tirer d'embarras, Halef se tut quelques instants, puis il reprit :

« N'as-tu que cette objection contre le paradis ? Eh bien ! tu ne regarderas pas les houris.

— Halef, tu as beau faire, je reste chrétien.

— Quelle obstination ! Serait-ce difficile de dire : La Ila illa Allah oua Mohammed Rasoul Allah ?

— C'est aussi facile de dire : Ya abana illedsi, etc... (Notre Père qui êtes aux cieux). »

L'Arabe me regarda tout en colère.

« Je sais, dit-il, qu'Isa ben Maryam, que vous appelez Jésus, vous a enseigné cette prière... Tu voudrais me faire embrasser ta foi, mais je ne serai jamais un apostat, un renégat, sache-le bien ! »

Plusieurs fois j'avais tenté de parler de la religion chrétienne à mon pauvre Halef ; mais, convaincu de l'inutilité de mes efforts, je voulus du moins mettre un terme à ses propres prétentions :

« Écoute, lui dis-je, puisque tu ne veux pas renoncer à ta foi, laisse-moi la mienne. »

Halef exhala sa mauvaise humeur en grommelant quelque formule pour moi inintelligible ; puis, comme s'il se fût parlé à lui-même, il continua :

« N'importe, je le convertirai, qu'il le veuille ou non... N'a-t-il pas aussi un chapelet au cou !... Je l'ai vu... Ce que j'ai une fois résolu doit s'accomplir. Je suis le hadji Halef ben hadji Aboul Abbas, ibn hadji Daoud al Gossarah !

— C'est-à-dire que tu es fils d'Aboul Abbas, fils de Daoud al Gossarah, n'est-ce pas, Halef ?

— Oui, Sidi.

— Serais-tu toi-même hadji (pèlerin) ?

— Oui.

— Donc, depuis trois générations vous vous rendez tous à la Mecque ? Tous vous avez vu la sainte Kaaba?

— Non, Daoud al Gossarah ne l'a pas vue.

— Pourquoi l'appelles-tu *hadji*, en ce cas ?

— Parce qu'il en fut un ; il demeurait dans le djebel Chour-Choum et entreprit fort jeune le pèlerinage. Il arriva heureusement à el Djouf, qu'on appelle *le Ventre du Désert;* mais là il tomba malade et fut obligé de s'arrêter ; il prit une femme du pays et mourut après avoir vu naître son fils Aboul Abbas; ne peut-on pas le regarder comme un vrai pèlerin ?

— Hum ! Enfin Aboul Abbas est allé à la Mecque, lui ?

— Non...

— Donc il n'est pas hadji?

— Si, car il entreprit le voyage et alla jusqu'à la plaine d'Admar; seulement il n'avança pas plus loin.

— Pourquoi ?

— Parce qu'il rencontra la perle de Djouneth ; il l'aima, Amareh devint sa femme ; ils eurent pour fils Halef Omar, que tu vois à tes côtés, puis ils moururent. Aboul Abbas ne fut-il pas un vrai pèlerin ?

— Hum ! Hum ! Mais toi, as-tu fais le pieux voyage ?

— Non.

— Et tu oses prendre le titre de pèlerin !

— Oui, car après la mort de ma mère j'ai entrepris le pèlerinage. J'ai parcouru maintes contrées, du levant au couchant ; j'ai marché pendant le jour et pendant la nuit ; je connais les oasis du désert et toutes les bourgades de l'Égypte ; certes je n'ai pas vu la Mecque, mais j'irai plus tard, c'est sûr ; ne suis-je pas un vrai pèlerin ?

— Hum ! je croyais que les hadji étaient seulement ceux dont les propres yeux ont vu la Mecque.

— Dans un sens, oui ; mais je la verrai.

— C'est possible. Je m'imagine pourtant que si tu rencontres une femme à ton gré, tu l'épouseras et tu t'arrêteras en chemin ; ton fils en fera autant ; c'est chez vous, paraît-il, une habitude de famille, ce qui n'empêchera pas ton arrière-petit-fils de dire, dans deux cents ans :

« Je suis hadji Mustapha, ben hadji Assabeth, ibn hadji Seid, etc. etc., ben hadji Halef, ben Omar, ben hadji Aboul Abbas, ibn hadji Daoud el Gossarah... »

« Cependant aucun de vous n'aura réellement vu la sainte Kaaba ; aucun n'aura véritablement accompli le pèlerinage, ni par conséquent mérité le titre de hadji. Que dis-tu de cela? »

Halef, un peu assombri, finit par rire avec bonhomie. Il y a parmi les musulmans une infinité de gens qui se qualifient de hadji, surtout en présence des étrangers, et qui n'ont de leur vie fait le pèlerinage ; le bon Halef ne l'ignorait pas, mais il dédaigna cette excuse. Au bout de quelques minutes il me demanda tout à coup :

« Sidi, est-ce que tu iras raconter partout que je n'ai pas vu la Mecque ?

— Non, je n'en parlerai de ma vie ni de mes jours, à moins que tu ne recommences à vouloir me convertir... Mais, tiens, regarde ces traces sur le sable... »

Nous longions le ruisseau de Tarfaoui, et nous arrivions à ces sables que chasse le vent du désert sur les roches nues; dans cette poussière si fine, les moindres empreintes marquent parfaitement.

« Des cavaliers arabes viennent de passer, dit Halef avec indifférence.

— Descendons pour examiner ces traces. »

Le petit homme me regarda d'un air étonné.

« Sidi, c'est une chose inutile : des cavaliers ont passé, que t'importe ? Pourquoi veux-tu interroger leurs pas ?

— Il est toujours bon de savoir quelle sorte de gens on aura à rencontrer sur la route.

— Mais si tu t'avises d'étudier chaque empreinte sur le sable, nous n'arriverons jamais à Seddada; que te font ces hommes qui sont devant nous ?

— J'ai voyagé dans des pays lointains, habités par beaucoup d'animaux féroces et où la vie est sans cesse menacée; j'ai pris l'habitude d'étudier toutes les traces que je rencontre, pour savoir si je me trouverai, un peu plus loin, face à face avec un ami ou un ennemi. Comprends-tu, Halef?

— Ici, Effendi, il n'y a point d'ennemis.

— Qui sait ? »

Je descendis de cheval et m'agenouillai à plusieurs reprises sur le sable; les empreintes étaient celles de trois montures : un chameau et deux chevaux.

Un chameau de selle à en juger par la finesse du pied et la légèreté de l'empreinte. Après un examen attentif, je fus convaincu que l'un des chevaux devait avoir le pied malade. Cette circonstance m'étonna; jamais, dans ces contrées, un cavalier ne monte une bête infirme. Le possesseur du cheval n'était point Arabe, ou, s'il l'était, il appartenait à la classe la plus pauvre.

Halef souriait de la peine qu'il me voyait prendre; lorsque je relevai la tête il me cria :

« Eh bien ! Sidi, qu'as-tu vu ?

— Il y a deux chevaux et un chameau.

— Deux chevaux et un djemel ! Allah bénisse tes yeux ! J'en ai vu tout autant sans descendre de ma bête ! Tu veux faire le taleb (le savant), et tu fais des choses dont un ânier rirait. A quoi te servira le trésor de science que tu as ramassé là ?

— Je sais, Sidi Halef, que trois cavaliers ont passé en ce lieu il y a quatre heures environ.

— A quoi cela t'avance-t-il ? Vous autres, hommes d'Europe, vous êtes de singulières gens ! »

Halef me regardait avec commisération ; je me remis en selle, nous poursuivîmes silencieusement notre route.

Au bout d'une heure, le ruisseau parut se détourner brusquement ; nous étions au milieu des sables amoncelés. Trois vautours, enfoncés dans un trou, firent entendre un cri rauque à notre approche, puis s'envolèrent d'un vol pesant. Nous arrêtâmes nos chevaux.

« El boudj (le vautour) !... Un cadavre doit être proche, soupira Halef.

— Quelques bêtes mortes de fatigue sans doute, » repris-je en m'efforçant de suivre mon guide, qui tout à coup faisait partir sa triste monture au trot. Arrivé au bord de la dune, Halef poussa un cri d'horreur.

« Bonté divine ! Que vois-je ! On dirait le corps d'un homme. — Viens, Sidi, viens ! »

Je m'approchai à mon tour ; c'était bien un cadavre humain, que les oiseaux de proie dépeçaient. Je me précipitai à bas de mon cheval et m'agenouillai près de ces tristes restes. Les vêtements du mort avaient été déchirés par les ongles des vautours, mais l'œuvre de ces oiseaux féroces ne devait pas être commencée depuis longtemps. Je tâtai les chairs et les trouvai encore molles.

« Allah kerim ! Dieu miséricordieux ! exclamait Halef, cet homme n'est pas mort de sa mort naturelle ; vois, Sidi.

— Non, voici une large blessure à la gorge et une entaille au-dessous de la nuque ; il a été assassiné.

— Qu'Allah maudisse l'homme qui a fait cela ! Mais peut-être est-ce un combat légitime ?

— Qu'appelles-tu un combat légitime ? Une vengeance, comme il y en a tant parmi vous ? Il faut fouiller ses vêtements. »

Nos recherches restaient infructueuses, quand, en jetant les yeux sur la main de la victime, je remarquai son anneau de mariage. Je retirai l'anneau, l'ouvris et lus, gravé en creux : « E. P. 15 juillet 1850. »

« Que trouves-tu ? interrogea Halef.

— Cet homme n'est pas de race arabe.

— Qu'en sais-tu ?

— C'est un Français.

— Un Franc, un chrétien ? à quoi vois-tu cela ?

— Quand un chrétien prend une femme, les deux époux échangent des anneaux où ils ont fait graver leur nom avec la date de leur mariage.

— Et cet anneau est ainsi gravé ?

— Oui.

— Mais comment vois-tu que ce mort appartenait au peuple franc ? Il est peut-être tout aussi bien Ingli, ou Nemsi comme toi.

— Non, ce sont des signes français.

— N'importe, tu peux te tromper, Effendi ; on trouve ou l'on vole souvent un anneau.

— C'est vrai ; mais regarde la chemise, elle a les mêmes marques.

— Qui l'a tué ?...

— Ses deux compagnons ; ne vois-tu pas sur le sable la trace de la lutte ? Ne remarques-tu pas que... »

Je m'étais relevé pour interroger les alentours, Halef me suivait ; non loin du mort commençait une large traînée de sang. Mon revolver au poing, pour n'être pas surpris par les meurtriers, j'avançai quelques pas dans cette direction. Un grand coup d'aile se fit entendre soudain ; je courus à la place d'où s'envolait encore un vautour ; un chameau gisait là, dans un creux de sable, le poitrail ouvert par une affreuse blessure. Halef levait les mains au ciel.

« Un superbe chameau gris, un touareg ! gémissait-il, ils l'ont tué ! Oh ! les chiens ! les assassins ! les brigands ! »

Évidemment Halef déplorait bien davantage la perte du chameau que celle du Français. Il s'accroupit près de la bête pour fouiller les fontes de la selle ; elles étaient complètement vides.

« Les voleurs ! ils ont tout pris ! continuait l'Arabe ; puissent-ils brûler éternellement dans l'enfer ! Rien, non, rien ! ils n'ont laissé derrière eux que la carcasse du pauvre chameau et ces papiers dispersés dans le sable ! »

Cette exclamation me frappa ; je vis, en effet, à quelque distance des papiers froissés que je n'avais pas remarqués d'abord ;

je m'empressai de les ramasser, espérant y trouver quelque indication.

C'étaient des feuilles de journaux récents, déchirées et serrées en boules. Après les avoir dépliées avec précaution, je parvins à en rapprocher les morceaux. Il y avait des fragments de la *Vigie algérienne,* de l'*Indépendant* et du *Mahouna :* l'une paraissait à Alger, l'autre à Constantine, la troisième à Guelma. Parmi les articles assez insignifiants, je finis par trouver un entrefilet répété dans les trois feuilles ; il concernait le meurtre d'un riche marchand français de Blida. On soupçonnait un trafiquant arménien d'avoir commis le crime, et les trois journaux reproduisaient mot pour mot son signalement.

Comment se faisait-il que le voyageur auquel avait appartenu le chameau se soit muni de ces trois feuilles, portant la même date ? Était-ce un parent, un ami de la victime de Blida, ou bien un agent de police envoyé sur les traces du meurtrier ?... Je pris les papiers, comme j'avais déjà pris l'anneau, que je gardais au doigt pour plus de sûreté ; puis je retournai avec Halef auprès du cadavre. Les vautours, déjà revenus, planaient alentour ; ils s'envolèrent de nouveau, dès que nous approchâmes, pour aller s'abattre sur le chameau.

« Eh bien, que penses-tu de tout cela, Sidi ? me demanda mon compagnon tout soucieux.

— Je pense que nous n'y pouvons rien pour le moment ; il ne nous reste qu'à enterrer le corps.

— Tu veux lui creuser une fosse ?

— Non, car les outils nous manquent ; nous allons ramasser des pierres et l'enfouir sous un monceau pour le garantir des bêtes carnassières.

— Es-tu sûr que ce soit un giaour ?

— Oui, un chrétien.

— Écoute, Sidi, tu peux te tromper, laisse-moi t'adresser une prière.

— Laquelle ?

— Je voudrais le coucher la face tournée vers la Mecque.

— Je ne m'y oppose pas, car c'est aussi l'orientation de Jérusalem, où notre Sauveur a souffert la mort pour nous. — Allons, aide-moi. »

Ce fut une triste besogne que nous dûmes accomplir dans ce

désert. Lorsque les pierres furent assez amoncelées pour protéger le corps, j'en ajoutai quelques-unes que je plaçai en forme de croix, et je m'agenouillai pour réciter le *De profundis*. Aussitôt que j'eus fini, Halef, tourné vers l'Orient, se mit à répéter tout haut les cent douze versets du Coran :

« Au nom du Dieu des miséricordes, je confesse que Dieu est l'unique et éternel Dieu. Il n'est pas engendré, il n'engendre point... Aucun être n'est égal à lui...

« L'homme s'attache à la vie qui passe ; il ne songe pas à celle qui lui est promise...

« Mais voici ton voyage terminé, et maintenant tu vas vers ton Seigneur, qui te ranimera pour une vie nouvelle.

« Puisse le nombre de tes péchés être petit, et celui de tes bonnes actions se multiplier comme celui des grains de sable sur lequel tu reposes au désert..., etc. »

Après ces invocations, Halef se prosterna, puis purifia ses mains dans le sable, car elles étaient souillées par l'attouchement du mort ; enfin il me dit :

« Vois-tu, je suis maintenant *tahir,* ce que les enfants d'Israël appellent *pur ;* je puis toucher ce qui est pur et saint. Qu'allons-nous faire ?

— Poursuivre les meurtriers.

— Tu veux donc les tuer ?

— Je ne suis pas le bourreau ; je voudrais seulement les interroger ; je verrai ensuite ce que j'aurai à faire.

— Ces hommes ne doivent point être intelligents, autrement ils se seraient servis du chameau, qui valait mieux que leurs montures. »

Nous nous remîmes en route, hâtant le pas, malgré la chaleur et la difficulté de la marche dans le sable mouvant. Nous gardions d'abord le silence, mais Halef ne pouvait être longtemps sans que la langue lui démangeât.

« Sidi, s'écria-t-il d'une voix plaintive, tu m'abandonnes !

— Je t'abandonne ?

— Oui, ma jument a de vieilles jambes, elle ne peut suivre ton petit cheval. »

Je m'aperçus en me retournant que la pauvre Hassi Ferdajn était, en effet, couverte de sueur, et que de gros flocons d'écume s'échappaient de sa bouche.

« Eh bien, dis-je, ralentissons le pas pendant la grande chaleur, mais marchons jusqu'à la nuit : autrement les brigands nous échapperaient.

— Sidi, celui qui trop se hâte n'en arrive pas plus tôt, car Allah conduit tout. »

Nous étions devant une chute assez rapide du ouadi (ruisseau), lorsque nous aperçûmes, à la distance d'un quart de lieue environ, deux hommes occupés à puiser un peu d'eau potable au fond d'un petit sobha (marais), tandis que leurs chevaux cherchaient une maigre nourriture dans un plan de mimosas.

« Les voilà! murmurai-je.

— Oui, Sidi, ce sont eux. Ils ont chaud et se sont décidés à laisser passer l'ardeur du jour.

— Peut-être se sont-ils arrêtés afin de partager le butin. Reculons, Halef, reculons. Quittons le ouadi et chevauchons du côté du chott el Rharsa.

— Pourquoi cela, Effendi?

— Pour qu'ils ne devinent pas que nous avons rencontré le cadavre. »

Nous remontâmes sur les hauteurs de la rive et nous tirâmes vers l'ouest, puis nous revînmes en décrivant une courbe. Les malfaiteurs étaient, du reste, trop enfoncés dans le creux du marais pour nous avoir aperçus. Ils se relevèrent lorsqu'ils nous entendirent approcher, car ils étaient accroupis auprès du filet d'eau. Tous deux saisirent leurs armes. Je les imitai, affectant la surprise; cependant je ne jugeai pas nécessaire de préparer mon fusil.

« Salam aléïkoum! leur criai-je en arrêtant ma monture.

— Aléïkoum! répondit le plus âgé. Qui êtes-vous?

— Des cavaliers paisibles.

— D'où venez-vous?

— Du désert.

— Où allez-vous?

— A Seddada.

— Quelle est votre race? »

Je montrai Halef et repris:

« Celui-ci est de la plaine d'Amar; j'appartiens aux Beni-Sachsa [1]. Et vous, qui êtes-vous?

---

[1] Fils des Saxons.

— Nous sommes de la célèbre famille des Oulad Hamalek.

— Les Oulad Hamalek sont de braves guerriers ; d'où venez-vous ?

— De Gaffa.

— Vous avez une longue route derrière vous ! Maintenant où allez-vous ?

— Au bir (puits) Saouidi, où nos amis nous attendent. »

Autant de mensonges que de paroles dans leurs réponses ; mais j'étais décidé à ne faire aucune objection pour commencer. Je continuai tranquillement :

« Voulez-vous nous laisser voyager avec vous ?

— Nous restons ici jusqu'à demain matin, répondit le plus âgé des deux, évitant de se compromettre par un oui ou un non.

— Nous avons aussi l'intention de nous reposer jusqu'au prochain soleil. Il y a assez d'eau pour vous et pour nous ; nous camperons ici.

— Le désert est à tous ; soyez les bienvenus ! »

Malgré ce semblant de politesse, il était facile de voir qu'il lui eût été beaucoup plus agréable de nous voir continuer notre chemin.

Cependant nous laissâmes nos chevaux paître autour du marais, et nous nous assîmes sans façon auprès des deux voyageurs.

Leurs figures n'étaient pas faites pour inspirer la confiance : le plus âgé, qui jusqu'alors avait seul porté la parole, était grand et maigre ; son burnous sale, déchiré, pendant de ses épaules, lui donnait l'air d'un épouvantail pour les oiseaux. Sous son vieux turban bleu étincelaient des yeux méchants et faux ; autour de ses lèvres pâles on eût pu compter les poils de sa barbe noire ; son menton touchait presque son nez, un nez fin, recourbé, pareil au terrible bec des vautours que nous venions de rencontrer s'acharnant sur les cadavres.

L'autre individu était un jeune homme d'une étrange beauté, mais dont les passions précoces avaient altéré le regard et énervé les forces. Ses joues blêmes, son front flétri, m'inspirèrent une sorte de dégoût. Le plus âgé parlait l'arabe avec l'accent des riverains de l'Euphrate ; le plus jeune me fit l'effet d'un Européen déguisé. Leurs chevaux paraissaient mauvais et surmenés, mais leurs armes étaient fort riches. A la place où tous deux se trouvaient assis avant notre arrivée, gisaient quelques objets que ces hommes n'avaient pas eu le temps de cacher et qu'on rencontre rarement au désert : entre autres un mouchoir de soie, une montre avec une fort belle chaîne, une boussole, un magnifique revolver et un portefeuille de maroquin noir.

Je fis semblant de ne rien voir ; tirant une poignée de dattes de ma poche, je me mis à manger d'un air insouciant.

« Qu'allez-vous faire à Seddada ? me demanda celui qui portait la parole.

— Rien ; nous y passons pour aller de là beaucoup plus loin.
— Où ?
— Nous voulons traverser le chott Djerid et gagner Fetnassa, puis Kbilli. »

Un regard significatif adressé à son compagnon m'apprit que les deux bandits suivaient justement le même itinéraire ; notre homme continua :

« Tu as des affaires là-bas ?
— Oui.
— Tu vas acheter des troupeaux ?
— Non.
— Des esclaves ?
— Non.
— Des marchandises que tu as fait venir du Soudan, peut-être ?
— Non.
— Quoi donc ?
— Rien. Un fils de ma race ne fait pas le commerce avec Fetnassa !
— Peut-être vas-tu chercher une femme ? »

Je me composai un visage très courroucé.

« Oublies-tu que c'est injurier un homme que de lui parler de telles choses ? Es-tu un giaour pour méconnaître ainsi les usages ? »

Mon interlocuteur se sentait de plus en plus mal à l'aise ; à sa mine je crus avoir touché juste ; il n'avait nullement le type bédouin. C'est bien l'Arménien qu'on cherche, pensai-je soudain. C'est ce colporteur soupçonné d'assassinat à Blida ! Je me reprochai de n'avoir pas lu le signalement avec plus de soin. Comme j'étais préoccupé de cette idée, mon regard rencontra le revolver déposé sur le sol. La poignée, incrustée d'une petite plaque d'argent, me frappa.

« Permets, » dis-je en saisissant l'arme, sur laquelle je lus rapidement : *Paul Malingré, Marseille*. — Ce nom ne devait pas être celui du fabricant, mais du propriétaire. Je dissimulai de mon mieux mes impressions et demandai avec calme :

« Quelle est cette arme?

— Un revolver.

— Montre-moi comment on s'en sert. »

Il me l'expliqua avec beaucoup de précision; je lui dis alors :

« Tu n'es pas de la race des Oulad Hamalek, tu es un giaour.

— Pourquoi?

— Avoue que j'ai deviné. Un vrai fils du Prophète m'aurait déjà frappé si je l'avais appelé giaour! D'ailleurs, les infidèles seuls possèdent et manient des armes semblables. — Comment celle-ci serait-elle entre les mains d'un Oulad Hamalek? Te l'a-t-on donnée?

— Non.

— Alors tu l'as achetée?

— Non.

— C'est donc ta part de butin?

— Oui.

— Et sur quel ennemi?

— Sur un Français.

— Tu t'es battu avec lui?

— Oui.

— Où?

— En terre libre.

— A qui appartiennent ces objets?

— A moi. »

Je ramassai le mouchoir, il était marqué P. M. J'ouvris la montre, elle portait les mêmes initiales sur le couvercle intérieur de la boîte.

« D'où viennent ces objets? insistai-je.

— Que t'importe? Ne les touche pas. »

J'étais décidé à le braver. Je m'emparai du portefeuille; sur la première page je lus encore le même nom : *Paul Malingré*; les autres étaient couvertes de caractères sténographiques, je ne pouvais les déchiffrer.

« Laisse ce livre! » répéta l'Arménien, et il me l'arracha des mains avec tant de violence, que le carnet alla rouler dans la mare.

Je m'élançai pour le retirer, mais ils étaient deux contre un : le plus jeune des voyageurs venait d'accourir au secours de son compagnon. Halef, qui jusqu'alors affectait de rester indifférent à notre querelle, voyant quelle tournure prenait l'affaire, mit en

Il dirigea sur moi son revolver ; j'en fis autant vis-à-vis de lui.

joue les deux drôles. Si j'avais fait un signe, il eût tiré sans hésiter. Je me baissai pour ramasser la boussole.

« Laisse cela, criaient toujours mes gens, c'est notre bien ! » Et, joignant l'action à la parole, le plus âgé serrait fortement mon bras. Je vis qu'il fallait parlementer.

« Assieds-toi, lui dis-je, nous avons à causer.
— Je n'ai rien à te dire.

— C'est possible, mais moi je veux te parler. Allons, assieds-toi, ou bien... » Je montrai mon revolver, que je gardai au poing. L'Arménien finit par s'asseoir près de moi.

« Tu n'es point un Oulad Hamalek.

— Si.

— Tu ne viens pas de Gaffa.

— Je te dis que j'en viens.

— Combien y a-t-il de temps que tu voyages en suivant l'ouad Tafaoui?

— Mais que t'importe?

— Il m'importe beaucoup. Là-bas j'ai trouvé un homme mort, c'est toi qui l'as tué. »

Le brigand fronça les sourcils.

« Quand cela serait, qu'aurais-tu à dire?

— Un mot seulement : quel était cet homme?

— Je ne le connaissais pas.

— Pourquoi as-tu tué son chameau?

— Parce que cela me plaisait.

— Cet homme était-il un fidèle croyant?

— Non, c'était un giaour.

— Et tu as pris ce qu'il portait sur lui?

— Fallait-il le laisser?

— Non, car tu le prenais pour moi.

— Pour toi? je ne comprends pas.

— Tu vas me comprendre : le mort était un giaour; moi aussi je suis un giaour, je le vengerai!

— Avec le sang?

— Non, car ce serait déjà fait. Écoute : nous sommes au désert; là il n'y a d'autre loi que celle du plus fort. Je ne veux pas éprouver lequel des deux est le plus fort, je te voue à la vengeance divine. Dieu, qui voit tout, ne laisse aucun forfait impuni. J'exige seulement, entends-tu bien, que tu me rendes tout ce que tu as pris au mort. »

Il se mit à rire.

« Crois-tu, dit-il, que je ferai cela?

— Oui.

— Essaye de toucher à mon butin! »

Il dirigea sur moi son revolver; j'en fis autant vis-à-vis de lui; la situation n'était pas rassurante. Mais mon adversaire était lâche, je le voyais bien. Il se rassit et me demanda :

« Que feras-tu de ces objets ?

— Je veux les renvoyer aux parents du mort. »

Le drôle me regarda fixement, avec une sorte de pitié, et dit :

« Tu mens, tu les garderais pour toi.

— Je ne mens pas.

— Si je refuse, que me feras-tu ?

— Rien maintenant ; mais prends garde, je te signalerai, et...

— Tu vas vers Seddada, n'est-ce pas ?

— Oui.

— Si je te rends les objets du mort, tu me laisseras continuer mon chemin ? tu ne t'occuperas plus de nous ? Tu me le promets ?

— Je te le promets.

— Fais-m'en le serment.

— Un chrétien ne jure pas ; sa parole vaut un serment.

— Eh bien, prends l'arme, la boussole, la montre et le mouchoir.

— Il n'avait pas autre chose sur lui ?

— Non.

— Il avait de l'argent.

— L'argent, je le garde. »

Je ne pouvais exiger davantage.

« Garde-le, dis-je, mais donne-moi la bourse dans laquelle il est contenu.

— Tu l'auras. »

Il tira de sa ceinture une longue bourse brodée en perles d'acier, la vida et me la tendit.

« Il ne reste plus rien ?

— Non, rien.

— Va donc ! »

L'homme parut heureux de s'en tirer ainsi ; lui et son compagnon me faisaient l'effet de traîtres qu'on intimidait facilement en leur tenant tête et qui n'attaquaient que par derrière. Ils remontèrent au plus vite sur leurs chevaux.

« La paix soit avec vous ! » me cria le plus âgé en s'éloignant.

Je ne répondis pas, mais mon mépris les laissa fort indifférents. Ils eurent bientôt disparu derrière les dunes.

Halef, fatigué du long silence qu'il venait de garder, éclata :

« Sidi !

— Quoi?

— Puis-je te demander quelque chose?

— Oui.

— Connais-tu l'autruche?

— Oui.

— Sais-tu comment elle est?

— Comment?

— Elle est bête, Sidi, très bête.

— Après?

— Pardonne, Effendi, mais je trouve que tu as encore moins d'esprit que l'autruche.

— En vérité! maître Halef, et pourquoi cela?

— Parce que tu laisses courir ces drôles.

— Je ne pouvais les faire prisonniers, et je ne voulais pas les tuer.

— Pourquoi donc pas? S'ils avaient assassiné un véritable croyant, je ne t'aurais pas laissé faire, je les aurais envoyés dans la Djehenna avec tous les diables. Ils ont tué un giaour, cela m'est égal qu'ils soient punis ou non; mais toi, un chrétien, tu ne venges pas ton frère!

— Qui te dit que ces hommes ne seront pas punis?

— Bah! ils sont déjà loin; ils vont atteindre le puits de Saouidi, puis se sauver dans l'Areg [1].

— Je ne le crois pas.

— Tu ne le crois pas? mais ils te l'ont dit; ils vont au Bir Saouidi.

— Ils mentent, ils vont à Seddada.

— D'où le sais-tu?

— Par mes propres yeux.

— Qu'Allah bénisse tes yeux, qui lisent dans le sable! Après tout, tu ne peux agir en vrai croyant, ne l'étant point; mais je te convertirai, sois tranquille, bon gré mal gré!

— Bien, alors je dirai le nom d'un pèlerin qui n'a jamais vu la Mecque.

— Sidi, ne m'as-tu pas promis de ne jamais parler de cela?

— Oui, à condition que tu n'essayeras pas de me convertir.

— Tu es le maître, je dois me taire; que faisons-nous à présent?

---

[1] Région des dunes.

— Nous allons voir ce que deviennent ces gens; qui sait s'ils ne nous épient point? »

Je gagnai le bord de l'escarpement, et j'aperçus les deux cavaliers trottant dans la direction du sud à une distance satisfaisante. Halef m'avait suivi.

« Tu vois, dit-il, ils vont vers le Bir Saouidi.

— Bah! quand nous n'aurons plus l'œil sur eux, ils tourneront bride.

— Sidi, ton esprit me paraît faible; ils ne reviendront pas se livrer entre nos mains.

— Ils croient que nous ne partirons que demain matin; ils espèrent prendre une bonne avance sur nous.

— Qui veut deviner n'atteint pas toujours la vérité.

— Pourquoi ce manque de confiance? tout ce que je t'ai dit n'était-il pas juste?

— Alors suivons-les.

— Non, nous pourrions les dépasser, et nos traces leur donneraient l'éveil.

— Eh bien, retournons au bord de l'eau et reposons-nous. »

Nous reprîmes notre place; je m'étendis sur ma couverture et tirai le bout de mon turban sur mon visage en guise de voile, puis je fermai les yeux non pour dormir, mais pour mieux réfléchir à notre aventure. Il n'est guère facile, au milieu de l'atmosphère brûlante du Sahara, de fixer sa pensée sur un point quelconque sans que l'engourdissement s'empare de l'imagination; je ne tardai guère à m'endormir profondément, et deux heures se passèrent avant mon réveil.

L'ouad ou ouadi de Tarfaoui se jette dans le chott Rharsa. Nous devions donc abandonner son cours pour nous diriger au midi vers Seddada. Après une heure de marche environ, nous remarquâmes les empreintes de deux chevaux allant de l'est à l'ouest.

« Eh bien, Halef, reconnais-tu ces pas-là? demandai-je à mon compagnon.

— Par Allah! tu as raison, Sidi; ils marchent vers Seddada. »

Je voulus examiner les vestiges des chevaux, et me convainquis bientôt que le passage des deux bandits ne devait pas remonter au delà d'une demi-heure. Cette conviction me fit ralentir le pas, afin qu'ils ne nous vissent point venir derrière eux.

Les amoncellements de sable qui avoisinent le ruisseau de Tarfaoui descendent en pente douce jusqu'à une plaine assez vaste, à l'extrémité de laquelle nous aperçûmes Seddada. Le soleil se couchait alors, et la lune montait lentement au-dessus de l'horizon. Halef, se tournant vers moi, me demanda si je comptais descendre avant qu'il fît nuit.

« Non, répondis-je, il vaut mieux nous arrêter dans ce bois d'oliviers là-bas aux flancs du djebel (montagne). »

En nous écartant un peu de la route, nous entrâmes dans le bosquet, qui offrait un abri très commode pour le bivouac. Nous étions habitués aux hurlements des chacals et aux lugubres appels des hyènes errantes; cette gamme nocturne ne troublait plus notre sommeil. Lorsque nous nous éveillâmes, dès le matin, mon premier soin fut de me mettre à la recherche de nos maraudeurs, quoique je désespérasse un peu de pouvoir suivre leur piste aux environs d'une ville et sur une route assez fréquentée. Cependant je parvins à reconnaître les sabots des deux chevaux, fort bien marqués sur le sable non loin de notre campement. Les pas étaient tournés non du côté de Seddada, mais vers le sud, en faisant un écart anguleux.

« Pourquoi ne sont-ils pas descendus? disait Halef avec inquiétude.

— Pour ne point se faire voir. Des gens de leur espèce doivent être prudents.

— Mais où vont-ils?

— Probablement vers Kris pour traverser le Djerid, qu'ils veulent mettre entre eux et l'Algérie; une fois là, ils seront presque en sûreté.

— Ne sommes-nous pas déjà en Tunisie? les frontières vont du Bir Khalla au Bir el Tam, en passant par le chott Rharsa.

— Ce n'est point encore assez sûr pour eux; je parierais qu'ils essayeront d'atteindre Koufarah, au delà du Fezzan. Arrivés dans ces contrées, ils pourraient compter sur l'impunité.

— Bah! ils seraient tout aussi tranquilles ici, pourvu qu'ils aient un boudjourouldou (passeport) du sultan.

— Il ne leur servirait de rien contre les consuls ou les agents de la police.

— Crois-tu, Sidi? Je ne conseillerais à personne d'oublier ce qu'on doit au puissant Gueulguedé Padichahnun (l'ombre du Padischah).

— Tu parles ainsi, et cependant tu te vantes d'être un Arabe libre!

— J'ai vu en Égypte et ailleurs ce que peut le Grand Seigneur, mais au désert je ne le crains pas. Descendons-nous à Seddada maintenant?

— Certes, pour y acheter des dattes et nous donner le plaisir de boire un peu de bonne eau, puis nous reprendrons notre route.

— Et nous irons à Kris?

— J'y compte. »

Après avoir passé environ un quart d'heure à Seddada, où nous déjeunâmes, nous reprîmes bravement notre marche. A gauche de la route étincelait au soleil la surface du chott, dont je cherchai d'abord à m'expliquer la couleur et l'aspect.

On l'a dit : le Sahara est une grande énigme. Déjà, en 1845, Virlet d'Aoust émettait l'idée de transformer une partie du désert en un lac immense, dont les rives pourraient être aisément cultivées, et qui rendrait les communications faciles avec les peuplades africaines non encore civilisées. Ce projet, dont les résultats s'annonçaient magnifiques, ne fut point poursuivi; sa réalisation paraît offrir de grands obstacles. Beaucoup d'autres essais non moins vastes sont restés sur le papier. Quel siècle les verra s'accomplir?

Au pied de la pente méridionale du Djebel Aurès et en longeant cette chaîne de montagnes, dont les points principaux se nomment : Dra Hel Haoua, Djebel Tarfaoui, Djebel Sitouna, Djebel Hadifa, s'étend un terrain immense, onduleux et humide, tantôt creusé, tantôt soulevé, couvert de sel cristallisé ou amassé par le vent, reste de ces anciens et immenses lacs salés qui se nomment chotts en Algérie et sebkha en Tunisie. La plaine dont nous parlons a pour limites : à l'ouest les ksour[1] du plateau des Beni-Mzab, à l'est l'isthme de Gabès, au sud les régions des dunes de Souf et de Nifzaoua, avec la longue chaîne du Djebel Tabaga. Sous cette vaste étendue on retrouverait peut-être le lac Triton mentionné par Hérodote.

---

[1] Villages.

Outre un grand nombre de marais que le soleil a desséchés, trois grands sebkha se suivent presque sans interruption de l'est à l'ouest ; ce sont ceux de Melrhir, de Rharsa et de Djerid, ou el Kebir.

Ces trois bassins forment une sorte de mer intérieure dont la moitié ouest se trouve plus basse que les eaux de la Méditerranée pendant la marée, au golfe de Gabès. Les creux des chotts sont aujourd'hui presque tous comblés par les sables ; dans quelques bassins seulement, l'eau remplit le milieu ; elle est assez large et profonde pour que son aspect puisse être comparé, par les écrivains arabes ou par les voyageurs, tantôt à un immense bloc de camphre, tantôt à un gigantesque morceau de cristal, tantôt à une cuve de métal en fusion. Ces aspects sont dus à la croûte de sel plus ou moins épaisse qui recouvre les eaux.

On ne traverse pas sans beaucoup de dangers ces lacs durcis. Malheur à celui qui se détourne d'un seul pas de l'étroit chemin ! La croûte cède, et l'abîme engloutit instantanément sa victime ; puis le glaçon se referme pour murer à tout jamais l'horrible tombe. En temps de pluie, le chott offre un péril particulier : la couche de sable se trouve lavée et chassée en beaucoup d'endroits, et la surface commence à fondre. L'eau des chotts, épaisse et verdâtre, contient en général plus de sel que l'eau de mer.

Jamais on ne parviendra à mesurer exactement l'abîme, car sa profondeur varie suivant les circonstances ; on peut cependant l'évaluer au moins à cinq mètres. Un autre danger de rupture vient de l'accumulation des sables chassés par le simoun. Cette poussière voyageuse atteint quelquefois l'épaisseur de 50 à 80 centimètres ; elle est le produit du travail de plusieurs siècles.

Les plus anciens géographes arabes, tels que Ebn Djobeir, Ebn Batisla, Obeida el Bekri, etc. etc., ont signalé le péril des chotts. Le Djerid seul a déjà englouti des milliers d'hommes et de chameaux, sur lesquels il s'est refermé comme la pierre d'un sépulcre.

En 1826, une caravane, se composant de mille chameaux pesamment chargés, dut traverser ce chott ; un accident arrivé au chameau qui tenait la tête le fit broncher de quelques lignes, les autres le suivirent : tous disparurent dans l'eau visqueuse du marais sans qu'il fût possible de les arrêter. Un instant après, la cristallisation s'était reproduite, et la surface de l'abîme avait repris son calme trompeur.

Pour comprendre la possibilité d'une telle catastrophe, il faut savoir que les chameaux sont accoutumés à se suivre en ligne exacte, et qu'on a d'ailleurs l'habitude de les lier l'un à l'autre ; ils marchent ainsi, en longues files et à l'aveugle. De plus, le sentier qui traverse le chott est si étroit qu'un chameau, et moins encore une caravane, ne pourrait se retourner pour rebrousser chemin.

L'aspect de cette surface solide, sous laquelle la mort semble guetter le passant, rappelle en certains endroits la teinte bleuâtre d'un miroir réflétant le ciel ; sa croûte est dure comme le verre de nos grandes glaces modernes ; elle sonne sous les pas comme le sol de Solfatara, près de Naples. En d'autres lieux, cette croûte se fond et devient une sorte de masse sablonneuse et molle qui paraît à la vue aussi solide que de la boue desséchée, mais qui cède sous le moindre poids, toute prête à ensevelir l'imprudent voyageur.

Les guides se servent de petites pierres pour marquer la route dans le chott el Kebir ; on emploie aussi des branches de dattier, de palmier, etc. Les branches du dattier se nomment *djerid* en arabe ; de là le surnom du chott. Les rangées de pierres formant la lisière du sentier se nomment *gmaïr* ; elles manquent à certains passages marécageux qui ont plusieurs mètres de long, et dans lesquels les chevaux s'enfoncent jusqu'au poitrail.

Quelquefois les eaux du chott s'agitent et montent en vagues atteignant au moins trois mètres de haut ; ces vagues se solidifient, leurs crêtes salines servent de gué aux caravanes, tandis que leurs creux sont pleins de danger. Quand, par un vent violent, les vagues deviennent mouvantes, la croûte se fend par places, et l'eau de l'abîme s'élance à des jets d'une incroyable hauteur.

Nous étions arrivés en face de ce périlleux passage ; le lac se trouvait à notre gauche, quand nous prîmes la route de Kris, où nous savions rencontrer bientôt un gué pour nous rendre à Fetnassa, puis dans la presqu'île de Nifzaoua. Halef, étendant la main vers le chott brillant au soleil, me dit :

« Vois-tu le chott, Sidi ?

— Oui.

— L'as-tu jamais traversé?

— Non, jamais.

— Alors, remercie Allah, car peut-être serais-tu depuis longtemps réuni à tes pères. Et maintenant tu vas t'y aventurer?

— Certainement.

— Dieu veuille que mon ami Sadek soit encore en vie!

— Qui est-ce que ton ami Sadek?

— Mon frère Sadek est le plus fameux guide du Djérid; il n'y a jamais fait un faux pas.

« Il appartient à la race des Merasig, mais sa mère l'a fait naître à Mouï-Hamed. Il vit avec son fils, qui est un brave guerrier; tous deux demeurent à Kris.

« Je te le répète, Sidi, il connaît le chott comme pas un; je ne voudrais te confier qu'à lui.

— Dans combien de temps arriverons-nous près de sa cabane?

— Dans un peu plus d'une heure.

— Bien, dirigeons-nous un peu vers l'est et cherchons les traces de nos voyageurs.

— Tu crois donc toujours qu'ils vont à Kris?

— Je ne sais, mais je pense qu'ils ont dû prendre de l'avance pour passer le chott plus tôt que nous. »

Nous ne tardâmes pas à rencontrer un grand nombre de traces récentes; puis elles devinrent de plus en plus rares, et nous les perdîmes tout à fait. Enfin, à l'endroit où la route tourne vers el Hamma, j'aperçus les deux pieds de devant d'un cheval fortement imprimés sur le sol, et je pus me convaincre du passage des deux fugitifs dans ces parages. Nous suivîmes même la piste jusque dans les environs de Kris, où ils avaient dû reprendre la grande route. Il était évident que les meurtriers rôdaient dans le voisinage. Halef devint soucieux.

« Sidi, puis-je te parler? demanda-t-il.

— Parle.

— C'est une bonne chose que de savoir lire sur le sable.

— Je suis bien aise de t'entendre en convenir, Halef; mais nous voilà à Kris, où demeure ton ami?

— Suis-moi. »

Halef fit avancer son cheval vers quelques palmiers; sous leur ombre se dressaient des tentes et des huttes échelonnées jusqu'à un groupe d'amandiers. Devant une de ces huttes fort basses, un Arabe se tenait accroupi. Halef se précipita joyeusement à sa rencontre.

« Sadek ! mon frère, le favori des Califes ! criait-il tout attendri.

— Halef, mon ami, béni par le prophète ! » répondait l'autre, et tous deux s'embrassaient avec les plus vives démonstrations.

Enfin l'Arabe se tourna vers moi et me dit :

« Pardonne si je t'oublie ! Entre dans ma demeure, elle est à vous. »

Nous suivîmes cette invitation ; Sadek était seul chez lui en ce moment ; il nous servit toutes sortes de rafraîchissements auxquels nous nous empressâmes de faire honneur. Puis Halef, jugeant le moment venu pour me présenter à notre hôte, commença ainsi :

« Voilà Kara ben Nemsi, un grand taleb du couchant qui parle avec les oiseaux et lit sur le sable. Nous venons d'accomplir ensemble beaucoup de grandes actions. Je suis son ami et son serviteur, et je le convertirai certainement à la vraie croyance. »

Cette bonne créature de Halef m'avait plusieurs fois demandé mon nom ; il gardait dans sa mémoire le son de Karl un peu altéré. Ne pouvant le prononcer, il se décidait à m'appeler Kara en ajoutant : ben Nemsi (*Fils des Germains*).

En quel lieu du monde avais-je jamais conversé avec les oiseaux ? il ne m'en restait aucune souvenance ; mais cela me mettait tout de suite de pair avec le roi Salomon, qui entendait le langage de tous les animaux ; j'en fus vivement flatté. Quant aux grandes prouesses accomplies en compagnie de Halef, je ne voyais pas trop en quoi elles consistaient. Je remarquai seulement que la plus ambitionnée de toutes les prouesses était, pour Halef, ma conversion à l'Islam. Le brave petit homme méritait un nouvel avertissement au sujet de cette prétention obstinée. Je dis donc à Sadek :

« Connais-tu le nom de ton ami, que voilà ?

— Oui.

— Quel est-il ?

— Hadji Halef Omar.

— Ce n'est point assez : il se nomme hadji Halef Omar, ben

hadji Aboul Abbas, ibn hadji Daoud el Gossarah. Tu comprends? il descend d'une noble et pieuse famille pleine de mérites, et dont tous les membres furent hadji, quoique...

— Sidi, interrompit Halef avec une vive pantomime exprimant tout son effroi, ne parle pas des mérites de ton serviteur. Il ne veut en avoir qu'un près de toi, celui de t'obéir volontiers, tu le sais...

— Oui, je l'espère, Halef; mais alors ne raconte pas ce qui se passe entre nous; tu entends? Demande plutôt à ton ami des nouvelles de son fils, dont tu vantes la bravoure.

— Il t'a parlé de lui, Effendi? s'écria le père tout heureux. Dieu te bénisse, Halef, de penser à ceux qui t'aiment! Omar ben Sadek, mon fils, est allé sur le chott du côté de Seftimi; il reviendra ce soir.

— Nous aussi, nous voulons traverser le chott, reprit Halef; tu nous guideras.

— Vous! Et quand?

— Aujourd'hui même.

— Où allez-vous, Sidi?

— A Fetnassa; la route est-elle praticable?

— Elle est dangereuse, Sidi, très dangereuse; il n'y a que deux voies un peu sûres pour traverser : celle d'El Toserija, entre Toser et Fetnassa, celle d'El Souida, entre Nefta et Sarsin. La route de Fetnassa est la plus périlleuse, certainement. Il n'y a ici, à Kris, que deux guides qui la connaissent bien : moi et Arfan Rakedim.

— Ton fils ne connaît pas cette route?

— Si, mais il ne s'y est jamais engagé seul; il connaît mieux le chemin de Seftimi. Ce chemin rejoint celui de Fetnassa et se confond avec lui pendant le tiers du trajet.

— En partant vers midi, à quelle heure arriverions-nous à Fetnassa?

— A l'aube du lendemain, si ta monture est bonne.

— Tu te chargerais donc de nous guider, même pendant la nuit?

— Oui, si la lune se montre; si elle se cache on peut s'arrêter : il y a des endroits où le sel porterait tout un camp.

— Eh bien! tu consens à nous conduire?

— Oui, Effendi!

— Allons voir le chott.

— Ne l'as-tu jamais vu de près ?

— Non !

— Viens donc. Je vais te montrer le royaume de la mort, le siège du danger, la mer du silence, sur laquelle pourtant je te ferai marcher sans crainte. Viens ! »

Après avoir suivi une sorte de digue fort boueuse, nous descendîmes sur la rive du lac.

L'eau dormait sous la croûte durcie. Je creusai avec mon couteau, cette croûte mesurait 14 centimètres; elle était assez solide pour soutenir le poids d'un homme de moyenne corpulence; le sable qui avait été balayé et chassé par le vent laissait à découvert de larges places bleuâtres et brillantes au soleil.

Pendant que je me plongeais dans mes observations, une voix cria derrière nous :

« La paix vous accompagne ! »

Je me retournai; près de moi se tenait un Bédouin aux membres décharnés, aux jambes torses; une maladie ou un accident lui avait enlevé le nez; il était hideux.

« Aléïkoum ! répondit Sadek. Que fait mon frère Arfan Rakedim ici, sur le chott ? Il porte un habit de voyage : va-t-il accompagner un étranger à travers la Sebkha ?

— C'est cela même, répondit le Bédouin. Je dois conduire deux hommes qui viennent d'arriver.

— Où vont-ils ?

— A Fetnassa. »

Puis, nous désignant du doigt, le guide ajouta : « Ces deux étrangers passent-ils aussi le lac ?

— Oui.

— Où vont-ils ?

— A Fetnassa.

— Tu les conduis ?

— Tu l'as deviné.

— Ne prends pas cette peine, je les guiderai en même temps que les deux autres.

— Ce n'est point une peine, car ils sont mes amis.

— Avare que tu es ! tu ne cherches qu'à me nuire ! Tu m'enlèves toujours les plus riches voyageurs !

— Je ne t'enlève personne, je prends ceux qui s'adressent à moi.

— Pourquoi Omar, ton fils, s'est-il fait guide du chemin de Seftimi? Vous me retirez méchamment le pain de la bouche. Allah vous punira; il dirigera vos pas de manière à vous faire engloutir par le chott. »

Je regardais les deux guides avec curiosité; il se pouvait que la concurrence les eût fait ennemis, mais ce Bédouin avait l'air d'une bête fauve. Ses yeux brillaient d'une façon terrible; je ne me serais pas volontiers confié à lui. Il s'éloigna en grommelant pour rejoindre, à quelque distance, les cavaliers qui l'attendaient, et qui en ce moment se rapprochaient un peu de nous.

« Sidi! murmura Halef, les reconnais-tu?

— Certainement.

— Et nous les laisserions encore passer leur chemin? »

L'Arabe faisait mine de les coucher en joue.

« Laisse-les! lui dis-je, ils ne nous échapperont pas.

— Quels sont ces hommes? interrogea notre guide.

— Des assassins, répondit Halef avec un geste d'horreur.

— Ont-ils tué quelqu'un de ta famille ou de ta tribu?

— Non.

— As-tu de ton sang à venger sur eux?

— Non.

— Laisse-les passer. Il ne convient pas de se mêler des affaires d'autrui. »

Notre homme parlait en vrai Bédouin. Il ne daigna pas jeter un coup d'œil sur les étrangers; quant à eux, ils nous avaient certainement reconnus, ils se hâtèrent de prendre leur route à travers le chott, affectant de nous tourner le dos avec mépris.

Nous revînmes à la hutte de Sadek, pour nous reposer jusqu'à midi et faire quelques provisions. Le voyage allait être long et dangereux.

J'avais franchi, dans des contrées inexplorées, des torrents effrayants. J'avais parcouru d'immenses étendues en glissant sur une glace toujours prête à se rompre; jamais pourtant je ne m'étais senti aussi vivement impressionné qu'en cet instant, au moment de m'engager à travers ce marais perfide et mystérieux. Ce n'était pas précisément de la peur ni de l'angoisse, mais ce quelque chose que doit éprouver l'acrobate quand il doute tout à coup de la solidité de sa corde. Nous partîmes cependant.

Je savais patiner sur la glace ; mais cette croûte de sel, d'une couleur étrange, je n'en avais jamais fait l'épreuve ; le son produit par mes pas était tout nouveau à mon oreille ; cette cristallisation m'étonnait. Tout cela me paraissait bizarre, inconnu, incertain ! Je tâtonnais d'abord à chaque pas, essayant de me rassurer par des remarques, des expériences, des déductions sur la solidité de cette croûte saline. A quelques endroits je la trouvais dure et unie, au point qu'on eût pu s'avancer par glissades ; un peu plus loin elle présentait l'aspect sale et jaunâtre de la neige foulée, et j'enfonçais jusqu'aux genoux.

Fatigué de cette marche pénible, je pris le parti d'enfourcher mon petit cheval, m'abandonnant entièrement à l'instinct de la bête et à l'expérience du guide. Il était évident que l'animal avait fait plus d'une fois ce chemin périlleux ; il trottait allègrement là où le chott présentait une surface solide ; dès que la place lui paraissait peu sûre, il savait se diriger avec adresse et passait sans broncher sur des lignes si étroites, que des piétons eussent pu difficilement s'y maintenir. Ses oreilles se dressaient, allaient en avant, en arrière ; il hennissait, semblait réfléchir, poussait même la précaution jusqu'à éprouver le sol avec son sabot avant de poser les pieds.

Notre guide marchait le premier ; je suivais ; Halef venait après moi. Nous ne parlions guère ; toute notre attention se concentrait sur notre marche.

Trois heures s'étaient déjà écoulées lorsque, se tournant vers moi, Sadek me dit :

« Prends garde ! Sidi, voici le plus mauvais endroit de toute la route !

— Pourquoi ?

— Le chemin se trouve au milieu d'une eau profonde ; il est parfois si étroit, qu'on le couvrirait avec les deux mains.

— Mais est-solide ?

— Je ne sais trop ; l'épaisseur de la croûte varie si souvent !

— Je vais descendre de cheval pour alléger le poids.

— Sidi ! ne fais pas cela ; le pied de ta monture est plus sûr que le tien ! »

Je dus obéir, dans un tel lieu le guide était le maître. Allons, pensais-je, ce ne sera pas long...; mais je frissonnais malgré moi ; les minutes semblent des siècles quand on marche environné par la mort !

Nous étions dans cette partie ondulée du chott où l'on descend et remonte sans cesse d'une hauteur dans un creux et réciproquement ; la crête de la vague figée est dure et glissante, mais les creux offrent un mélange d'eau visqueuse et de sable boueux dans lequel pataugent bêtes et gens, cherchant avec mille précautions un point solide pour prendre pied.

Souvent j'enfonçais jusqu'à la cuisse, quoique je restasse sur mon cheval ; je voyais notre guide chercher avec inquiétude le chemin sous l'eau verdâtre. Les endroits solides avaient si peu de consistance, qu'on eût risqué sa vie en y demeurant une seconde, et cependant le cheval ni le guide ne pouvaient bouger sans éprouver la place de leurs pas. Notre situation devenait affreuse. Un peu plus loin, le sentier, ou du moins ce que Sadek nommait ainsi, se resserra encore, pendant l'espace de vingt mètres environ ; il ne mesurait pas plus de dix pouces de large.

« Sidi, attention, nous marchons au milieu de la mort ! » me cria le guide ; et tout en tâtonnant il tourna le visage du côté de l'orient, invoquant tout haut la miséricorde divine et criant :

« Au nom du Dieu très pitoyable ! Louange et honneur au maître de l'univers, le souverain Seigneur qui dominera au jour du jugement.

« Nous te servirons, ô grand Dieu ! Conduis-nous dans la droite voie où règne ta grâce, et non dans celle... où... »

Halef répétait derrière moi la prière ; mais tout à coup mes deux compagnons se turent simultanément.

Le guide leva les deux bras au ciel, poussa un cri inarticulé, fit un écart involontaire et s'engouffra dans l'abîme, qui le recouvrit aussitôt. J'avais en même temps entendu retentir un coup de fusil.

Dans de pareils moments, notre cerveau subit une telle secousse, que la série des réflexions qui souvent met un quart d'heure, ou même une heure, à se mouvoir, passe avec la rapidité de l'éclair devant notre intelligence et l'illumine en un clin d'œil. L'écho répétait à peine le coup de feu, et Sadek s'enfonçait encore devant moi, que j'avais tout compris.

Les meurtriers voulaient éviter notre poursuite; il ne leur avait pas été difficile d'enflammer la colère de leur guide, déjà excitée contre Sadek. Notre conducteur mort, nous étions perdus sans ressources, car nous nous trouvions à l'endroit le plus périlleux

Le guide leva les bras au ciel, poussa un cri inarticulé
et s'engouffra dans l'abîme.

du chott; il ne leur restait plus qu'à nous voir nous enfoncer dans l'abîme, un peu plus tôt un peu plus tard. La mort devenait inévitable pour nous.

Sadek avait été frappé à la tête; je l'avais vu distinctement, malgré la rapidité de tout ce qui se passait autour de moi en cet instant.

Une autre balle avait-elle effleuré mon petit cheval berbère, ou le bruit de la détonation l'effrayait-il? Je ne sais, mais la malheureuse bête frissonnait et tremblait de tous ses membres ; ramassée sur elle-même, elle perdit bientôt l'équilibre de ses pieds de derrière et s'abattit.

« Sidi ! » cria Halef dans une inexprimable angoisse.

C'en était fait de moi... Le danger me donna une énergie et une présence d'esprit qui m'étonnent encore. Tandis que la bête, se sentant enfoncer, essayait en vain de se retenir par devant, j'appuyai les deux mains sur le pommeau de la selle, et, soulevant les jambes en l'air, je fis volte-face par-dessus la tête du pauvre animal, que je poussais ainsi malgré moi, et qui disparut presque instantanément.

Dans cette évolution périlleuse, je me souviens d'avoir adressé au ciel la plus fervente de mes prières. Il ne faut pas beaucoup de mots ni beaucoup de temps pour crier à Dieu de tout son cœur; quand on se sent entre la vie et la mort, la prière est un élan si rapide !

Je me trouvai sur un point ferme d'abord, mais qui ne tarda guère à fléchir sous mon poids. J'enfonçais et me mis à lutter avec les pieds comme un désespéré; je me soulevais, puis je retombais plus profondément, me soulevant de nouveau, trébuchant encore, perdant pied tout à fait. Je finis cependant par rencontrer un endroit solide, mais dans mes efforts je me sentis glisser en avant; un rien, et j'étais englouti pour toujours ! C'était un supplice inénarrable; je ne voyais ni n'entendais plus... Je me trompe, j'entrevoyais avec terreur l'ombre de trois hommes, debout derrière les vagues salées, et il me semblait que deux d'entre eux me menaçaient de leurs armes.

Je ne saurais dire comment je repris pied sur une place assez solide et longue de quelques mètres. Deux coups de feu retentirent. Dieu voulait me conserver la vie, car je venais de heurter contre un amas de sel et j'étais presque tombé en me courbant; les balles sifflèrent au-dessus de ma tête. Je portais encore mon fusil sur mon dos ; c'était merveille de ne l'avoir pas perdu, mais je n'eus pas le temps d'y songer. Je m'avançais vers les scélérats en brandissant le poing. Ils ne m'attendirent pas; leur guide s'enfuyait, et ils savaient que sans lui ils étaient perdus. Le vieux le suivit immédiatement, le plus jeune restait un peu en arrière;

nous nous mîmes à courir comme des insensés. A courir en ce lieu !... J'étais aveuglé par la colère, lui par la peur. Tout à coup il jeta un cri rauque, un cri terrible; je reculai d'instinct : il disparaissait dans le lac; j'étais à trente pas derrière lui. Alors j'entendis un appel déchirant.

« Sidi, au secours ! au secours ! »

Je me retournai; à la place même où quelques minutes auparavant j'avais cru trouver le sol ferme, Halef luttait, presque enfoncé, se retenant avec la force du suprême désespoir à un bloc de sel heureusement consistant.

Je courus à lui, et, me couchant tout de mon long, je lui tendis mon fusil.

« Prends la courroie ! lui criai-je.

— Je l'ai, Sidi, ô Allah illa Allah !

— Tâche de mettre les jambes en l'air, je vais te tirer ferme. »

Le pauvre Halef employa tout ce qui lui restait de forces pour se dégager, et je finis par l'amener sur le bord de mon glaçon. A peine le malheureux eut-il repris haleine, qu'il se jeta à genoux et récita les soixante-quatre versets de la prière d'action de grâces :

« Que tout ce qui vit sur la terre loue le Seigneur. A lui est la richesse, à lui convient la gloire; de toutes choses il est le maître ! »

Lui, le musulman, il remerciait Dieu, et moi, chrétien, je ne m'étais pas agenouillé avant lui !

Derrière nous, l'abîme salé brillant, uni, tranquille comme si rien ne s'était passé, affreux dans sa placidité ! Devant nous les scélérats, cause de tous nos maux, s'enfuyant impunis; autour de nous, la mort. Un frisson nerveux agitait tous mes membres; pendant quelques minutes je ne pus maîtriser mon tremblement; j'étais comme anéanti.

« Sidi, ils t'ont blessé? s'écria mon fidèle Halef quand sa prière fut terminée.

— Non; mais toi, mon pauvre garçon, comment as-tu pu en échapper?

— J'ai sauté de cheval en même temps que toi, Effendi... et puis je ne sais plus rien. Je revenais seulement à moi quand je t'ai appelé. Mais qu'importe ! nous sommes des hommes morts !

— Pourquoi cela?

— Nous n'avons plus de guide! O Sadek, mon ami! ô le frère de mon âme! que ton esprit me pardonne, car j'ai causé ta mort! Je te vengerai! je le jure par la barbe du Prophète! à moins que je ne périsse ici...

— Tu ne périras pas, Halef.

— Ah! Sidi, il faudra mourir de soif et de faim, si nous ne sommes pas engloutis.

— Non, nous trouverons un guide.

— Qui donc, Sidi?

— Omar, le fils de Sadek.

— Comment le trouverions-nous ici?

— N'as-tu pas entendu Sadek nous dire que son fils était allé à Seftimi, et qu'il reviendrait ce soir?

— Nous rejoindra-t-il?

— Je l'espère bien! Sadek a dit aussi que la route de Sefti se confond, au moins pendant un tiers de sa longueur, avec celle de Fetnassa.

— Effendi, tu me rends la vie! Oui, c'est vrai, attendons Omar.

— Ce sera aussi pour lui un bonheur que cette rencontre, car nous lui apprendrons que le chemin s'est effondré. »

Nous nous assîmes l'un près de l'autre; le soleil dardait des rayons brûlants qui eurent bientôt séché nos habits; une croûte de sel y resta seulement attachée, et ils durcirent comme du cuir aux endroits où ils avaient été mouillés.

Les heures s'écoulèrent lentement; il n'en restait plus que trois avant le coucher du soleil. Nous commencions à nous inquiéter; enfin une ombre s'avança, elle venait de l'Orient. Nous la vîmes se rapprocher petit à petit; puis Halef, se levant d'un bond, murmura:

« C'est lui! »

Il fit un porte-voix de ses deux mains, criant tant qu'il pouvait:

« Omar ben Sadek, viens vite ici! »

Le piéton hâta sa marche, et lorsqu'il eut reconnu l'ami de son père, il dit gravement:

« Sois le bienvenu, Halef Omar!

— Hadji Halef Omar, » reprit mon compagnon, formaliste jusque dans un pareil instant.

« Pardonne-moi ! la joie de te revoir est cause de ma faute. Tu viens de Kris, chez mon père ?

— Oui.

— Où est-il ? Il ne doit pas être loin d'ici ; il ne t'aurait pas laissé t'aventurer seul sur le chott.

— Il est tout proche d'ici, murmura Halef.

— Où ?

— Omar ben Sadek, il convient au croyant de se montrer fort devant l'épreuve.

— Parle, Halef ; un malheur est arrivé ?

— Oui.

— Mais lequel ?

— Allah a réuni ton père à ses pères. »

Le jeune homme resta immobile devant nous, sans pouvoir prononcer un seul mot ; son visage devenait d'une effrayante pâleur ; il fixait sur Halef des yeux épouvantés. Enfin il parla, mais d'une façon toute différente de celle que j'eusse supposé.

« Quel est ce Sidi ? demanda-t-il.

— C'est Kara ben Nemsi ; je l'avais présenté à ton père..., puis des brigands nous ont rejoints sur le Chott, et...

— Mon père vous guidait ?

— Oui, les brigands ont suborné Arfan Rakedim, et ils nous ont rencontrés là, dans le plus mauvais pas. Ils ont tiré sur ton père ; lui et les chevaux se sont enfoncés dans le sable, mais Allah nous a sauvés tous deux.

— Où sont les meurtriers ?

— L'un a péri sous le sel, l'autre s'est enfui avec le chabir (guide) du côté de Fetnassa.

— Ainsi la route est submergée ?

— Oui, tu ne saurais t'en retourner aujourd'hui.

— Où mon père est-il tombé ?

— Là-bas, à trente pas. »

Omar se rapprocha autant que le lui permit la solidité du sol, regarda pendant quelques minutes l'abîme refermé sur son père, puis s'écria en se tournant vers l'Orient :

« Allah, Dieu de toute puissance et de toute justice, écoute-moi ! Mahomed, ô toi le prophète du Très-Haut, écoute-moi ! Vous, Califes et martyrs de la foi, écoutez-moi ! Moi, Omar ben Sadek, je ne rirai plus, je ne couperai plus ma barbe, je n'entrerai plus à la mosquée jusqu'à ce que l'enfer ait englouti le meurtrier de mon père ! Je le jure ! »

J'étais profondément ému en entendant le serment grave et solennel de cet homme ; lorsqu'il l'eut prononcé, il vint s'asseoir près de nous et dit avec beaucoup de calme :

« Racontez-moi tout ! »

Halef satisfit son désir ; il achevait à peine, que le jeune homme se leva.

« Venez ! » murmura-t-il simplement, et il reprit le chemin par où il était venu.

Le plus mauvais endroit, décidément, se trouvait franchi ; nous n'éprouvâmes presque plus de difficultés, et nous pûmes marcher toute la nuit. Lorsque le matin se leva, nous atteignîmes les rives de la presqu'île de Nifzana. Fatnassa était sous nos yeux.

« Où allons-nous à présent? demanda Halef.

— Suivez-moi ! »

Omar venait de prononcer le premier mot qu'il nous eût adressé depuis la veille.

Il nous fit longer une digue, et au bout de quelques minutes nous nous arrêtâmes devant la porte d'une pauvre cabane ; un vieillard en sortit pour nous saluer.

« Selam aléïkoum !

— Aléïkoum !

— Tu es Abdoullah el Hamis, le peseur de sel?

— Oui.

— As-tu vu le chabir Arfan Rakedim, de Kris ?

— Oui, il est passé tout à l'heure, à la pointe du jour, avec un étranger.

— Que sont-ils devenus ?

— Le guide s'est reposé un instant, puis s'en est retourné par le chemin de Kris ; l'étranger vient d'acheter un cheval chez mon fils, auquel il a demandé la route de Kbilli.

— Je te remercie, Abou-el-Malah ! (père du sel). »

Nous nous reposâmes à notre tour dans la hutte, et nous mangeâmes quelques dattes avec une écuelle de lagmi, après quoi nous nous rendîmes à Bedchini, à Negua et à Mansoura, où toutes nos informations nous convainquirent du passage récent de notre bandit. Nous marchions, pour ainsi dire, sur ses talons. Mansoura n'est pas loin de la grande oasis de Kbilli, qui, à cette époque, était la résidence d'un vékil ou fonctionnaire turc.

Ce vékil gouvernait le Nifzana sous la surveillance de la régence de Tunis et commandait un poste de dix hommes.

En arrivant à Kbilli, nous nous arrêtâmes dans un café, pour nous restaurer et nous reposer quelque peu ; mais Omar ne pouvait demeurer tranquille. Il sortit et revint au bout d'une heure.

« Je l'ai vu ! dit-il.

— Où ?

— Chez le vékil.

— Chez le vékil ?

— Oui, il est son hôte, il porte de riches habits. Si tu veux lui parler, viens, on tient l'audience. »

J'étais intrigué au dernier point. Un scélérat de cette espèce chez un fonctionnaire, chez un juge ! Notre guide se trompait évidemment.

Omar nous conduisit sur une petite place où s'élevait une maison assez basse, mais cependant d'un aspect un peu moins misérable que celui des autres constructions ; ses murs de pierre n'offraient d'autre couverture que celle de la porte. Devant cette porte, quelques soldats faisaient l'exercice au son du tambour, sous les ordres d'un chef subalterne.

Nous pénétrâmes sans difficulté dans la cour ; là un nègre, accouru à notre rencontre, nous introduisit dans une grande pièce aux murailles nues, dont tout l'ameublement consistait en un misérable tapis servant de siège pour le vékil.

Ce fonctionnaire était un homme entre deux âges, aux traits insignifiants, à l'air mou ; il fumait son tabac dans une vieille pipe persane.

« Que voulez-vous ? » nous demanda-t-il brusquement.

Le ton de cette question me déplut ; je répondis par une autre question.

« Qui es-tu ?

— Le vékil ! reprit-il avec étonnement.

— Nous voulons parler à ton hôte.

— Mais qui es-tu, toi ?

— Voilà mon passeport. »

Il prit le papier que je lui tendais, l'examina, le plia et le mit dans la poche de son large pantalon.

« Qui est cet homme ?

— Mon serviteur.

— Comment s'appelle-t-il ?

— Hadji Halef Omar.

— Et cet autre ?

— Mon guide : Omar ben Sadek.

— Et toi, quel est ton nom ?

— Tu l'as lu.

— Je ne l'ai pas lu.

— Il est sur mon passeport.

— Oui, mais tracé avec les signes de l'infidèle. Qui t'a donné ce papier ?

— Le gouvernement français d'Alger.

— Le gouvernement français n'a rien à voir ici ; ce passeport ne vaut pas plus que du papier blanc. Donc qui es-tu ? »

Je me décidai à prendre le nom forgé par Halef et répondis :

« Je m'appelle Kara ben Nemsi.

— Fils des Nemsi ? Je ne les connais pas ; où demeurent-ils ?

— A l'ouest de la Turquie ; leurs terres confinent au pays des Français.

— Vivent-ils dans une grande oasis, ou dans une suite de petites ?

— Dans une très grande ; si grande qu'elle peut nourrir cinquante millions d'habitants.

— Allah est puissant ! il crée des oasis dans lesquelles fourmillent les hommes. Y a-t-il des ruisseaux dans ton oasis ?

— Il y a cinq cents rivières et des milliers de ruisseaux ; quelques-unes de ces rivières sont si larges et si fortes, qu'elles portent des vaisseaux sur lesquels montent plus de passagers qu'il n'y a d'habitants à Basma ou à Rahmath.

— Dieu est grand ! Quel dommage que ces vaisseaux puissent s'engloutir en un instant au fond des flots ! »

Après cette réflexion, le vékil reprit :

« A quel Dieu croient les Nemsi ?

— Ils croient à ton Dieu ; seulement ils ne l'appellent point Allah, mais Père.

— Ils ne sont sans doute pas Sunnites, mais Chyites ?

— Ils sont chrétiens.
— Que Dieu te brûle ! Tu es donc chrétien ?
— Oui !
— Un giaour ! Et tu oses t'entretenir avec le vékil de Kbilli !

Il cria au vékil : « Fais-le fusiller ! »

Je vais te faire donner la bastonnade, si tu ne disparais tout de suite de devant mes yeux !
— Ai-je fait quelque chose contre la loi ou contre toi ?
— Oui, un giaour ne doit point avoir l'audace de pénétrer ici... Enfin, continuons ; comment se nomme ton guide ?
— Omar ben Sadek.

— Bien ; Omar ben Sadek, depuis combien de temps accompagnes-tu ce Nemsi ?

— Depuis hier.

— C'est peu. Je serai indulgent et ne te ferai donner que vingt coups sous la plante des pieds. Comment s'appelle ton serviteur ?

— Vékil, Allah est grand, mais il t'a pourvu d'une petite mémoire : tu ne peux te souvenir de deux noms à la fois. Je te l'ai dit, mon serviteur se nomme hadji Halef Omar.

— Tu m'insultes, giaour ! Je te punirai tout à l'heure. Toi, Halef Omar, un hadji, un pèlerin de la Mecque, tu sers un infidèle ! Tu mérites une double bastonnade ! Depuis combien de temps te tiens-tu près de lui ?

— Depuis cinq semaines.

— Bien ! soixante coups sous la plante des pieds ! — A toi maintenant ; répète-moi ton nom.

— Kara ben Nemsi.

— Bien ! Kara ben Nemsi, tu as commis de grands crimes !

— Lesquels, Sidi ?

— Sidi ! Ce n'est point assez, appelle-moi Excellence ou Votre Grâce. Tes crimes sont les suivants : 1° tu as séduit deux croyants et tu les emploies à ton service, cela mérite quinze coups ; 2° tu t'es montré assez téméraire pour venir me déranger dans ma demeure, encore quinze coups ; 3° tu as douté malicieusement de ma mémoire, vingt coups au moins. En outre, comme je dois percevoir un droit pour chaque sentence, tout ce que tu portes sur toi m'est acquis dès ce moment.

— O illustre Excellence, je t'admire ! Haute est ta justice, et ta sagesse plus haute encore ; ta miséricorde, ta prudence, ton habileté surpassent tout ce qu'on peut imaginer ! Mais, je t'en supplie, illustrissime bey de Kbilli, fais-nous voir ton hôte avant de nous livrer à la bastonnade.

— Que lui veux-tu ?

— Je crois que c'est une de mes connaissances ; je désire repaître mes yeux de sa vue.

— Il n'est pas du tout de tes connaissances ; c'est un vaillant guerrier, un noble fils du sultan, un sévère observateur du Coran : donc il ne peut y avoir le moindre rapport entre toi et lui. Mais, afin qu'il soit témoin de la manière dont le vékil de Kbilli sait punir le crime, je vais le faire venir. Ce ne sera pas toi qui te repaîtras de sa vue, mais lui qui se réjouira de votre châtiment à tous, car il vous avait annoncés et n'ignore pas vos méfaits.

— Ah! et comment nous savait-il ici?

— Il a été témoin de ce qui s'est passé sur la route; il vous suivait de loin; si vous n'étiez venu vous livrer vous-mêmes, j'allais vous faire arrêter.

— De quoi nous accuse-t-il?

— Tu vas voir! »

Notre audience prenait un cours assez singulier. Le vékil, avec ses dix soldats dans cette oasis perdue au fond du désert, est une espèce de sergent-major, et l'on sait assez ce qu'il faut attendre d'un sous-officier turc: ces subalternes sont aussi despotes envers leurs administrés que bas et obséquieux vis-à-vis des fonctionnaires d'un grade plus élevé. Le bonhomme, une fois placé à Kbilli, devait très probablement se suffire à lui-même, et on ne s'occupait guère de son traitement. Le bey de Tunis ayant congédié presque toute la garnison turque, les Bédouins seuls restaient en quelque sorte sous la protection du Grand Seigneur. Celui-ci envoyait tous les ans une pelisse d'honneur à leurs principaux chefs, dont l'hommage se traduisait par une complète indifférence. Notre vékil se voyait donc obligé d'assurer lui-même ses appointements : système très dangereux pour l'indigène, mais plus encore pour l'étranger. Je me sentais entièrement livré à la discrétion du petit fonctionnaire. Son ignorance l'empêchait de lire un mot de mes papiers ; au milieu des brigands nomades, il se savait maître absolu de ma personne, et moi je savais bien que je ne trouverais aucun recours contre lui. Cependant il ne me vint point à l'esprit de m'effrayer ; je ne pus même m'empêcher de rire en pensant à la bastonnade par laquelle le vékil prétendait nous réchauffer. J'étais de plus fort curieux de voir si l'hôte du petit fonctionnaire turc était bien le scélérat que nous cherchions.

Le vékil frappa dans ses mains, deux esclaves noirs apparurent aussitôt ; ils se prosternèrent le front contre terre comme s'il se fût agi du sultan.

Notre homme murmura quelques mots à leur oreille ; ils s'éloignèrent, et, au bout d'un instant, nous vîmes entrer un détachement de la garnison ; ils étaient cinq, avec leur officier. Ces malheureux avaient l'aspect le plus misérable ; leurs vêtements consistaient en guenilles disparates qui n'avaient aucune ressemblance avec un uniforme militaire quelconque.

Presque tous étaient pieds nus ; ils portaient des fusils propres à tous les usages, excepté à celui de tirer. Ils se prosternèrent pêle-mêle devant le vékil. Celui-ci les accueillit d'un air presque martial et commanda :

« Levez-vous ! »

Tous se levèrent ; le sergent tira son grand sabre et le garda au poing, puis cria d'une voix de stentor :

« Formez les rangs !

— Un, deux, trois, l'arme au bras ! »

Les fusils sont maniés bruyamment, frottent l'un contre l'autre ou contre le mur, enfin trouvent leur place sur l'épaule du propriétaire.

« Présentez armes ! »

Confusion et cliquetis indescriptibles ; le canon d'un des fusils se détache. On ne s'en émeut guère ; le soldat le ramasse tranquillement, s'assure que la lumière n'est point obstruée, tire de ses poches un peu de ficelle de palmier, renoue le canon sur le bois et reprend sa position d'un air satisfait, en attendant un nouveau commandement.

« Ne bougez pas ; silence dans les rangs ! »

Les lèvres se serrent avec énergie, les traits du visage annoncent la ferme résolution de se taire, quoi qu'il arrive. Les guerriers ont remarqué les trois malfaiteurs sur lesquels ils doivent veiller ; ils tiennent à nous effrayer par leur attitude.

J'eus bien de la peine à garder mon sérieux pendant ce singulier exercice. Mon assurance encourageait mes compagnons.

Enfin, l'homme que nous avions demandé entra dans la salle : c'était bien lui !

Sans nous honorer d'un regard, il alla s'asseoir aux côtés du vékil et prit négligemment une pipe que lui présentait l'esclave noir.

Se décidant alors à lever la tête de notre côté, il nous toisa avec un souverain mépris.

« Eh bien ! connais-tu cet homme ? me demanda le petit fonctionnaire turc.

— Oui.

— Tu dis vrai ; tu le connais, ou du moins tu l'as rencontré sur ta route, mais il n'est pas ton ami.

— Je m'en flatte! Comment l'appelles-tu?

— Abou el Nasr.

— Vékil, ce n'est pas le vrai nom de cet homme, il se nomme Hamd il Amasa.

— Ne cherche point à me faire mentir, giaour, ou bien vingt coups en sus! J'avoue que mon ami s'appelait Hamd il Amasa; mais apprends, infidèle, que lorsque j'habitais Stamboul, des bandits grecs m'attaquèrent pendant la nuit; alors Hamd il Amasa vint vers moi, il dit un mot à ces scélérats et me sauva la vie. Depuis il se nomme Abou el Nasr *(Père de la Victoire),* car personne ne peut lui résister, pas même les brigands grecs! »

Je branlai la tête en souriant et lui dis :

« Tu as donc servi à Stamboul? Dans quel corps?

— Dans la garde, fils de chacal! »

M'avançant vers lui, je le menaçai du doigt et lui dis d'un ton résolu :

« Ose m'insulter encore une fois, et je te donne un soufflet qui te fera voir demain un minaret sur ton nez!... Comment, toi, un guerrier, tu viens vanter ce drôle! Moi, je le méprise, entends-tu? »

Le vékil se souleva en me regardant avec étonnement; il n'était pas habitué à se sentir bravé.

« Créature audacieuse! cria-t-il tout en colère, sache que je serais devenu général major si je n'avais préféré le poste de Kbilli et que...

— Oui, tu es un foudre de guerre, tu as bien combattu contre ces brigands que ton ami met en fuite d'une seule parole!... comme si cela était difficile quand on fait partie de la bande! Je te le répète, cet homme est un bandit; il a commis un meurtre en Algérie; il a tué un homme sur les rives de l'ouad Tafaoui; il a tiré sur mon guide, le père de ce jeune homme, dans le chott; il l'a fait périr pour nous perdre nous-mêmes, et maintenant je le trouve sous la protection d'un officier du Grand Seigneur! Le vékil de Kbilli prétend être son ami et son hôte! Écoute, car tu me dois la justice : je te dénonce cet homme comme un triple assassin, je demande qu'il soit arrêté! »

Là-dessus Abou el Nasr se leva dans une fureur indescriptible, criant de toutes ses forces :

« Cet homme est un giaour; il a bu, il ne sait ce qu'il

dit ; qu'on laisse passer son ivresse, puis qu'on l'interroge ! »

C'en était trop ; je m'élançai sur l'Arménien et le jetai à terre ; il se releva et tira son couteau en murmurant :

« Chien d'infidèle, tu attaques un croyant, tu vas mourir ! »

J'avais eu le temps de me mettre en garde ; je l'envoyai d'un coup de poing rouler à quelques pas.

« Empoignez le giaour ! » criait le petit Turc.

Je m'attendais à être garrotté ; il n'en fut rien ; le caporal se plaça gravement devant le front de sa troupe et commanda :

« Déposez les armes ! »

Les soldats placèrent leurs fusils à terre, puis l'exercice continua de la façon la plus grotesque ; enfin je fus entouré ; tous ces doigts bruns me saisirent par mon burnous, me tirant et poussant alternativement, sans rien perdre de leur sérieux oriental. On eût dit de véritables marionnettes.

Pendant ce temps, le *Père de la Victoire* se relevait, de plus en plus furibond ; les yeux injectés de sang, les lèvres frémissantes, il cria au vékil :

« Fais-le fusiller !

— Oui, certes ; mais il faut d'abord l'entendre, car je suis un juge équitable. Voyons, porte ta plainte ; ensuite il répondra.

« Ce giaour traversait le chott avec un guide, commença l'Arménien ; il nous rencontra, se jeta sur mon compagnon et fut cause de sa mort, car le malheureux périt misérablement sous le sel...

— Pourquoi ce giaour a-t-il fait cela ?

— Il venait de tuer un homme dans les sables de l'ouad Tarfaoui ; nous l'avions surpris, il voulait échapper à notre poursuite.

— Es-tu prêt à jurer que cet homme a vraiment commis le meurtre dont tu l'accuses ?

— Je le jure par la barbe du Prophète !

— C'est assez. Que répondras-tu, giaour ?

— Que ton hôte est un menteur et un scélérat ; il me charge de son propre crime !

— Il a juré ; toi, tu es un infidèle : on ne peut croire à ta parole.

— Interroge mon serviteur, il est témoin.

— Il sert un infidèle, sa parole ne compte pas davantage... Je vais assembler le conseil de l'oasis, il décidera après avoir examiné la cause.

— Écoute, vékil ! tu refuses de me croire parce que je suis un infidèle et tu donnes ta confiance à un autre infidèle : cet homme est un Arménien.

— Il a juré par la barbe du Prophète.

— C'est une fausseté et un péché pour lequel Dieu le punira... Si tu ne me rends pas justice, je dirai tout ce que je sais devant le conseil.

— Un giaour ne peut accuser un musulman. D'ailleurs le conseil ne condamnera point mon ami, car il possède un bouyouroultou et marche à *l'ombre du sultan*.

— Moi aussi je marche à l'ombre de mon roi ; tu as mon bouyouroultou dans ta poche.

— Il est tracé en caractères païens, je me souillerais si je le lisais. Ta cause sera discutée tout à l'heure, mais auparavant tu vas recevoir cinquante coups de bastonnade, ton serviteur soixante et ton guide vingt. Soldats, conduisez-les dans la cour ! »

En un instant mes deux compagnons et moi nous fûmes entraînés avec violence hors de la pièce. Dans le milieu de la cour, je remarquai une sorte de banc peu engageant, qui servait à la bastonnade et en gardait des traces. Halef et le guide s'étaient laissé faire sans résistance, ils n'attendaient qu'un signe de moi pour se défendre. On nous conduisit devant le banc de torture ; au bout d'un instant apparut le vékil, suivi d'Abou el Nasr. Un esclave noir étendit un tapis dans un coin de la cour, puis prépara les pipes. Lorsque les deux compères se furent commodément installés, le vékil, me désignant du doigt, dit avec un grand calme :

« Cinquante coups ! »

Il était temps d'agir ; je me retournai vers le petit despote et lui demandai :

« As-tu encore mon bouyouroultou dans ta poche ?

— Oui.

— Rends-le-moi !

— Jamais.

— Pourquoi ?

— Parce que cette écriture ne doit plus souiller les yeux des fidèles croyants.

— Veux-tu vraiment me faire donner la bastonnade?

— Oui.

— Alors je vais te montrer comment un Nemsi s'y prend quand il est obligé de se faire justice lui-même. »

La petite cour était entourée de hautes murailles de trois côtés; le quatrième se trouvait fermé par le bâtiment même dont nous sortions. Il n'y avait aucun spectateur... Nous étions par conséquent trois contre sept. Heureusement, pour se conformer au chevaleresque usage du pays, on ne nous avait pas retiré nos armes. Le vékil ne comptait point, ses soldats me semblaient fort peu dangereux; nous connaissions la lâcheté du *Père de la Victoire.*

« As-tu un cordon? demandai-je bas à Omar.

— Oui, le cordon de mon burnous.

— Prépare-le. »

Je commandai, également bas, à Halef de courir vers la porte pour garder l'entrée.

« Essaye de te défendre! ricanait le vékil.

— Tout de suite! » répondis-je.

J'écartai violemment les soldats, et, m'élançant sur Abou el Nasr, je lui tirai le bras derrière le dos, appuyant mon genou entre ses deux épaules de manière à le maintenir courbé.

« Lie cet homme! » criai-je à Omar.

Celui-ci m'avait compris; il serrait déjà avec son cordon les bras de l'Arménien. Avant que nos gens fussent revenus de leur surprise, le scélérat se trouvait garrotté. Je tirai mon couteau et fis mine de menacer le vékil.

« Au secours! hurlait le sergent, aux armes! » Là-dessus il jeta son sabre pour s'enfuir; ses soldats le suivirent promptement, mais le vaillant Halef les tenait en joue devant la porte; ils cherchèrent à escalader le mur.

Omar, sombre et sinistre, dévorait des yeux le meurtrier de son père; son poignard semblait brûler sa main frémissante. Il attendit cependant mes ordres.

« Voyons, dis-je au vékil, ta vie est entre nos mains, décide-toi à réparer ton injustice.

— Que souhaites-tu, Sidi? »

Omar sombre et sinistre dévorait des yeux le meurtrier de son père.

J'allais répondre quand un cri plein d'angoisse, un cri de femme, aigu et déchirant, m'interrompit.

Une petite personne, ronde comme une boule et fort embarrassée dans ses vêtements, s'élançait au milieu de la cour aussi vite que le lui permettaient son poids et son émotion.

« Arrête-toi, suppliait-elle en tombant à mes pieds. Ne le tue pas, c'est mon mari ! »

Cette rondelette petite dame, qui semblait nager en marchant sous ses lourdes jupes, avait tout vu de sa fenêtre grillée ; le danger lui donnait un vrai courage pour affronter ainsi tous ces étrangers.

« Qui es-tu ? lui demandai-je.

— La femme du vékil.

— Oui, ma propre femme, la rose de Kbilli ! gémit le Turc.

— Comment t'appelles-tu ?

— Mersina. »

Cette *rose* se nommait Mersina : *myrte!* Pouvait-on n'être point gracieux envers de si poétiques fleurs ?

« Si tu veux, ô Mersina, me montrer l'aurore de ton visage, fleur de cette oasis, je te le jure, ma main ne se lèvera point sur ton époux ! »

A l'instant même, madame la vékil écarta son voile. Elle vivait depuis longtemps parmi les tribus arabes, où les femmes sont voilées, mais, sous certains rapports, se montrent bien moins formalistes que les Turcs ; d'ailleurs il s'agissait de la vie de son seigneur et maître : elle n'hésita pas.

Je regardai ce visage pâle, sans teint, aux chairs molles, si grasses qu'on distinguait à peine les yeux, et ce petit nez relevé. Madame la vékil pouvait avoir une quarantaine d'années ; ses lèvres et ses sourcils étaient raidis par l'abus de la teinture. Par une suprême coquetterie, deux gros points noirs se trouvaient peints au milieu des joues, ce qui ajoutait à la singularité de cette figure. Lorsque Mersina leva ses mains suppliantes, je remarquai qu'elles étaient entièrement peintes en jaune avec du henné.

« Je te remercie, m'écriai-je, ô soleil du Djérid !... Oui, je te le promets, si le vékil reste ici, tranquillement assis, il ne lui sera fait aucun mal.

— Il ne bougera pas, sois-en sûr !

— Ton époux doit rendre grâce à ton aimable intervention, sans toi je l'aurais écrasé comme la figue sous le pressoir ! Ta voix est plus douce que la flûte, tes yeux brillent comme le soleil, tu as la taille de Schéhérazade ; c'est à toi seule que je fais le sacrifice de ma vengeance. »

J'avais lâché le collet du pauvre vékil, que je tenais depuis cinq minutes ; le bonhomme respira bruyamment, mais sans oser remuer. Sa femme me demanda d'une voix assez douce :

« Qui es-tu?

— Je suis Nemsi, un étranger dont la patrie s'étend là-bas, bien loin, au delà de la mer.

— Vos femmes sont-elles belles?

— Oui, certes, mais je ne les compare point à celles du chott El Kébir ! »

Madame la vékil fit un signe de tête et sourit ; je m'insinuais tout à fait dans ses bonnes grâces.

« Les Nemsi sont des gens très sensés, très braves et très polis, dit-elle, je l'ai déjà entendu raconter. Sois donc le bienvenu ! Mais pourquoi as-tu fait lier cet homme ? pourquoi nos soldats sont-ils en fuite ? pourquoi menaces-tu le puissant vékil du sultan ?

— J'ai fait lier cet homme parce que c'est un assassin ; tes soldats fuient devant moi parce qu'ils savent que je puis les vaincre tous ; j'ai menacé ton mari parce qu'il voulait me faire donner la bastonnade et fusiller sans justice ni raison.

— On te fera justice ! »

Je vis bien que la femme possède en Orient un pouvoir tout aussi merveilleux qu'en Occident. Le vékil ne voulut pas cependant avoir l'air d'abdiquer devant sa compagne ; il reprit :

« Je suis un juge intègre, je...

— Écoute, interrompit la rose de l'oasis en s'adressant à son époux, je connais cette créature qui se nomme Abou el Nasr ; on devrait plutôt l'appeler Abou el Yalani (le père du mensonge). Il est cause qu'on t'a renvoyé d'Alger quand tu allais être *moulassin*; il est cause que de Tunis on t'a fait venir ici, pour t'enterrer dans ce désert ; toutes les fois qu'il s'est rencontré sur ton chemin, il t'a nui traîtreusement. Je le hais, oui, je le hais, et ne vois rien à redire si cet étranger le traite comme un chien : il le mérite !

— On ne peut le toucher, il a l'ombre du sultan !

— Eh bien! cet étranger marchera à l'ombre du vékil et à la mienne; celui qui marche à mon ombre ne doit rien craindre de tes rayons... Voyons, viens, que je te parle. »

Le petit homme n'était pas fâché d'échapper à la responsabilité; il se levait déjà pour suivre sa femme, lorsque je m'y opposai.

« Ne m'as-tu pas promis de respecter mon mari? me demanda Mersina.

— Oui, à condition qu'il ne bougera pas.

— Il ne peut toujours demeurer là!

— Tu as raison, ô perle de Kbilli, mais il doit y rester jusqu'à ce que mon affaire soit expédiée.

— Ton affaire est finie.

— Comment cela?

— Ne t'ai-je pas dit que tu es le bienvenu ici? Donc te voilà notre hôte; toi et les tiens vous pouvez demeurer chez nous tant qu'il vous plaira.

— Et Abou el Nasr, que tu as bien nommé Abou el Yalani?

— Il est à toi, traite-le comme tu l'entends.

— Est-ce vrai, vékil? »

Le fonctionnaire hésitait; sa femme lui parla longtemps à l'oreille; enfin il balbutia avec un grand soupir :

« Oui, oui!

— Tu me le jures?

— Je te le jure!

— Par Allah et son Prophète? »

Le pauvre homme hésitait encore; il se décida enfin, puis se leva tout confus.

« As-tu un cachot pour cet homme?

— Non, fais-le lier au tronc du palmier, mes soldats veilleront sur lui.

— Moi aussi, je veillerai, murmura Omar. Il ne m'échappera pas, car il a tué mon père; mon poignard est prompt comme mes yeux. »

Le meurtrier ne prononçait pas un seul mot; son regard brûlant de haine suivait tous nos mouvements. On l'attacha cependant sans qu'il essayât la moindre résistance. Il n'entrait point dans ma pensée de demander sa mort, mais il avait en face de lui un ennemi implacable; je savais que ni mes ordres ni mes prières ne pourraient rien sur Omar, quand il s'agirait de sa vengeance. « Le sang paye le sang, » dit l'Arabe. J'aurais bien voulu voir mon prisonnier prendre la fuite sans ma permission, mais, d'un autre côté, ne devais-je pas réclamer l'arrestation d'un homme si dangereux et dont j'avais tout à craindre?

Fort perplexe, je me fiai à la surveillance d'Omar et me rapprochai d'Halef, qui gardait toujours l'entrée. Celui-ci me demanda :

« Tu as dit que cet homme est Arménien, est-ce vrai?

— Très vrai; un chrétien qui joue le mahométisme lorsque cela lui est utile.

— Donc, tu le tiens pour un méchant homme?

— Pour un parfait scélérat.

— Sidi, tu le vois, les chrétiens sont méchants et corrompus... Oh! laisse-moi te...

— Halef! prends garde, ou je parle au vékil d'un certain pèlerin... »

En ce moment le vékil me faisait appeler; je rentrai dans la salle avec Halef.

Notre fonctionnaire avait la mine assez maussade.

« Assieds-toi! » dit-il.

J'obéis, pendant que Halef s'emparait sans façon de la pipe destinée à l'hôte du vékil et se mettait tranquillement à fumer, en se croisant les jambes.

« Pourquoi as-tu voulu voir le visage de ma femme? continua le Turc.

— Parce que je suis un Franc, habitué à regarder ceux qui me parlent.

— Vos mœurs sont mauvaises. Nos femmes se voilent, les vôtres se montrent. Avez-vous jamais vu une seule de nos femmes dans votre pays? Les vôtres viennent jusqu'au désert, et pourquoi?... O honte!

— Vékil! interrompis-je, est-ce là ce qu'ordonne la loi du Prophète? Depuis quand a-t-on coutume de recevoir son hôte avec des insultes? Je ne me soucie ni du mouton, ni du couscous que tu m'offres. Je retourne dans la cour; suis-moi!

— Pardonne, Effendi. Je disais ma pensée sans vouloir t'offenser.

— Il n'est pas bon de dire tout ce qu'on pense. Le bavard ressemble à un vase fêlé, dont personne ne se sert parce qu'il ne peut rien retenir.

— Rassieds-toi, Effendi, raconte-moi où tu as rencontré Abou el Nasr. »

Je lui narrai mon aventure par le menu; il écoutait en silence, branlant seulement la tête; quand j'eus fini il me demanda :

« Tu crois donc que c'est lui qui a tué le marchand de Blida?
— Oui.
— Tu n'as pas été témoin du meurtre?
— Non; mais je devine que les choses se sont passées comme je te le dis.
— Allah seul peut deviner comment les choses se passent, car il voit tout.
— O vékil, ton esprit est fatigué parce que tu le charges de trop de mouton et de couscous. C'est justement par la raison qu'Allah voit tout, qu'il ne devine rien.
— Je m'aperçois que tu es un taleb, un savant qui a fréquenté beaucoup d'écoles; tu dis des choses que personne ne peut comprendre! Enfin tu crois qu'il a tué l'homme du ouadi?
— Oui.
— Y étais-tu?
— Non.
— Le mort te l'a donc raconté?
— Vékil, un enfant sait que les morts ne parlent pas..., le mouton que tu manges le saurait aussi!
— C'est toi, Effendi, qui manques de politesse. Écoute, tu n'as pas été témoin, le mort n'a rien pu te raconter, comment sais-tu qu'Abou el Nasr est le meurtrier?
— Je te répète que je l'ai conclu en comparant les circonstances...
— C'est possible..., mais Abou el Nasr avait peut-être une vengeance à satisfaire; il était dans son droit.
— Non, tel n'est pas le cas; je t'ai tout expliqué, vékil; moi-même je n'ai rien à démêler avec cet Arménien, je ne le poursuivrai pas, et pourtant il a tué mon conducteur Sadek. Le fils de Sadek, comme tu viens de le déclarer, a le droit de se venger; arrange-toi donc avec lui; pour moi, je te déclare que je ne te contraindrai point à me livrer le *Père de la Victoire;* mais si jamais je le rencontre sur ma route, qu'il prenne garde à lui!
— Sidi, ton discours est sage. Je vais parler à Omar. Quant à toi, reste mon hôte tant qu'il te plaira. »

Il se leva et descendit dans la cour; j'étais persuadé que sa tentative près d'Omar n'amènerait aucun résultat. En effet, le vékil revint peu après avec une figure tout allongée; on apporta en même temps sur la broche un quartier de mouton préparé par les doigts jaunes du Myrte du désert.

Je m'approchai vaillamment; Halef accourut. Le vékil me dit qu'Omar mangerait près du prisonnier, ne voulant pas le quitter. Tout à coup un cri perçant nous fit prêter l'oreille.

« Effendina! balbutiait la voix, au secours! »

Je me précipitai dehors. Omar renversé se débattait entre les mains des soldats; l'esclave noir, debout sur le seuil, me dit avec un sourire qui montra ses dents aiguës.

« Il est parti, Sidi! »

En effet, plus de traces du prisonnier; je bousculai l'esclave noir et regardai par la porte. Abou el Nasr, monté sur un chameau de course, se sauvait derrière un massif de palmiers. Je compris tout sans peine. Le vékil tenait à ne pas se mettre l'affaire sur les bras, il faisait évader son compère Abou el Nasr. Par son ordre, l'esclave avait amené un chameau frais; par son ordre aussi les soldats avaient traîtreusement assailli le pauvre Omar. Celui-ci se démenait comme un enragé, frappant à droite et à gauche dans le tas avec son poignard; le sang ruisselait.

« S'est-il enfui? me cria le jeune homme lorsque je rentrai dans la cour.

— Oui.

— Où va-t-il?

— Là-bas, et je lui montrai de la main la direction prise par son ennemi.

— O Effendi, aide-moi, je l'atteindrai!

— Il est monté sur un chameau.

— Qu'importe!

— Tu n'as point de monture!

— Sidi, je trouverai des frères qui me prêteront une noble bête; ils me donneront des dattes et de l'eau. Avant que la nuit soit tombée je serai sur sa trace, et si tu le veux tu suivras la mienne; nous nous vengerons! »

Halef m'aida bientôt à tirer Omar des mains qui le retenaient; les hommes du vékil, incertains de leur consigne, n'osèrent me résister. Omar s'enfuit comme un éclair.

Au même moment apparaissait le vékil, criant de toutes ses forces :

« Pourquoi laissez-vous aller cet homme, chiens que vous êtes! fils de rats et de souris! »

Les injures pleuvaient comme grêle, quand la vékila se présenta, cette fois exactement voilée.

« Qu'y a-t-il? me demanda la grassouillette petite femme.

— La troupe s'est emparée de mon guide, on a délivré mon prisonnier! répondis-je.

— O scélérats, brigands, hypocrites!...

— Et tout cela, Effendina, sur les ordres du vékil!

— O le ver de terre, l'indocile! Ma main le punira sur l'heure! »

Vékil et vékila rentrèrent ensemble dans la maison, nous laissant le champ libre.

Halef me dit tout bas :

« Elle est le vékil, et lui la vékila! Sidi, nous sommes tout aussi en sûreté sous son ombre que sous l'ombre du sultan!... Allah soit loué, qui ne m'a pas fait l'époux d'une mégère!

« O puissance féminine, ton sceptre s'étend donc au sud comme au nord, au levant comme au couchant! »

Ainsi se termina notre aventure, ainsi se montra la justice turque. Nous passions du tragique au grotesque; la vie chemine pareillement d'un extrême à l'autre.

II

SUR LES BORDS DU NIL

C'était l'heure où le soleil d'Égypte envoie à la terre ses baisers les plus ardents, où tous ceux qu'une absolue nécessité ne chasse point dehors cherchent un peu de fraîcheur et de repos dans les habitations hermétiquement fermées.

J'étais étendu sur un moelleux divan au fond d'un petit logement loué, buvant de l'excellent moka à petites gorgées, humant la délicieuse fumée de ma pipe. Les épaisses murailles, les nombreux vases de terre où s'évaporait l'eau du Nil, tout autour de ma chambre, rendaient l'atmosphère supportable, à ce point que je ne ressentais presque pas le malaise ordinairement provoqué par la chaleur de midi, accablement si fréquent dans ces brûlantes contrées.

Tout à coup la voix perçante de Halef Agha, mon domestique, vint troubler ma rêverie.

Halef Agha?

Oui, mon fidèle petit Halef, transformé en Agha (Seigneur). Et qui donc lui avait conféré ce titre? Plaisante question! Qui, je vous prie, si ce n'est lui=même?

Nous étions arrivés en Égypte après avoir traversé Tripoli et Koufara; nous avions visité le Caire, que les Arabes appellent simplement El Masr (la capitale), ou, plus volontiers encore, El Kabira (la cité de la victoire).

Nous avions suivi le cours du Nil aussi loin que me le permettaient mes finances. Enfin je m'étais décidé à m'arrêter sur cette rive, à y louer un petit réduit et à m'y reposer quelques jours. Je l'ai dit, je m'y trouvais à merveille ; mon superbe divan, mes laineux tapis n'avaient qu'un inconvénient : ils abritaient une trop nombreuse population, de celle à laquelle le vieux Fischart [1] adressait cette question :

On me mord. — Qu'est-ce donc?

Outre le *pulex canis* aux gros yeux, il y avait chez moi le *pulex musculi* et le charmant *pulex irritans*, sans compter le *penetrans*, etc...

L'Égypte est le théâtre des exploits du *pénétrant*, plus tenace encore que les *irritants* et non moins désagréable ; c'est assez dire que, malgré ses charmes, ma méridienne n'était pas le repos absolu.

Enfin revenons à la voix aiguë de Halef Agha, laquelle m'éveillait tout à fait de ma somnolence.

« Quoi? Comment? Qui?

— L'Effendi..., répondait une autre voix beaucoup plus humble.

— L'Effendi el Kebir? Le grand seigneur, mon maître! Tu voudrais troubler son sommeil?

— Il faut que je lui parle.

— Tu oses! à cette heure, pendant le *kef* (méridienne)! Le diable (qu'Allah me garde de ses griffes!) a dû remplir ta cervelle du limon du Nil. Comment! tu ne comprends pas qu'un Effendi, un hékim, est un homme nourri de sagesse par le Prophète lui-même, à tel point qu'il peut tout, rendre la vie aux morts, si ceux-ci ont soin de l'en prier avant d'expirer! »

Le lecteur saura que mon Halef était singulièrement changé depuis que nous avions mis le pied sur le sol égyptien. Il devenait extraordinairement arrogant, infiniment vaniteux, ridiculement tranchant, et tout cela n'est pas peu dire en Orient.

En ce pays les Allemands passent pour des horticulteurs et des

---

[1] J. Fischart, un des célèbres auteurs allemands de la seconde moitié du XVIe siècle. On l'a appelé le *Rabelais de l'Allemagne* ; il traduisit *Gargantua* et l'imita. Il est plus connu en France sous le nom de *Mentzer*.

botanistes, et les Européens en général sont censés de grands chasseurs ou d'illustres médecins.

Pour mon malheur, j'avais retrouvé dans mon bagage, en arrivant au Caire, une vieille boîte de pharmacie homéopathique presque encore pleine, ce qui me permettait de donner de temps en temps, à un compagnon de route, cinq globules à la trentième puissance. Pendant ma navigation sur le Nil, il m'était arrivé de guérir toutes sortes de maux avec un soupçon de sucre de lait; de là une réputation énorme, un renom sans pareil! J'étais un médecin quelque peu allié du diable et capable de réveiller les morts avec trois grains de sable!

Ma réputation tournait la tête de Halef; il s'y croyait de moitié au moins et ne regardait plus l'espèce humaine qu'avec un superbe dédain. Heureusement cet orgueil ne nuisait en rien à son service ni à sa fidélité dévouée envers moi. On pense bien, du reste, que ma rapide renommée était due presque tout entière à ses hâbleries; quant à son insolence envers le public, elle menaçait de devenir proverbiale. Ainsi, il s'était procuré à bas prix une cravache du Nil et ne s'en séparait plus. Il connaissait les Égyptiens depuis longtemps et prétendait que, sans cet instrument, les rapports avec eux sont impossibles, tandis qu'armé de cette magique baguette, on opère chez eux des merveilles que ni procédés aimables, ni argent n'obtiendraient. Quant à ce dernier moyen, n'en pouvant user très abondamment, j'étais bien aise de voir Halef en dispositions d'économie.

« Dieu bénisse tes paroles, Sidi! continuait la voix suppliante de l'interlocuteur. Mais il faut absolument que je parle avec ton Effendi, ce grand médecin du Frankistan.

— Pas en ce moment.

— Il le faut, Sidi, autrement mon maître me chasserait...

— Qui est-il, ton maître?

— C'est le riche et puissant Abrahim Mamour, auquel Allah puisse accorder mille ans de vie!

— Abrahim Mamour! Qu'est-ce que cet Abrahim Mamour? Comment s'appelait son père et le père de son père et l'auteur de sa race? De qui est-il né? où vivent ceux auxquels il doit son nom?

— Tout cela je ne le sais pas, Sidi, mais il est un puissant seigneur; son nom seul le dit.

— Son nom ! et pourquoi ?

— Abrahim Mamour ! Mamour signifie intendant d'une province, et je puis t'assurer, Sidi, que mon maître a véritablement gouverné une province.

— A gouverné ! donc il n'est plus en fonction ?

— Non.

— Je m'en doutais; personne ne le connaît, et moi-même, Halef Agha, le vaillant ami, l'appui de mon seigneur et maître, je n'ai jamais entendu parler de cet homme ni vu la pointe de ses babouches. Va-t'en; mon Effendi n'a pas de temps à perdre pour toi !

— De grâce, Sidi, montre-moi comment il faut s'y prendre pour parvenir jusqu'à ce grand médecin.

— Connais-tu les mots qui sont la clef d'argent de la sagesse ?

— Oui, j'ai sur moi cette clef précieuse...

— Alors il faut t'en servir. »

J'écoutais avec une certaine surprise, et j'entendis le cliquetis de quelque monnaie.

« Un para ! reprit Halef; homme, je te dis que le trou de la serrure est trop gros et ta clef trop petite... Impossible d'ouvrir.

— Eh bien ! nous grossirons la clef. »

Derechef un bruit métallique frappa mon oreille : je ne savais si je devais rire ou me fâcher. Ce Halef Agha devenait intolérable. Je l'entendis poursuivre imperturbablement :

« Trois paras. Bien. Seulement on doit encore te demander ce que tu veux obtenir de notre Effendi ?

— Je viens le prier de se rendre chez mon maître avec sa médecine enchantée.

— Vile créature ! à quoi penses-tu ? Pour trois paras irai-je décider mon seigneur à faire usage de cette admirable médecine que lui apporte chaque nuit une fée voilée de blanc ?

— Est-ce possible ?

— Moi, hadj Halef Omar Agha, ben hadj Aboul Abbas, ibn hadj Daoud al Gossara, je te le dis... Je l'ai vue de mes yeux, et, si tu refuses de me croire, cette hamtchilama, cette verge du Nil va t'en convaincre...

— Je te crois, Sidi.

— Heureusement pour toi !

— Je voudrais t'offrir encore deux paras.

— Donne... Qui est malade chez ton maître?

— C'est un secret que l'Effendi doit seul connaître.

— L'Effendi! Coquin, comme si je n'étais pas aussi un Effendi, comme si la fée ne m'honorait pas de sa vue! Sors d'ici; Halef Agha ne se laisse point insulter!

— Pardonne, Sidi!... Je vais tout te dire.

— Je ne veux rien savoir, va-t'en!

— Je te supplie.

— Va-t'en!

— Faut-il ajouter un para?

— Je n'en accepte pas un de plus.

— Sidi...

— Je n'en accepterais pas même deux.

— O Sidi, ton front rayonne de bonté, ne refuse pas ces deux paras.

— Allons, voyons, qui est malade chez ton maître?

— La femme de mon seigneur.

— Sa femme! Et laquelle? quel rang a cette femme?

— Mon maître n'a qu'une seule femme.

— Et il a été gouverneur de province?

— Oui; il serait assez riche pour avoir cent femmes, mais il n'aime que celle-là.

— Enfin qu'a-t-elle?

— Personne ne le sait; son corps est malade et son âme plus malade encore.

— Allah Kerim! Dieu est miséricordieux, mais je ne le suis pas tant. Ma cravache me démange la main..., je crois qu'elle voudrait caresser ton dos! Par la barbe du Prophète, vraiment la sagesse sort de ta bouche comme s'il en coulait en abondance de ton esprit! Ne sais-tu pas que les femmes n'ont point d'âme? C'est à cause de cela qu'elles ne peuvent prétendre au paradis; comment donc la femme de ton maître aurait-elle l'âme plus malade que le corps?

— Cela je n'en sais rien; mais, je t'en supplie, laisse-moi pénétrer jusqu'à l'Effendi!

— Je n'ose te le permettre.

— Pourquoi pas?

— Mon maître connaît le Coran, il déteste les femmes; la plus parfaite de toutes lui paraîtrait comme le scorpion caché dans le sable; sa main n'a jamais touché un vêtement féminin! S'il se commettait avec les femmes de la terre, les fées ne le visiteraient plus. »

Je suivais avec un certain intérêt le développement du talent de Halef pour la hâblerie; cependant il me prenait par moments bonne envie de m'emparer de son fouet du Nil et de le lui faire apprécier. Je retins ma colère, tant il me parut amusant. L'envoyé reprenait :

« Sache, Sidi, que ton maître ne touchera pas le vêtement de la malade, ni ne verra sa figure; il lui parlera seulement à travers une grille.

— J'admire la prudence de tes paroles et la sagesse de ton discours, ô homme! Ne comprends-tu pas que c'est justement la manière dont mon Effendi ne peut traiter la femme de ton maître?

— Pourquoi?

— Parce que la santé que notre grand médecin porte dans ses mains s'attacherait à la grille. Va-t'en!

— Je ne puis m'en aller, car on me donnerait cent coups sous la plante des pieds si je ne ramenais pas l'Effendi.

— Remercie ton maître de ce qu'il veut bien te réchauffer les pieds, ô misérable esclave d'un Égyptien! Je n'envie pas ton bonheur! Allah aléïkoum, que Dieu t'accorde mille prospérités, qu'il t'accompagne! Va-t'en!

— O vaillant Agha, encore un mot! Mon seigneur et maître a dans son trésor plus de bourses que tu n'en saurais compter... Il m'a recommandé très expressément de te ramener avec le médecin, car il veut te faire un présent plus riche que tous ceux que le khédive pourrait t'offrir. »

Le patient négociateur avait frappé juste; il empoignait mon Halef d'une façon à laquelle un Oriental ne résiste jamais. Le petit majordome changea promptement de ton; il reprit avec une voix presque câline et cependant toujours ironique :

« Allah bénisse tes lèvres, mon ami! mais une piastre dans ma main me paraît préférable à dix bourses dans celles d'un autre. Tes mains à toi sont maigres comme les pattes du chacal pris au piège, sèches comme le sol du désert.

— N'hésite pas à suivre le conseil de ton cœur, viens chez mon maître, ô mon frère.

— Ton frère, homme! Souviens-toi que tu es un esclave, et

moi un homme libre, servant, accompagnant, protégeant librement mon Effendi. Le conseil de mon cœur me commande de rester. Comment un champ porterait-il du fruit s'il n'est point arrosé du ciel?

Halef ramena bientôt le messager.

— Voici encore trois gouttes de rosée, Sidi!
— Bien. Je voudrais voir si, ayant osé déranger mon maître, le tien me donnera réellement un bakhchich?
— Il t'en donnera plusieurs.
— Eh bien, attends donc un instant. »

Enfin Halef trouvait le moment venu pour *oser* me déranger. Et malgré moi je l'excusais intérieurement.

Le pauvre Arabe en usait suivant les tristes habitudes de son pays quand il arrachait ainsi, sou à sou, un pourboire. Il gagnait d'ailleurs si peu avec moi, que je n'étais guère en droit de le gronder et que j'avais honte souvent de n'en pouvoir faire davantage.

Ce qui m'étonnait surtout dans cette aventure, c'est qu'on avait recours à ma science médicale pour une femme.

Je pensais qu'il ne s'agissait pas d'un intérieur arabe, ni d'une de ces familles d'origine nomade où l'étranger ne pénètre point, mais d'une demeure plus civilisée... La femme d'Abrahim n'était sans doute plus très jeune, et elle avait pris sur lui un grand empire par des qualités ou une éducation peu ordinaires.

J'en restais là de mes réflexions, quand Halef entra.

« Dors-tu, Sidi? »

Le serpent! il m'appelait *Sidi* et prenait lui-même ce titre au dehors.

« Non! Que veux-tu?

— Il y a là un homme qui demande à te parler; il t'attend avec une barque sur le Nil, et je dois t'accompagner. »

Le scélérat voulait nettement dessiner la situation, pour que je n'hésitasse point à l'emmener; il tenait décidément au pourboire. Je n'eus pas le courage de le troubler dans sa diplomatie, je feignis de ne rien savoir.

« Que me veut cet homme? demandai-je.

— C'est pour un malade.

— La chose presse donc beaucoup?

— Oh! oui, Sidi! L'âme du malade a déjà presque quitté la terre; il faut te hâter si tu veux la retenir.

— Fais entrer cet homme. »

Halef sortit et ramena bientôt le messager, qui se courba jusqu'à terre, ôta sa chaussure, puis attendit humblement que je lui adressasse la parole.

« Approche-toi, lui dis-je.

— Salam aléïkoum! Allah soit avec toi, ô Seigneur! Ouvre ton oreille à l'humble prière du plus infime de tes serviteurs!

— Qui es-tu?

— Je suis le serviteur du grand Abrahim Mamour, qui habite de l'autre côté du fleuve.

— Qu'es-tu chargé de me dire?

— Une grande douleur est venue sur la maison de mon maître ; la couronne de son cœur pâlit au milieu des ombres de la mort ; aucun médecin, aucun fakir, aucun enchanteur, n'a pu faire reculer le mal. Enfin mon maître, qu'Allah réjouisse! a entendu parler de toi, ta réputation lui est connue, il sait qu'à ta voix la mort s'enfuit ; il m'envoie pour te dire : Viens, enlève la rosée qui flétrit ma fleur, et ma reconnaissance sera douce comme le miel, mon remerciement brillera comme l'or!

— Je ne sais pas où demeure ton maître ; est-ce loin d'ici?

— Il demeure sur la rive opposée, mais il t'envoie une barque ; dans une heure tu seras près de lui.

— Qui me ramènera?

— Moi.

— Je te suis ; attends-moi un instant avec Halef. »

Il reprit sa chaussure et se retira pendant que je revêtais mon plus bel habit. Je pris ensuite ma boîte de pharmacie avec de l'aconit, du sulfate, etc. etc., enfin toutes les drogues que peut contenir une caisse de cent numéros. Cinq minutes plus tard, nous étions assis dans la barque, conduite par quatre rameurs. Je songeais, non sans quelque appréhension, à mon rôle de docteur. Quant à maître Halef, il se tenait près de moi plus fier qu'un pacha à trois queues. Il avait garni sa ceinture d'un poignard et de deux pistolets agrémentés d'argent, dont je lui avais fait présent en passant au Caire. Il ne lâchait pas son fouet du Nil, qui lui procurait en ces lieux tant de considération et d'égards.

Assurément la chaleur me paraissait un peu piquante, mais le mouvement de la barque, balancée sur les flots, nous donnait un air doux et rafraîchissant.

Nous longeâmes d'abord une rive tapissée de verdure, au milieu de laquelle s'élevaient les tiges gracieuses du tabac et du séné, puis une grande plaine inculte s'étendit devant nous ; elle n'était égayée que par quelques groupes de mimosas ou de sycomores peu élevés. Enfin se présenta un terrain très vaste sans nulle végétation et tout hérissé de roches, de blocs granitiques dispersés là depuis bien des siècles, au milieu desquels nous aperçûmes un carré d'épaisses et tristes murailles.

Un canal conduisait l'eau du fleuve jusqu'au pied de ces murs, alimentant ainsi la forteresse et la faisant communiquer avec le Nil, qui est le grand chemin de ces contrées.

Nos bateliers nous dirigèrent adroitement dans ce conduit. Sur un signe du conducteur, une porte basse s'ouvrit et nous quittâmes le bateau.

Un esclave noir grimaça un sourire sur notre passage, puis s'inclina jusqu'à terre ; nous ne prîmes pas garde à ses révérences et continuâmes d'avancer dans l'intérieur du bâtiment.

Quoique je ne me fusse point attendu à de grands frais d'architecture en ce lieu, la nudité des murailles, le manque d'ouvertures à l'intérieur et le délabrement du bâtiment me surprirent. Nous traversâmes un jardin dont les plantes avaient peut-être autrefois réjoui les yeux des captives du harem, mais en ce moment tout y était desséché et flétri ; rien ne rappelait l'idée de la vie en ce triste séjour, sinon une nichée d'hirondelles voletant et piaillant dans les trous des vieux murs.

Une seconde porte nous arrêta avant d'entrer dans une petite cour, au milieu de laquelle se trouvait un bassin rempli d'eau. Le canal devait arriver jusqu'à ce bassin par des conduits souterrains, et j'admirai avec quel soin on avait disposé cette eau de manière à rafraîchir l'habitation et à maintenir l'humidité si nécessaire dans ces pays brûlants. Je remarquai aussi avec quelle intelligence cette espèce de château avait été orienté pour éviter les inconvénients de l'inondation du Nil, qui a lieu chaque année.

La cour où nous venions d'entrer était entourée en partie de grillages en bois, derrière lesquels semblaient s'enfoncer des retraites et des salles assez vastes ; mais je n'avais pas le temps d'examiner ces singulières dispositions ; je jetai un coup d'œil sur Halef, qui me suivait chargé de ma boîte à médicaments ; notre guide nous entraîna rapidement.

Bientôt nous arrivâmes dans le *Selamlik* [1], une pièce assez spacieuse, presque obscure, dont les fenêtres grillées ne laissaient passer que de rares filets de jour. Les murailles, revêtues de tapis à certains endroits, peintes d'arabesques en d'autres, en somme fort ornées, faisaient contraste avec la nudité de l'extérieur ; dans une niche sculptée se jouait un joli petit filet d'eau destiné à rafraîchir l'air. Une balustrade séparait la chambre en deux. La première partie servait aux domestiques ; dans le fond se tenaient le maître de la maison et ses hôtes. Cette espèce de

---

[1] Salon ou parloir.

salon avait pour ameublement un large et riche divan courant d'une extrémité à l'autre. Au coin de ce divan se tenait gravement assis Abrahim Mamour, *le propriétaire des mille bourses.*

Abrahim Mamour se leva à mon approche ; mais, suivant l'usage, ne s'avança point vers moi.

Chaussé à l'européenne, je ne pouvais enlever mes bottes ; j'entrai donc résolument, foulant sous mes talons de cuir le magnifique tapis de l'ex-gouverneur, et je m'assis à ses côtés.

Les serviteurs apportèrent alors l'indispensable café et la pipe non moins indispensable, puis nous pûmes entrer en matière.

Mon premier regard avait été pour la pipe ; tous ceux qui ont visité l'Orient savent que c'est à la richesse de cet objet qu'on peut mesurer celle de son possesseur. Le long tuyau de celle qu'on me présentait était couvert d'ornements en filigranes de vermeil qui valaient au moins mille piastres ; plus précieuse encore me parut son embouchure, toute garnie de pierres précieuses dont les feux m'éblouirent. Certes Abrahim devait posséder beaucoup de bourses dans son trésor ! Était-ce une raison pour supposer que le propriétaire d'une telle pipe avait passé sa vie à voler ou à pressurer la province confiée à son gouvernement ? Pouvais-je, en conscience, juger l'homme par l'instrument ? Je préférais examiner son visage.

Où avais-je vu déjà ces traits, cette physionomie d'une beauté si régulière, cette finesse de contours vraiment sculpturale et en même temps cette expression diabolique, si peu en harmonie avec cette grande perfection de formes ?

Les yeux de cet homme, étincelants, et presque sans paupières apparentes, se fixèrent d'abord sur les miens comme s'ils cherchaient à pénétrer mon âme ; puis ils se détournèrent froidement et avec une sorte d'inquiétude dissimulée sous une affectation d'indifférence.

Des passions violentes, des instincts dépravés creusaient leurs marques indélébiles sur ce visage.

L'amour, la haine, la cruauté, la rapacité semblaient s'être emparées d'une nature où rien ne pouvait être médiocre. Il y avait dans cet ensemble quelque chose d'indéfinissable, mais quelque chose dont l'avertissement ne pouvait tromper les moins physionomistes.

Où avais-je déjà rencontré cet homme? Je ne m'en souvenais pas, tout en sentant vaguement que ce devait être dans des circonstances peu agréables.

« Salam aléïkoum ! » murmura lentement mon hôte, d'une voix couverte et étouffée par sa longue et magnifique barbe, teinte du plus beau noir.

Cette voix sourde, sans éclat, on pourrait dire sans vie, donnait tout d'abord une espèce de frisson.

« Aléïkoum ! répondis-je.

— Puisse Allah faire couler le parfum sur la trace de tes pas et le miel du bout de tes doigts, afin que mon cœur n'entende plus le gémissement de son chagrin !

— Dieu te donne la paix ! repris-je, et me permette de trouver un remède au poison qui ronge ton bonheur ! » Je n'osais parler de la malade, c'eût été une inconvenance impardonnable chez un musulman.

« J'ai entendu dire que tu es un médecin très habile ; à quelle école as-tu étudié ?

— Je n'ai étudié dans aucune.

— Dans aucune !

— Je ne suis point musulman.

— En vérité ! Quoi donc alors ?

— Nemsi.

— Nemsi ! Oh ! je sais, les Nemsi sont des gens savants ; ils connaissent la pierre philosophale et l'Abracadabra qui chasse la mort. »

Il me regarda fixement dans les yeux une demi-seconde, puis continua :

« Ne dissimule rien devant moi ; je n'ignore pas que les enchanteurs ne parlent point des secrets de leur art, je ne chercherai pas à te les arracher ; je te demande seulement de me venir en aide, et de me dire d'abord comment tu procèdes pour chasser la maladie : par des paroles ou par des talismans ?

— Ni par l'un ni par l'autre ; mais par la médecine.

— Je t'en prie, ne te cache pas de moi ; je crois en ton art, car, quoique tu ne sois pas musulman, l'œuvre de ta main réussit comme si elle était bénie par le Prophète. Tu trouves le mal et tu sais le vaincre.

— Dieu seul est tout-puissant, il peut sauver et perdre, à lui soit l'honneur ! Cependant, si je dois essayer de t'aider en quelque chose, explique-toi. »

Cette question directe par laquelle je prétendais pénétrer ses secrets d'intérieur sembla contrarier Abrahim ; il devait pourtant s'y attendre. Dissimulant cette faiblesse, il répondit avec gravité :

« Tu es du pays des infidèles : il n'y a point de honte chez vous à parler de celles qui sont nos mères ou nos filles ? »

Je souriais malgré moi de l'art déployé par le musulman pour en arriver à ne pas prononcer le nom de sa femme, mais je cherchai à paraître aussi grave que lui. Je repris froidement :

« Tu demandes mon secours et tu m'insultes !

— En quoi ?

— Tu nommes ma patrie le pays des infidèles !

— N'êtes-vous pas des infidèles ?

— Nous croyons à un Dieu ; ce Dieu est le même que celui que vous appelez Allah. A ton point de vue je suis un infidèle, comme tu en es un au mien. J'aurais le droit de te donner ce nom ; je m'en abstiens, parce que je suis Nemsi et que nous ne blessons jamais les lois de la politesse.

— Laissons ces questions de religion. Écoute seulement : un fils de Prophète ne doit jamais parler de sa femme, mais tu me permets de parler des femmes du Frankistan ?

— Oui, certes.

— Quand la femme d'un Frank est malade... » Il me regardait avec inquiétude, comme si j'allais l'interrompre ; je fis un signe de tête, il poursuivit : « Enfin, quand elle est si malade qu'elle ne peut prendre aucune nourriture...

— Aucune ?

— Non, pas la moindre...

— Continue.

— Quand l'éclat de ses yeux s'éteint, quand ses joues s'amaigrissent, quand la fatigue l'accable sans qu'elle puisse pourtant dormir...

— Continue.

— Quand elle va traînant et sans forces, tantôt glacée, tantôt brûlante...

— Je comprends, continue.

— Quand le plus petit bruit la fait frissonner, quand elle ne désire plus rien, quand elle n'aime plus rien, quand elle ne hait plus rien non plus, quand chaque fois que son cœur bat il semble qu'elle va défaillir...

— Poursuis toujours !

— Quand son souffle est plus faible que celui d'un petit oiseau ; quand elle ne rit, ne pleure, ne parle plus ; quand elle n'a plus même un sourire, ni une plainte, ni un soupir ; quand elle ne veut plus voir la lumière du soleil, mais se cache et souffre silencieusement sous les draperies de sa chambre... »

Cet homme en parlant me regardait avec de grands yeux pleins de fièvre et d'inquiétude ; à mesure qu'il s'avançait dans la description des symptômes du mal, son trouble augmentait visiblement, en dépit de ses efforts. Il devait aimer la malade avec tout ce qui pouvait rester de passions et d'ardeur dans cette âme flétrie ; sans le vouloir, il venait de me découvrir tout entier le secret de son cœur.

« Tu n'as pas fini, demandai-je.

— Quand elle pousse tout à coup un cri perçant et douloureux, comme si un poignard l'atteignait en pleine poitrine ; quand elle murmure sans cesse un mot, toujours le même.

— Quel mot ?

— Un nom... Quand, en toussant, le sang jaillit sur ses lèvres pâles... »

Et il regardait toujours fixement, les yeux attachés aux miens dans une angoisse poignante. On eût dit que j'allais prononcer de sa mort ou de sa vie. Je n'hésitai pas cependant à exprimer la fatale conclusion :

« Si tout cela est, elle mourra. »

Abrahim demeura sans mouvement ; il semblait frappé au cœur. Puis il se souleva et se dressa devant moi avec sa haute taille, son geste menaçant. Son fez venait de tomber, sa pipe lui glissait des mains ; sur son visage on lisait une lutte terrible. Cette figure devenait de plus en plus étrange : elle ressemblait à celle de Satan telle que l'a conçue le génie de Gustave Doré. Non point Satan portant queue et cornes, grimaçant et montrant ses pieds de bouc, mais Satan beau comme un archange, défiguré seulement par l'expression hideuse, passionnée, diabolique de ses traits.

Les yeux du musulman ne quittaient pas les miens ; ils étaient pleins d'effroi et de colère ; enfin il éclata d'une voix qui, cette fois, n'avait rien de sourd ni d'aphone.

« Giaour ! tonna-t-il.

— Comment dis-tu ?

— Giaour, te dis-je ! Veux-tu que je t'appelle chien ? Le fouet t'apprendra qui je suis ! Tu sauras comment tu dois obéir quand je commande. Si elle meurt, tu mourras aussi, toi ! Si elle vit, je te laisserai aller, je te donnerai tout ce que ton cœur peut désirer. »

Je me levai à mon tour, assez peu ému de la menace, et, me plaçant en face de mon interlocuteur, je lui demandai :

« Sais-tu quelle est la plus grande honte pour un musulman ?

— Que veux-tu dire ?

— Regarde à terre ; où est ton fez ? Abrahim Mamour, te souviens-tu des préceptes du prophète et du Coran : « Tu ne découvriras pas la nudité de ta tête devant un chrétien. »

En un clin d'œil Abrahim eut remis sa coiffure et saisi le riche poignard passé dans sa ceinture, s'écriant dans une rage indicible :

« Tu mourras, giaour ! Tu vas mourir à l'instant !

— Je mourrai quand cela plaira à Dieu et non à toi.

— Je te répète que je vais te tuer. Dis ta prière ! »

Rien ne calme comme la vue d'un homme que la colère aveugle ; je repris tranquillement :

« Abrahim Mamour, j'ai chassé les ours et les rhinocéros, les éléphants sont tombés sous mes balles ; j'ai tué le lion « ravageur » des troupeaux : remercie Allah si tu vis encore et prie-le de t'aider à dompter ta colère. Tu es trop faible pour te dominer toi-même, et pourtant, si tu ne cesses tes injures, prends garde à toi ! »

A cette nouvelle provocation de ma part, Abrahim, blessé au vif, voulut se jeter sur moi ; je l'évitai et lui montrai aussi mon arme : dans ce pays, on ne se sépare ni de son revolver ni de son couteau. Nous étions seuls en face l'un de l'autre, car l'Égyptien avait congédié ses esclaves. Avec mon brave Halef, je n'aurais pas craint tout le personnel de la maison réuni, mais je ne voulais pas en arriver aux extrémités, ni manquer l'occasion de voir la mystérieuse malade, dont l'état m'intéressait et piquait ma curiosité.

« Tu prétends tirer sur moi ! s'écria Abrahim toujours furieux, en désignant mon revolver. Ici, dans ma maison, sur mon divan !

— Certainement, si tu me contrains à me défendre.

— Chien ! c'était donc vrai ce que j'ai pensé dès que tu es entré ?

— Que pensais-tu, Abrahim Mamour ?

— Que je t'avais déjà rencontré quelque part ; où ? quand ? je n'en sais rien, mais...

— Ni moi non plus, je n'en sais rien, mais la rencontre n'a pas été bonne. Et aujourd'hui comment allons-nous nous quitter, Abrahim ? Tu m'as appelé chien ; ne répète pas cette insulte, car ma balle est prompte.

— Je vais appeler mes gens.

— Appelles-les si tu veux ; qu'ils viennent relever un cadavre et tomber à leur tour !

— Oh ! oh ! pour qui te prends-tu ?

— Pour un Nemsi ; as-tu jamais senti la main d'un Nemsi ? »

Il haussa les épaules avec mépris.

« Eh bien ! poursuivis-je, prends garde de la sentir ; elle n'est pas lavée dans l'essence de roses, comme la tienne, elle n'en est que plus vigoureuse. Adieu ! je ne troublerai pas la paix de ta maison, seulement ne me fais pas revenir en arrière. Que Dieu te conserve !

— Reste ! » cria le mahométan.

Il essaya de se jeter de nouveau sur moi ; je me retournai, et, le serrant à la gorge, je l'acculai contre la muraille ; les yeux lui sortaient de la tête, ses veines se gonflaient, son poignard lui avait échappé.

« Maintenant tu as senti la main d'un Nemsi, lui dis-je, lâche que tu es ! Comment appelles-tu la conduite d'un homme qui fait venir le médecin, puis l'outrage et le menace ?

— Enchanteur !... murmura Abrahim.

— Encore une injure !

— Si tu n'étais pas enchanteur, mon poignard ne me serait pas tombé des mains ; tu ne m'aurais pas ainsi violenté.

— Eh bien, soit ! je suis un enchanteur ; alors pourquoi ne pas essayer de mon pouvoir sur la malade, sur Guzela, ta femme ?

— Comment sais-tu son nom ?

— Ton envoyé l'a prononcé.

— Un infidèle ne doit pas répéter le nom des croyants.

— Je répète le nom d'une femme qui peut-être sera morte demain ! »

Il me regarda avec terreur, cacha son visage dans ses mains et balbutia :

« Est-ce vrai, médecin, qu'elle pourrait être morte demain ? »
Le médecin répondit : « Oui.

— Et tu ne peux la sauver ?

— Qui sait ? Tu ne m'as pas laissé achever ; peut-être aurais-je essayé de...

— Oh ! ne dis pas peut-être ! Promets-moi de la sauver, je te donnerai tout ce que tu demanderas.

— Laisse-moi donc essayer, cette fois je...

— Ah ! à la bonne heure, donne-moi vite le talisman ou le remède.

— Je n'ai ni talisman ni remède infaillible ; fais-moi voir la malade.

— Es-tu fou ? L'esprit du désert a soufflé sur ton cerveau ! Ne sais-tu pas que la femme sur laquelle l'œil d'un étranger s'est arrêté doit mourir ?

— Que veux-tu ! elle mourra bien plus certainement encore si je ne la vois pas. Il faut que je sente son pouls, que je l'interroge ; nous ne pouvons, nous autres Européens, connaître ni soigner autrement la maladie.

— Comment ! tu ne possèdes ni talisman ni paroles magiques ! tu ne sais pas prier pour la malade !

— Je prierai pour elle en la soignant ; mais Dieu veut que nous joignions à la prière l'application et les moyens qu'il a mis entre nos mains.

— Quels sont ces moyens ?

— Le suc de certaines fleurs, les métaux que renferme la terre, et desquels nous tirons des substances capables de combattre le mal.

— Si tu lui parles, que lui diras-tu ?

— Je lui demanderai ce qu'elle éprouve et où est son mal.

— Tu ne lui diras rien que cela ?

— Non.

— Tu prononceras devant moi chacune de tes phrases ?

— Je le veux bien.

— Et tu lui toucheras la main ?

— Oui.

— Une minute seulement... tu entends ? As-tu besoin de voir son visage ?

— Non, elle restera voilée si tu le désires; mais il faudra qu'elle marche à droite, à gauche, dans sa chambre.

— Pourquoi ?

— Parce que la démarche de la malade en dit beaucoup sur la maladie.

— J'y consens ; je vais aller te la chercher.

— Non, je dois me rendre là où elle demeure.

— Mais pourquoi encore ?

— Parce que le médecin a besoin de savoir si son malade occupe une pièce malsaine, si l'air qu'il respire lui est nuisible...

— Ainsi tu prétends pénétrer dans mon harem[1] ?

— Oui.

— Toi ! un mécréant !

— Un chrétien.

— Jamais !

— Qu'elle meure donc ! Adieu ! »

Je fis un pas pour m'éloigner. J'espérais bien être rappelé et je le souhaitais vivement. D'après les symptômes décrits par Abrahim, il était facile de conclure que la maladie de sa femme affectait l'âme plutôt que le corps ; peut-être cette malheureuse, enlevée de force, ne pouvait-elle supporter son sort. J'avais le plus grand désir de lui parler et ne négociais avec tant de patience que pour en arriver là.

« Reste, me cria bientôt le mahométan. Tu entreras dans le harem. »

Je revins vers lui, affectant la plus parfaite indifférence. J'avais vaincu l'obstacle ordinairement infranchissable à tout Européen; j'étais au fond enchanté de mon aventure. Il fallait que l'amour de l'Égyptien pour cette femme fût bien fort, et je devinais à l'expression de ses traits qu'il ne cédait pas sans éprouver une sourde colère. Je ne pouvais me dissimuler que, en cas d'insuccès dans mon traitement, j'aurais un ennemi implacable qui ne

---

[1] Harem en arabe signifie proprement : *Sanctuaire, lieu inviolable.*

me pardonnerait pas d'avoir pénétré les secrets de sa demeure, d'autant que cet homme se sentait animé déjà d'une étrange haine contre moi.

Abrahim cependant s'éloigna un instant pour préparer mon entrée; il tenait à ce qu'aucun de ses gens ne pût soupçonner ce qui allait se passer. Malédiction sur lui, si un seul de ses domestiques devinait la présence d'un étranger dans l'appartement des femmes !

Lorsqu'il rentra, son visage était empreint de résolution et aussi de rancune; ses lèvres serrées, son regard fuyant, la contrainte de son geste trahissaient ce qu'il devait souffrir.

« Viens, dit-il, tu vas la voir. Je te permets beaucoup, Effendi. Mais par la félicité des cieux, par les tourments de l'enfer, je te le jure, si tu prononçais une seule parole, si tu faisais un seul mouvement qui pût me déplaire, jamais tu ne repasserais ce seuil ! Tu es fort et bien armé, mais mon poignard aurait raison de toi, ou d'elle, si tu me résistais. Je te le jure par toutes les sourates du Coran, par tous les califes, dont Allah daigne bénir la mémoire !

— Es-tu prêt? lui demandai-je avec calme.

— Oui, viens ! »

Je le suivis. Nous traversâmes un espace en ruines et tout entouré de débris de murs, dans lesquels les oiseaux de nuit faisaient leur demeure; nous traversâmes une sorte d'antichambre, enfin nous pénétrâmes dans l'appartement des femmes. Çà et là, des objets de toilette ou d'amusement témoignaient des habitudes de celles qu'on renfermait en ce lieu. Abrahim me dit avec un sourire à demi railleur :

« Voilà les chambres que tu désires voir; regarde, crois-tu que le démon de la maladie puisse s'y cacher ?

— Mais ce n'est point encore la chambre de la malade.

— Non, je vais t'y introduire; auparavant laisse-moi m'assurer si elle a caché le soleil de son visage à tes yeux. Ne cherche point à me suivre maintenant; attends en paix que je vienne t'appeler. »

C'était donc là qu'habitait Guzela, c'est-à-dire *la belle*. Toutes les circonstances de mon introduction me faisaient revenir de ma première supposition : cette femme ne devait point être âgée.

J'examinai curieusement le lieu où m'avait laissé Abrahim. C'était une pièce meublée à peu près comme celle où on recevait les hôtes, avec un divan, une barrière, une niche sculptée, au fond de laquelle gazouillait un petit jet d'eau.

Bientôt l'Égyptien rentra et me demanda :

« Eh bien, as-tu découvert quelque chose ici ?

— Oui, je te le dirai quand nous serons près de la malade.

— Allons, Effendi, entrons ; encore une fois, souviens-toi de mes recommandations.

— Sois tranquille... »

Au fond de la chambre qu'Abrahim se décida à m'ouvrir, j'aperçus, appuyée contre le mur, la forme d'une femme soigneusement voilée et couverte de longs vêtements. Quand je dis forme, c'est faute d'un autre mot, car on ne voyait rien d'humain sous cet amas d'étoffe, si ce n'est un petit pied chaussé seulement du bout par des pantoufles de velours.

Je commençai mes questions, qui ne durent blesser en rien la susceptibilité du musulman ; je priai la malade de se mouvoir un peu ; enfin je lui demandai de me tendre la main. Malgré la gravité de la situation, j'avais envie de rire : la main était enveloppée d'un linge épais, de manière qu'on ne vît pas même la forme des doigts ; le bras était également bandé.

« Mamour, dis-je en me tournant vers l'Égyptien, je ne puis sentir le pouls sous ces enveloppes.

— Enlève la bande ! » ordonna mon hôte.

La femme obéit ; je vis alors une main délicate. A l'un des doigts brillait un mince cercle d'or terminé par une perle de la plus grande valeur.

Je pris le bras entre le pouce et trois doigts, puis je me penchai pour écouter le pouls en même temps que je le tâtais. Abrahim ne perdait de vue aucun de mes mouvements. Alors j'entendis, non, je ne me trompais pas, la voix était si basse pourtant !... j'entendis ce murmure : *Kourtar Senitzayi !* « Sauve Sénitza ! »

« As-tu fini ? demandait Abrahim avec impatience, en se rapprochant de moi.

— Oui.

— Eh bien ! qu'a-t-elle ?

— Elle a une grande... une très grande maladie, une maladie presque impossible à guérir. N'importe, je la sauverai ! »

Ce dernier mot, je le prononçai avec une singulière lenteur, plus pour elle que pour lui.

« Comment s'appelle son mal ?

— Il a un nom étranger que les médecins seuls peuvent comprendre.

— Quand sera-t-elle guérie ?

— Hum ! cela peut être très court et cela peut être long. Tout dépend de ton obéissance envers moi.

— En quoi faut-il t'obéir ?

— Il faut exécuter ponctuellement mes prescriptions médicales.

— Je les exécuterai.

— Cette femme devra rester seule ; on lui évitera toute contrariété.

— Cela sera fait.

— Je lui parlerai tous les jours.

— Toi ?

— Ne faut-il pas que je juge des progrès de ma médicamentation ?

— Je te dirai tout ce qui arrivera.

— Tu n'y connais rien, tu ne saurais apprécier l'état d'un malade.

— Mais tu ne lui parleras que de son mal ?

— C'est pour cela que je suis venu.

— Mais enfin combien de fois penses-tu avoir besoin de lui parler ?

— Je crois que cinq fois suffiront pour la guérir.

— Bien ! donne-lui maintenant la médecine.

— Je l'ai laissée à mon domestique.

— Viens la chercher. »

Je me retournai pour saluer ma cliente ; la pauvre femme leva les mains sous son voile et murmura :

— Ev Allah ! (Dieu soit avec toi !)

— Silence ! n'ouvre la bouche que quand on t'interroge ! s'écria le musulman d'une voix tonnante.

— Abrahim, interrompis-je, ne t'ai-je point dit qu'il fallait éviter toute contrariété, tout chagrin à cette femme ? Est-ce ainsi qu'on s'adresse à quelqu'un qui touche aux portes du tombeau ?

— Qu'elle prenne garde elle-même à ne pas se rendre malade ! Il ne faut pas qu'elle parle ; elle le sait. Viens ! »

Nous retournâmes au *selamlik*, et j'envoyai chercher Halef, qui parut bientôt avec ma pharmacie. Je remis à Abrahim le médicament qui me parut utile, à dose voulue, puis je me disposai à partir.

« Quand reviendras-tu ? me demanda mon hôte.

— Demain, à la même heure.

— Je t'enverrai ma barque. Combien te dois-je pour aujourd'hui ?

— Rien ; si la malade guérit tu me donneras ce qu'il te plaira. »

Abrahim mit cependant la main à sa poche, en tira une bourse, dans laquelle il prit quelques pièces d'or qu'il tendit à Halef.

« Tiens, dit-il, prends cela, toi ! »

Le brave Halef Agha accepta la chose d'un air superbe, comme s'il eût fait beaucoup d'honneur à l'Égyptien ; il ne daigna pas même regarder les bakhchich en les glissant dans son gousset.

« Abrahim Mamour, dit-il, ta main est ouverte et la mienne aussi ; je ne la fermerai pas devant toi, car le Prophète a déclaré qu'une main ouverte est le premier degré qui conduit dans le séjour des élus. Allah t'accompagne et moi aussi ! »

Nous partîmes ; l'Égyptien nous conduisit jusqu'au jardin, où les domestiques vinrent à notre rencontre.

Dès que nous fûmes seuls, Halef se mit à compter son or en s'écriant :

« Trois pièces, Effendi ! Que le Prophète bénisse Abrahim Mamour et laisse sa femme longtemps malade !

— Hadj Halef Omar !

— Sidi, ne puis-je me réjouir en comptant ma monnaie ?

— La santé vaut mieux que l'or, Halef !

— Pendant combien de jours dois-tu la visiter, Sidi ?

— Quatre à cinq jours, je pense.

— Trois pièces chaque fois, cela fait quinze. Si elle guérit, il m'en donnera peut-être encore quinze, cela fera trente. Je m'informerai s'il y a beaucoup de femmes riches qui soient malades sur les bords du Nil ! »

Cependant nos rameurs nous reconduisaient rapidement, car nous descendions le courant. En une demi-heure nous étions de retour.

Nous abordâmes près d'une *dahabie* mise à l'ancre pendant notre absence; ses amarres étaient attachées, sa voile repliée, et, suivant la pieuse coutume des musulmans, le capitaine de l'embarcation invitait ses gens à la prière :

Puis je me penchai pour écouter le pouls.

« Hai al el Salah ! criait-il, préparez-vous à prier ! »

Cette voix me frappa, je la connaissais; je m'arrêtai tout à coup. N'était-ce pas Hassan Abou Réïsan : *le père des mariniers ?* Nous l'avions rencontré à Koufarch, où il était venu visiter un de ses fils, et nous avions fait route avec lui pour l'Égypte.

Nous étions tout à fait bons amis; je me persuadais qu'il me reverrait avec plaisir. J'attendis donc la fin de la prière, sous l'ombre d'une muraille, à quelque distance du rivage ; après quoi je hélai le vieux reïs.

« Hassan el Reïsan, oh ! io !

— Qui m'appelle ? Allah est grand ! C'est mon fils, le Nemsi Kara Effendi !

— Oui, c'est lui, Abou Hassan !

— Viens, mon fils, monte, il faut que je t'embrasse. »

Je fus bientôt sur le pont. Hassan m'accueillit avec toutes les démonstrations orientales.

« Que fais-tu ici ? me demanda-t-il enfin.

— Je me repose de mon grand voyage ; et toi ?

— Je reviens de Dongola, où j'ai conduit un chargement de feuilles de séné ; une voie d'eau s'est déclarée, j'ai dû m'arrêter quelques jours.

— Combien de temps comptes-tu rester ici ?

— Nous partons demain ; où demeures-tu ?

— A droite... là-bas ; tu vois cette maison de pierre ?

— Ton hôte est-il un bon hôte ?

— Oui, c'est le cheikh el Beled (maire ou juge du village, du lieu) ; je suis très content de lui ; tu viendras ce soir, Hassan ?

— J'irai, si ta pipe est en bon état.

— Je n'ai qu'une pipe, tu apporteras la tienne ; mais je te donnerai d'excellent tabac.

— J'irai. Resteras-tu longtemps ici ?

— Non, je voudrais retourner au Caire.

— Eh bien ! viens avec moi, j'aborderai à Boulakh (faubourg du Caire). »

Cette proposition me fit réfléchir. Je repris :

« Hassan, tu me nommes ton ami ?

— Tu l'es ; demande-moi ce que tu voudras, je le ferai, si cela m'est possible.

— J'attends de toi un très grand service, Abou Hassan !

— Parle. Quel est-il ?

— Je te le dirai ce soir, si tu viens prendre le café avec moi.

— J'irai. Seulement, mon fils, j'oubliais que je suis invité déjà dans la maison où tu loges.

— Chez le cheikh ?

— Non, chez un homme d'Istamboul, qui est venu avec moi et qui a loué ici un étage pour lui et son serviteur.

— Comment s'appelle cet homme?

— Je ne sais, il ne me l'a pas dit.

— Mais son serviteur doit le dire? »

Hassan sourit, ce qui ne lui était pas ordinaire.

« Oh! celui-ci est un drôle qui connaît toutes les langues, quoiqu'il n'ait étudié nulle part; il fume, mange ou chante du matin au soir. Quand on l'interroge, il répond par des paroles aujourd'hui vraies, fausses demain. Avant-hier il se donnait pour un Turc, hier pour un Monténégrin, aujourd'hui il se prétend Druse; Allah seul peut savoir ce qu'il sera demain et après-demain.

— Et tu préfères l'invitation de cet étranger?

— Non, j'irai chez toi quand j'aurai fumé une pipe avec lui. Adieu! Allah te garde! j'ai à travailler. »

Nous regagnâmes, Halef et moi, notre demeure. Je m'étendis sur mon divan et commençais à réfléchir aux aventures de cette journée, quand mon hôte entra; après le salut d'usage, il me dit :

« Je viens te demander pardon, Effendi, car j'ai loué l'étage au-dessus du tien.

— Cela ne me gêne nullement, cheikh.

— Mais ta tête a beaucoup à penser et le domestique du locataire chante, parle, siffle sans cesse.

— S'il m'ennuie, je saurai le faire taire. »

Mon attentif propriétaire parut enchanté de mon indulgence; il s'éloigna. Je me replongeai dans ma rêverie, quand je fus distrait par les pas de deux hommes, dont l'un montait et l'autre descendait. Ils s'arrêtèrent devant mon palier, puis je reconnus la voix de Halef demandant :

« Que fais-tu là? Qui es-tu?

— Et toi, qui es-tu?... que fais-tu dans cette maison? reprenait l'interlocuteur.

— Moi! criait Halef du ton d'un homme offensé, j'appartiens à cette demeure.

— Et moi aussi.

— Ton nom?

— Hamsad al Djerbaya.

— Moi, hadj Halef Agha.
— Un Agha?
— Oui, le compagnon et le protecteur de mon maître.
— Qui est ton maître?
— Le grand et célèbre médecin, qui habite cette chambre.
— Un médecin! qu'est-ce qu'il guérit?
— Tout!
— Tout... Ne me conte point de sornettes, il n'y a qu'un seul homme qui puisse guérir tous les maux, cet homme, c'est moi!
— Tu es donc médecin?
— Non; comme toi, j'accompagne et protège un maître.
— Quel est ce maître?
— Personne ne le sait. Apprends seulement que nous demeurons aussi dans cette maison.
— Vous ne pouvez y demeurer.
— Et pourquoi?
— Parce que vous êtes des gens peu polis et qu'on ne reçoit pas en bon lieu. Comment, quand je te demande qui est ton maître, tu refuses de me répondre!
— Oh! je vais te le dire. Mon maître n'est pas le tien. Voilà! »

Sur cette gaminerie, la dignité de Halef, blessée au vif, le força de se retirer. Je l'entendis descendre à toutes jambes. Le joyeux compagnon, probablement appuyé sur la rampe, chantait sans souci de cette colère une chanson qui répondait exactement, pour l'air et les paroles, à un gai refrain de mon pays.

Dès la seconde strophe je me précipitai vers la porte. Le drôle était là, vêtu d'un large pantalon bleu, d'une jaquette de même couleur; des bottes courtes, un fez sur l'oreille complétaient son costume. Il me regarda tranquillement et continua sa chanson. Lorsqu'il eut fini, se tournant vers moi, les poings sur les hanches, il me dit d'un air tout à fait dégagé:

« Eh bien! cela te plaît-il, Effendi?
— Beaucoup; où donc as-tu appris cette chanson?
— Je l'ai faite moi-même.
— Ah! pour cela, va le conter à d'autres! Et la mélodie?
— Je l'ai aussi composée, vrai! Effendi.
— Menteur!

— Effendi, je me nomme Hamsad al Djerbaya et ne me laisse point insulter!

— Nomme-toi comme tu voudras, tu es un farceur, je connais trop cet air.

— C'est possible; ceux qui te l'ont appris me l'avaient entendu chanter.

— Charlatan! tous les Allemands le savent en naissant.

— O Effendi, tu es Allemand?

— Et toi aussi? »

Ce fut une reconnaissance des plus tendres. J'appris que mon compatriote accompagnait le fils d'un riche marchand de Constantinople.

« Je ne sais trop pourquoi nous sommes ici, me dit Hamsad confidentiellement; je crois que mon maître est à la recherche d'une femme, une Monténégrine, une certaine Sénitcha, ou Sénitza, un nom fort malaisé à prononcer. »

En cet instant le maître du faux Turc l'appela en frappant des mains; il s'enfuit et je retournai sur mon divan. L'aventure devenait tout à fait romanesque. Cette Sénitza... Cette Monténégrine... et ma cliente d'au delà du Nil!... Quelle coïncidence!

Mais je ne pouvais goûter un instant de repos; il m'arriva trois fellahs qui demandaient un remède pour la migraine.

Ils s'assirent à l'orientale près de moi, m'exposèrent leurs cas, écoutèrent mes prescriptions et ne bougèrent de place qu'au bout d'une heure au moins.

Le soir, Hassan monta d'abord chez mon voisin; je l'entendis se disputer en sortant avec l'ex-barbier allemand. (Hamsad m'avait appris qu'il exerçait la profession de barbier en Prusse, avant ses grands voyages.) Enfin le capitaine Hassan frappa à ma porte.

« Pars-tu décidément demain? lui demandai-je pendant que nous dégustions notre café.

— Non, ma voie d'eau n'est pas encore réparée. Dieu puisse demain nous rendre la lumière propice!

— Mais quand pars-tu?

— Après-demain.

— Veux-tu m'emmener?

— Ce sera la joie de mon âme.

— Et si j'amenais quelqu'un avec moi?

— Ma dahabie est vaste. Qui emmènes-tu?
— Une femme.
— Tu as acheté une esclave, Effendi?
— Non, c'est la femme d'un autre.
— Il viendra avec elle?
— Non...
— Tu lui as donc acheté cette femme?
— Non, je la lui enlève.
— Allah kérim! tu crois pouvoir l'enlever sans qu'il le sache?
— Peut-être.
— Homme, sais-tu ce que tu vas faire?
— Et quoi?
— Une *tchikarma,* un rapt!
— Je le sais.
— Un rapt est puni de mort. Ton esprit s'est donc obscurci? Ton âme est devenue noire; tu veux courir à ta perte? Tu veux commettre le crime?

— Non, les circonstances expliquent tout. Tu es mon ami, tu sais te taire, je vais te confier mon secret.

— Ouvre la porte de ton cœur, mon fils, je t'écoute. »

Je lui racontai mon aventure dans tous ses détails; il suivit la narration avec intérêt; quand j'eus fini, il se leva et me dit :

« Viens, mon fils, prends ta pipe, suis-moi.

— Où donc?

— Tu vas le voir. »

Je devinai son intention et me levai aussitôt. Il me conduisit chez mon voisin, le fils du marchand de Constantinople. Le domestique était absent; nous entrâmes, Hassan s'annonça seulement par une légère toux. L'homme qui vint au-devant de nous me semblait fort jeune; il comptait à peine vingt-six ans. Il était richement vêtu et fumait une pipe magnifique; son visage me plut; son abord avait quelque chose de facilement sympathique.

Le vieux Hassan prit aussitôt la parole :

« Je te présente le grand négociant Isla ben Mafleï, de Constantinople, » dit-il; puis se tournant vers moi, il ajouta : « Et voici l'Effendi Kara ben Nemsi, mon ami très cher.

— Soyez les bienvenus tous deux, » répondit le jeune homme en nous faisant asseoir et en regardant Hassan, comme s'il eût voulu l'interroger sur cette présentation subite.

« Veux-tu me prouver ton amitié? reprit celui-ci.

— Que faut-il faire pour cela?

— Raconte à cet homme ce que tu viens de me raconter. »

Isla nous regarda tous deux avec surprise et méfiance.

« Hassan el Reïsan, s'écria-t-il, tu viens de me promettre le silence et tu as déjà parlé!

— Demande à mon ami si je lui ai dit une syllabe de ce que tu m'as confié?

— Alors pourquoi me l'amener et m'obliger à lui raconter moi-même mon secret?

— Ne m'as-tu pas recommandé d'avoir l'oreille aux aguets, de m'informer en tout lieu de l'objet de tes recherches, d'ouvrir les yeux pour tâcher de le découvrir? J'ai ouvert les yeux et les oreilles, et je t'amène cet homme, qui pourra peut-être te donner des renseignements. »

Le jeune homme fit un mouvement de joie, jeta sa pipe et s'avança vers moi.

« Est-il possible! murmura-t-il; tu saurais quelque chose?

— Mon ami Hassan ne m'a mis au courant de rien. Je ne comprends pas de quoi il s'agit, explique-toi.

— O Effendi, si tu pouvais me répondre et m'aider, je te récompenserais aussi richement qu'un pacha!

— Je ne demande point de récompense. Parle!

— Je cherche une jeune fille du nom de Sénitza.

— Je connais cette femme; elle-même m'a dit son nom...

— Où l'as-tu vue, Effendi? où? Oh! parle donc!

— Pourrais-tu d'abord me décrire la jeune fille?

— Oh! elle est belle comme la rose, charmante comme le premier rayon de l'aurore, parfumée comme la fleur du réséda. Sa voix ressemble au chant des houris. Ses cheveux sont brillants comme la queue du cheval Gilza, son pied gracieux comme celui de Dalila, qui trahit Samson; sa bouche ne prononce que des paroles de bonté; ses yeux... »

Je l'interrompis en lui faisant signe de la main.

« Isla ben Mafleï, lui dis-je, ce ne sont point là les descriptions que je te demande; ne me réponds pas avec la langue d'un fiancé, mais avec les paroles de la raison; depuis quand l'as-tu perdue, d'abord?

— Depuis deux lunes.

— Avait-elle quelque objet sur elle qui pût la faire reconnaître?

— O Effendi, de quel objet parles-tu?

— D'une parure, d'un bijou, d'un anneau, d'une chaîne, que sais-je?

— Un anneau... ah! oui, un anneau! je lui en ai donné un, dont le cercle d'or est fin comme un cheveu, mais qui a pour chaton une belle perle.

— Je l'ai vu.

— Où donc, Effendi?

— Tout près d'ici, à une heure de chemin à peine. »

Le jeune homme s'agenouilla devant moi, il mit mes deux mains sur ses épaules.

« Est-ce vrai? demanda-t-il. Ne me trompes-tu pas?

— C'est vrai!

— Viens, alors, conduis-moi!

— Cela ne se peut.

— Je te donnerai mille piastres..., deux mille, trois mille, si tu veux!

— M'en donnerais-tu cent mille, je ne pourrais t'y conduire aujourd'hui.

— Eh bien! demain, demain dès le matin?

— Prends ta pipe, allume-la, assieds-toi, causons : qui conclut trop vite une affaire perd son temps.

— Effendi, je ne puis attendre; mon âme tremble!

— Allons, calme-toi, écoute! »

Il s'assit, alluma sa pipe d'une main mal assurée, et je commençai mon récit :

« J'ai été appelé dans la journée chez un riche Égyptien pour soigner sa femme malade. Il se nomme Abrahim Mamour; il habite un vieux château ruiné au delà du Nil.

— Ah! un bâtiment entouré de murs, n'est-ce pas? Qui l'eût supposé? J'ai visité tous les villages, toutes les habitations des environs; cette demeure je la croyais abandonnée... Et peut-être... Enfin, cette femme, tu l'as vue? Est-ce bien à lui?

— Je ne le crois pas.

— Elle est malade?

— Oui, très malade!

— Oh! il me payera le mal qu'il lui a fait!

— Cette femme souffre au cœur, elle se consume de chagrin ; elle hait Abrahim ; si on ne la sauve promptement, elle mourra.

— Comment sais-tu cela?

— Abrahim m'a conduit dans son harem pour que je puisse parler à la malade.

— Dans son harem! Il t'y a conduit, lui!

— Il aime cette femme, il veut la guérir à tout prix.

— Qu'Allah le punisse de l'aimer! Et tu lui as parlé, à elle?

— Oui, seulement de son mal. Cependant elle a eu l'adresse de me souffler bien bas à l'oreille : « Sauve Sénitza! » Lui la nomme Guzela.

— Que lui as-tu répondu?

— Que je la sauverais.

— Effendi, je t'aime ; ma vie t'appartient. Il me l'a ravie, enlevée, il s'en est emparé par trahison! Oh! viens, conduis-moi! Je voudrais voir au moins les murs de sa prison!

— Non, Isla ben Mafleï ; je retournerai demain chez Abrahim, mais j'irai seul.

— Sidi, je t'accompagne partout!

— Impossible! Sénitza connaît-elle l'anneau que tu as au doigt?

— Oui, certes!

— Consens-tu à me le confier?

— Oh! oui, tu as raison, Sidi, elle comprendra que tu viens de ma part.

— Mets-moi un peu au courant de ton aventure, Isla ; il faut que je connaisse les circonstances de l'enlèvement.

— Tu sauras tout, seigneur. Notre maison est une des plus considérables de Stamboul ; je suis le fils unique d'un riche négociant ; tandis que mon père s'occupe du bazar avec ses serviteurs, je voyage pour nos affaires. J'ai eu plusieurs fois occasion d'aller à Scutari, où j'ai rencontré Sénitza, un jour qu'elle se promenait au bord de la mer avec une amie. Depuis nous nous sommes revus bien souvent. Son père n'habite point Scutari, il demeure dans la montagne. Elle était à la ville chez une ancienne compagne. Lorsque je retournai, il y a deux mois, à Scutari, cette compagne et son mari avaient disparu, emmenant la jeune fille avec eux; personne ne pouvait dire où ils étaient allés.

— Les parents l'ignoraient?

— Oui, le père de Sénitza, le vaillant Osco, a juré de remuer ciel et terre pour la retrouver, et moi je m'en revenais tristement en Égypte, où m'appelait mon commerce, lorsque je rencontrai le bateau à vapeur qui fait le service du Nil. Ma barque se trouvait assez proche pour que je m'entendisse appeler.

« Je regardai. Sur le pont une femme debout venait, par un mouvement rapide, de faire tomber son voile. C'était Sénitza. Près d'elle un homme d'un aspect sinistre se leva tout à coup et l'entraîna en lui rejetant le voile sur le visage. Je ne la revis plus. Depuis ce temps je fouille toutes les rives du Nil pour la délivrer.

— Tu ne sais pas si elle a été contrainte à quitter Scutari, ou si elle est partie volontairement avec ses hôtes?

— Oh! certainement on a dû l'enlever par force ou par ruse.

— Tu ne connais pas l'homme que tu as vu près d'elle?

— Non.

— Es-tu sûr de ne point te tromper? Était-ce bien Sénitza que tu as rencontrée sur ce vaisseau?

— Elle m'appelait par mon nom, Effendi, elle me tendait les mains! Sidi, tu as promis de la sauver!

— Oui.

— Tu tiendras ta parole?

— Oui, si la malade près de laquelle j'ai été appelé est réellement ta fiancée.

— Comment t'en assureras-tu, puisque tu ne veux pas que je t'accompagne?

— Ton anneau me servira.

— Mais comment pourras-tu la faire sortir de sa prison?

— Nous verrons, Hassan; es-tu prêt à la prendre sur ton navire?

— Je suis prêt. Cependant je voudrais savoir quel est l'homme qui la retient captive.

— Je te l'ai dit, il se nomme Abraham Mamour.

— S'il a été mamour, gouverneur de province, c'est un homme assez puissant pour nous perdre tous, au cas où nous tomberions entre ses mains, remarqua le capitaine d'un air soucieux. Une tchikarma (rapt) est punie de mort. Mon ami Kara ben Nemsi, sois prudent, n'agis point sans précaution. »

L'aventure me tentait. Résolu pourtant à ne rien entreprendre sans m'assurer si Mamour avait ou non quelques droits sur cette femme, j'étais, dans le cas contraire, bien décidé à tout braver.

Nous examinâmes l'entreprise sous toutes ses faces, et il était fort tard quand nous nous séparâmes.

Le lendemain, j'allai voir Abou el Réïsan dans son bateau, puis je rentrai pour déjeuner; je terminais à peine mon repas, que le canot de l'Égyptien me fut signalé par Halef. Celui-ci ne perdait pas de vue la rive, tant il tenait à notre visite chez Abrahim.

« Effendi, je t'accompagne, me dit-il.

— Non; aujourd'hui je n'ai pas besoin de toi.

— Tu n'as pas besoin de moi? et s'il t'arrivait quelque accident?

— Quel accident pourrait-il m'arriver?

— Si tu tombais à l'eau?

— Je sais nager.

— Et si Abrahim voulait te tuer? J'ai bien vu qu'il n'est pas ton ami!

— Mon pauvre Halef, tu ne l'en empêcherais pas...

— Comment, Sidi! Halef Agha n'est-il pas un homme? N'as-tu plus confiance en lui?

— Allons, viens! »

Halef ne se le fit pas dire deux fois, il tremblait de perdre son bakhchich [1].

La route se fit sans accident; j'examinais les moindres détails pour les faire servir à mon projet. Je remarquai, dans le jardin, de longues et solides perches gisant à terre. La porte d'entrée se fermait, à l'intérieur, par un fort verrou en bois. Je ne vis de chien de garde nulle part; les rameurs du canot nous apprirent que le vieux château n'était habité que par Mamour, deux femmes et une douzaine de fellahs.

Lorsque j'entrai dans le selamlik, Abrahim me reçut d'un air amical et s'écria :

« Sois le bienvenu, Effendi! tu es un grand médecin!

---

[1] *Bakhchich*, pourboire.

— Ah !

— Oui, depuis hier elle mange mieux.

— A-t-elle parlé à la femme qui la soigne?

— Oui, et presque gaiement.

— Très bien ! peut-être sera-t-elle complètement guérie en moins de cinq jours.

— Aujourd'hui même, ce matin, elle a un peu chanté.

— Très bien ! je la guérirai plus facilement. »

Il me conduisit de nouveau dans l'antichambre où j'avais dû l'attendre la veille. Je recommençai mon inspection, mais d'une manière plus attentive.

La pièce n'avait point de fenêtres; d'étroites ouvertures donnaient sur cette espèce de construction grillée, qui déjà avait frappé mes regards dans la cour. Cette grille en bois, fort épaisse du reste, se fermait en dehors par une longue bande passée plusieurs fois dans des œillères. Je retirai cette bande et la cachai en dedans, contre le grillage. Mon opération était à peine terminée, qu'Abrahim rentra accompagné de Sénitza.

Je commençai mes questions, tout en jouant avec mes doigts et faisant briller l'anneau du jeune marchand. A un certain moment cet anneau s'échappa fortuitement de mes mains et alla rouler sur le pan du vêtement de la jeune malade. Celle-ci s'empressa de me le ramasser.

Mamour lui arracha aussitôt l'anneau; il me le rendit, mais elle avait eu le temps de le reconnaître; un tressaillement léger et un mouvement de la main vers le cœur me le prouvèrent. Je n'avais plus rien à faire dans cette maison pour l'instant; je me levai gravement.

Abrahim me demanda comment je trouvais la malade.

« Dieu est puissant, répondis-je, il aide parfois les siens plus tôt qu'ils ne l'ont espéré. S'il lui plaît que cette jeune femme soit guérie demain, je n'en serais pas étonné. Qu'elle prenne la médecine que je vais lui envoyer et qu'elle attende en paix mon retour. »

Ce jour-là, il fut impossible à la prisonnière de me dire une seule parole.

En rentrant dans le sélamlik, je retrouvai Halef avec ma pharmacie et j'envoyai à la malade une dose de sucre en poudre, pour laquelle le petit Agha reçut encore un riche pourboire; après quoi, nous nous éloignâmes.

Hassan m'attendait avec le jeune négociant.

« Eh bien! l'as-tu vue? me cria celui-ci.

— Oui.

— A-t-elle reconnu l'anneau?

— Oui.

— Elle sait alors que je suis là?

— J'espère qu'elle l'a compris; j'espère aussi qu'elle a fait attention au sens de mes paroles et qu'elle se prépare à être délivrée cette nuit.

— Mais comment?

— Hassan, ton bateau est-il prêt?

— Il le sera ce soir.

— Es-tu décidé à nous conduire au Caire?

— Oui.

— Écoutez-moi. Deux portes ferment la demeure d'Abraham; elles sont verrouillées en dedans, impossible de les forcer; mais il y a un autre moyen. Isla, sais-tu nager?

— Oui.

— Bien. Un canal conduit l'eau du Nil dans l'intérieur du bâtiment; il aboutit à un bassin renfermé dans une cour; c'est par ce conduit qu'il faudra pénétrer quand tout le monde dormira. La porte de cette cour n'est pas malaisée à ouvrir, non plus que celle donnant sur le jardin; une fois que nous serons en dedans, nous trouverons des perches pour faire l'assaut du harem, dont la grille cédera sans peine si Sénitza m'a deviné, car j'ai tout préparé.

— Et après?

— Après, nous agirons suivant les circonstances... Hassan sera sur le fleuve, avec sa dahabïe, et nous nous déroberons aux poursuites. »

Je dessinai alors le plan du vieux château, afin que mes deux complices pussent s'orienter, et je rentrai chez moi, me hâtant de disposer mon bagage pour le départ.

Nos paquets n'étaient pas longs à ficeler; j'avais réglé dans la journée avec mon hôte; nous pûmes nous rendre de bonne heure sur le navire, où Isla vint me rejoindre accompagné de son domestique.

Dès que la nuit fut venue, le reïs mit à notre disposition une longue chaloupe; Halef et l'ex-barbier prirent les rames, je me chargeai du gouvernail.

C'était une belle nuit que celle-là, une de ces nuits où la nature semble reposer avec confiance, où aucun élément ne s'agite, où rien ne trouble le calme du sommeil planant sur la moitié du monde.

Le vent léger qui s'était élevé un instant, au moment du crépuscule, venait de cesser; la paix régnait autour de nous; les étoiles de l'Orient brillaient d'un doux et vif éclat sur le fond bleu sombre du ciel. Les eaux du vénérable fleuve coulaient lentement et sans bruit dans leur lit immense. Cette calme nature influait sur mon imagination; je n'étais nullement inquiet, quoique je ne cherchasse point à me dissimuler les dangers où nous nous engagions.

On peut trembler devant une entreprise difficile; mais, une fois les choses préparées, les voies ouvertes, les chances discutées, il faut avancer en arrêtant le combat intérieur qui paralyserait l'action. Un enlèvement était-il d'absolue nécessité? non sans doute; on eût pu citer Abrahim devant la justice. Malheureusement, dans ce pays, la justice n'est jamais exempte de pression. Nous ne savions pas quels moyens eût employés Mamour pour soutenir son prétendu droit sur la jeune fille, et il n'y avait pas de temps à perdre si nous voulions la tirer de ses mains.

Il fallait donc avancer résolument et presque en fermant les yeux.

Au bout d'une heure nous vîmes se dresser la sombre silhouette du vieux bâtiment; nous longeâmes la rive avec précaution, et je descendis seul pour faire une reconnaissance des lieux. Tout me sembla fort calme dans les environs; pas un signe de vie autour de ces murailles. A l'intérieur aussi, tout dormait sans doute. Je remarquai à l'entrée du canal la barque d'Abrahim, attachée par une chaîne. J'ordonnai à nos deux serviteurs de la conduire un peu plus loin et de la faire enfoncer en la chargeant de pierres, les avertissant de se tenir ensuite à une distance assez rapprochée cependant pour qu'ils pussent nous prendre au premier signal. Isla vint me rejoindre sur le bord, puis nous glissâmes à l'entrée du canal. L'eau noirâtre de ce conduit n'invitait guère au bain; j'en éprouvai la profondeur avec une pierre, elle ne me parut pas dangereuse. Le jeune négociant se dépouilla de ses habits; il fut bientôt dans l'eau jusqu'au menton.

« Eh bien, peut-on marcher? lui demandai-je à voix basse.

— Marcher, non, mais nager. La vase est bien épaisse!

— Enfin es-tu résolu?

— Oui; prends mes habits, Sidi, et va m'attendre près de la grande porte. »

Il plaça sur sa tête les cordeaux qui devaient nous fournir une échelle, étendit les bras, et, prenant son élan, s'enfonça sous la voûte du canal.

Pour moi, j'attendis à la même place; des obstacles imprévus pouvaient se rencontrer, je me tenais prêt à lui porter secours. Au bout de cinq minutes le plongeur reparut, criant d'une voix étouffée :

« Sidi, impossible d'avancer, le canal est fermé par un fort treillage en bois.

— As-tu essayé de le renverser?

— Oui, mais il résiste à tous mes efforts.

— Et où se trouve cette barrière?

— Tout près du mur de fondation.

— Je vais y voir. Remonte, garde mon habit à ton tour et rends-toi là-bas, devant la grande porte. »

Je n'enlevai que mon paletot et descendis tout habillé dans le canal. Me décidant à nager sur le dos, j'avançai avec précaution. Il ne faisait guère clair dans ce gouffre; je me dirigeai à tâtons et trouvai bientôt la grille. Elle était haute et large comme l'embouchure elle-même, et consistait en un croisement de petites planchettes fort épaisses; des gonds de fer la retenaient au mur. Cette grille servait à empêcher les rats et les souris d'eau de pénétrer dans le bassin; je la secouai de toutes mes forces, elle ne céda point, et je me convainquis qu'en l'attaquant dans son ensemble je n'aboutirais à rien. Je saisis alors quelques bâtons du treillage et les tirai en m'aidant de mes genoux et en m'appuyant contre le mur. L'un d'eux finit par se rompre. Je continuai mon attaque avec courage : en quelques minutes le trou fut assez large pour permettre le passage.

Je me demandai si je devais aller chercher Isla. C'était perdre du temps; d'ailleurs je connaissais mieux les lieux que lui. Je profitai donc de l'ouverture et je m'avançai, nageant toujours dans la vase, qui s'épaississait de plus en plus. Lorsque, d'après mes calculs, je fus arrivé à la cour intérieure, la voûte du canal s'abaissa tout d'un coup en touchant presque la surface de l'eau, ce qui me fit supposer que le bassin était tout proche. A cet endroit, le canal formait un conduit rempli entièrement par l'eau, de sorte qu'il allait être très difficile de respirer. Il faudrait plonger et nager sous l'eau, chose périlleuse et malaisée. D'ailleurs, si je rencontrais un nouvel obstacle, comment le franchir et comment retourner en arrière pour reprendre haleine? Qui me répondait, de plus, que la cour ne fût point gardée, et qu'allait-il arriver en admettant que je pusse sortir du bassin?

Malgré ces réflexions aussi désagréables que rapides, je n'aurais pas renoncé à mon entreprise pour tout l'or du monde. Je pris de l'air à pleins poumons, puis je m'engageai dans l'étroit conduit.

Je commençais à souffrir du manque de respiration, lorsque je sentis avec la main un nouvel obstacle. C'était une plaque de plomb percée de trous et fermant le canal; elle faisait l'office d'une sorte de filtre pour arrêter les impuretés de la vase et autres objets entraînés par l'eau.

Cette découverte me jeta dans une véritable perplexité. Impossible de reculer, car avant que j'aie regagné l'endroit où la voûte du canal était assez haute pour laisser suffisamment d'aération, je serais asphyxié; mais comment franchir cet obstacle? Le dilemme n'était pas gai : ou il me fallait périr misérablement étouffé dans cette eau saumâtre, ou je devais réussir à briser une pareille barrière; il n'y avait pas un moment à perdre.

Je me collai à cette grille, la poussant, la tirant de toute la force que donne une suprême angoisse; je ne l'ébranlai point. L'eussé-je fait céder, si la barrière ne donnait pas immédiatement sur le bassin, je n'en étais pas moins perdu. Je n'avais plus que pour une seconde de souffle et d'énergie. Je sentais comme un poids terrible peser sur mes poumons et briser tout mon être. Une seule et unique ressource me restait... O mon Dieu! mon Dieu! faites qu'elle réussisse! répétais-je intérieurement.

Il me semblait que la main de la mort se posait humide et lourde sur mon cœur; le pouls battait à peine, les idées s'enchevêtraient, l'âme luttait avec toutes ses puissances contre l'horreur de cette mort; les muscles se contractaient comme dans l'angoisse de l'agonie. Pas un bruit autour de moi; le silence de la tombe, et quelle tombe! Mais dans cette lutte suprême les convulsions d'une mort prochaine avaient été plus puissantes que tous les efforts de la vie : le grillage de plomb cédait! Je passai, j'étais sauvé!

Un long soupir, une aspiration d'air dont je pouvais à peine

Je m'approchai, mettant mes deux mains autour de mes lèvres.

me rassasier termina mon supplice. Il n'y avait, grâce à Dieu! personne dans la cour pour remarquer ma tête quand elle émergea, avec tant de soulagement, au milieu du bassin. Enfin je revoyais la lumière, car le ciel de cette nuit semblait véritablement transparent.

La lune ne se montrait point; mais les étoiles de l'Orient

donnent une lueur suffisante pour faire distinguer le contour des objets. Je n'avais pas été longtemps à sortir de l'eau, et mon premier soin maintenant était de m'assurer de l'état des lieux du côté du harem. Je vis distinctement en face de moi la grille dont j'avais, la veille, enlevé la serrure, et j'y remarquai une ouverture qui n'existait point les jours précédents. Elle était d'ailleurs trop étroite pour que je songeasse à en profiter.

C'était là certainement que Sénitza habitait. La jeune fille avait-elle compris qu'il fallait m'attendre? Lorsque je sortais du bassin, un léger craquement s'était fait entendre sans que rien dans la cour ait pu me l'expliquer; ce craquement avait-il été causé par l'ouverture de la grille, et, en ce cas, la prisonnière m'avait-elle aperçu? Me reconnaissait-elle?

Je m'approchai, mettant mes deux mains autour de mes lèvres; je sifflai plutôt que je murmurai :

« Sénitza! »

L'ouverture s'agrandit dans le grillage, une petite tête brune apparut, et une voix bien basse me répondit :

« Qui es-tu?

— Le médecin.

— Tu viens pour me sauver?

— Oui; tu as compris mes paroles?

— Oui. Es-tu seul?

— Isla m'attend dehors.

— Oh! ils le tueront!

— Qui donc le tuerait?

— Qui? Abrahim! Il veille toute la nuit; la femme qui me garde ne quitte pas ma chambre. Tiens, écoute... Oh! fuis..., fuis bien vite! »

En ce moment j'entendis du bruit derrière la porte du selamlik. Le grillage du harem se referma. Je me hâtai de me rapprocher du bassin, le seul endroit où je pusse me cacher; je m'y glissai bien doucement, afin que le mouvement de l'eau ne me trahît point.

A peine avais-je regagné mon humide cachette, qu'Abrahim apparut; il fit à pas lents le tour de la cour. Je me tenais dans l'eau jusqu'à la bouche; ma tête se trouvait dissimulée par le rebord du bassin. L'Égyptien ne m'aperçut point. S'étant assuré que la porte était fermée, il continua encore sa ronde pendant quelques instants, puis rentra dans son selamlik. Sortant alors de mon bain forcé, je courus à la porte qu'Abrahim venait si gravement d'inspecter et j'en tirai les verrous. Je me trouvai dans le jardin, que je traversai rapidement, et j'ouvris la grande porte d'entrée. J'allais tourner l'angle du mur extérieur pour appeler Isla, lorsque je me rencontrai face à face avec lui.

« Dieu soit loué, Effendi! murmura-t-il en tremblant; tu as réussi!

— Oui, mais en luttant avec la mort! Donne-moi mon habit. »

Mon pantalon et mon gilet dégouttaient d'eau, mais je n'avais pas le temps de m'en occuper; j'endossai à la hâte mon paletot, qui eût gêné mes mouvements si je l'avais gardé sur le bras.

« J'ai parlé à ta fiancée, repris-je, elle nous sait ici; suis-moi! »

Nous entrâmes à la sourdine; je pris une des perches que j'avais remarquées dans le jardin, et nous pénétrâmes dans la cour. La grille du harem avait été rouverte.

« Sénitza[1], mon étoile! » criait d'une voix étranglée le pauvre amoureux quand je lui eus montré l'ouverture. Je l'arrêtai.

« Au nom du ciel, silence! lui dis-je; ce n'est pas ici le lieu des déclarations. Tais-toi! laisse-moi faire. »

Je m'approchai, et demandai rapidement à la jeune fille si elle était prête à nous suivre.

« Oui, murmura-t-elle. Aucun escalier ne conduit ici, de ce côté; mais il y a une échelle derrière le pilier de bois qui soutient le mur, là-bas.

— Bien, bien, je comprends. »

Je courus prendre l'échelle; mes perches et les cordes qu'Isla avait apportées devenaient inutiles.

Le jeune homme monta presque d'un bond à l'appartement de sa fiancée, tandis que je me glissais jusqu'à la porte du selamlik pour la garder.

Quelques minutes plus tard, Sénitza, soutenue par le jeune négociant, était dans la cour. Ils quittaient à peine le dernier échelon, qu'un mouvement involontaire imprimé à l'échelle la fit chanceler, puis tomber avec bruit.

---

[1] Zénitza est un mot serbe qui signifie *prunelle des yeux*.

« Fuyez! m'écriai-je, fuyez vers le bateau. »

Ils se hâtèrent, et il était grand temps; j'entendais Abrahim s'agiter derrière la porte. Pour couvrir la retraite des jeunes gens, je ne m'empressai pas trop de les suivre. L'Égyptien, accouru sur le seuil, me vit fuyant; il aperçut aussi l'échelle renversée et se mit à donner l'alarme, criant comme un damné :

« Voleur! brigand! arrêtez-le!... Eh! les gens! accourez donc, lâches que vous êtes! »

Tout en hurlant ainsi, Mamour me poursuivait aussi vite que lui permettait son poids.

En Orient le dormeur est bientôt prêt, car il couche tout habillé sur son divan. Les hommes de la maison se trouvèrent à l'instant sur pied.

L'Égyptien allait m'atteindre. A dix pas de moi, la porte d'entrée restait ouverte, mais de la porte intérieure deux esclaves venaient de s'élancer sur ma trace. Je remarquai qu'Isla, soutenant sa fiancée, s'enfuyait vers la droite; je fis un détour à gauche pour dérouter Abrahim, qui du reste ne voyait que moi.

Arrivé sur le seuil, je sautai dehors et pris la direction opposée à celle où nous attendait notre chaloupe, tout en me rapprochant de la rive.

« Scélérat! traître! arrête, ou je tire! » criait Abrahim de plus en plus furieux.

Il était armé, à ce qu'il paraissait; cependant je courais toujours. Si la balle m'avait atteint, j'étais mort ou je devenais son prisonnier, car ses gens le suivaient de près; je l'entendais à leurs exclamations.

Il courait trop fort pour bien viser, sa balle me manqua. Je feignis d'être frappé, je me jetai à terre. Mamour, qui à ce moment venait d'apercevoir Isla et la jeune fille, ne s'arrêta point près de moi; il continua à courir du côté de la barque, où les fugitifs montaient avec l'aide de Halef.

Je me relevai brusquement, me précipitai sur Abrahim par derrière et le renversai; mais les cris des fellahs qui s'approchaient ne me permirent pas de lui faire grand mal; je le laissai se débattre, reprenant ma course folle; j'atteignis enfin le canot, où je tombai hors d'haleine. Avant que maître et esclaves fussent prêts à nous poursuivre, nos fidèles rameurs poussaient déjà vers le large.

Abrahim s'était relevé; il criait d'une voix féroce à ses gens :
« Au bateau! vite, détachez le bateau! »

Les fellahs se précipitèrent à l'entrée du canal, le bateau n'y était plus. Nous entendîmes alors les cris de rage de l'Égyptien.

Notre nacelle cependant venait de quitter les eaux calmes qui bordent la rive pour s'engager dans le courant rapide du milieu. Isla et moi nous prîmes les deux rames du bateau d'Abrahim, que j'avais recommandé de garder, et l'embarcation s'avança avec la rapidité de l'éclair.

Nous ne prononcions pas une seule parole : il faut se taire dans de semblables moments.

Pendant le temps que toute cette aventure avait mis à s'achever, la nuit s'était presque écoulée; les lueurs roses de l'aurore commençaient à teinter l'horizon à travers les brumes du fleuve.

Nous voyions encore les ombres d'Abrahim et de ses gens s'agiter sur la rive, que déjà s'avançait vers nous, la voile déployée et toute brillante des reflets du matin, une longue barque comme il y en a tant sur le Nil.

« Un sandal [1]! » dit Halef.

C'était bien, en effet, un sandal aux formes allongées et dont la vitesse est égale à celle des bateaux à vapeur.

« Hélas! murmura Isla, si Abrahim allait faire signe à cette barque, puis s'entendre avec le patron pour nous donner la chasse!

— Bah! quand même le patron du sandal y consentirait, nous aurions échappé avant que le marché soit conclu! » interrompis-je, cherchant à rassurer nos compagnons.

Le sandal nous dépassa, et nous continuâmes à nous escrimer si bien avec la rame, qu'au bout d'une demi-heure la dahabïe [2] était en vue.

Le vieil Hassan, appuyé sur la barre du gouvernail, épiait notre arrivée. En apercevant une forme féminine à demi couchée dans notre barque, il comprit que l'entreprise avait réussi.

---

[1] *Sandal,* barque à une seule voile et dont la quille est excessivement fine; son maniement est très dangereux, mais elle fend les flots avec la rapidité d'une flèche.

[2] Barque dont les dimensions sont plus grandes que celles du sandal; elle a un pont et deux mâts, marche à la voile latine et peut porter de forts chargements.

« Dépêchez-vous, cria-t-il, l'escalier est tendu! »

Nous montâmes à la hâte; le canot fut solidement attaché à l'arrière, on lâcha les cordes, les voiles se déployèrent, et notre petit vaisseau, tournant vers le large, s'engagea au milieu du courant que nous voulions descendre.

« Eh bien! me demanda Hassan, la chose est faite?

— Oui; je te raconterai tout; dis-moi seulement si un sandal lutterait de vitesse avec toi?

— Sommes-nous poursuivis?

— Je ne le crois pas, cependant cela pourrait arriver.

— Ma dahabïe est excellente, mais un bon sandal l'atteindrait à la course.

— Espérons qu'il n'en sera pas ainsi! »

Après avoir raconté sommairement au vieux capitaine les différentes péripéties de notre entreprise, je descendis dans la cabine pour changer d'habits. Nous avions fait diviser cette cabine en deux; Sénitza en occupait une partie, nous nous contentions de l'autre pour Isla, Hassan et moi.

Deux heures se passèrent; j'étais remonté sur le pont; tout à coup j'aperçus vis-à-vis de nous l'extrémité d'une voile. Ce point lointain grossissait rapidement; lorsque la proue fut visible, je reconnus le sandal déjà rencontré.

« Regarde! dis-je à notre vieil Abou el Reïsan.

— Allah est grand! et ta question aussi! Moi, un vieux reïs, je n'apercevais pas cette voile si près.

— C'est peut-être l'embarcation du khédive?

— Non! je connais ce sandal; je le connais trop, il appartient au reïs Khalid ben Mustapha.

— Et tu connais ce reïs?

— Oui, mais nous ne sommes point amis.

— Pourquoi?

— Parce qu'un honnête homme ne fraye point avec un homme taré.

— Il se pourrait que cet homme ait pris Abrahim Mamour à son bord...; qu'en dis-tu?

— Nous allons voir.

— Et si le sandal voulait accoster la dahabïe, que ferais-tu?

— La loi est là, je ne pourrais m'y opposer.

— Mais si je m'y opposais, moi?

— Comme reïs, propriétaire de la dahabïe, c'est moi qui suis soumis à la loi.

— J'ai loué ton vaisseau... »

En ce moment Isla vint nous rejoindre.

« Kara ben Nemsi, s'écria-t-il, tu es mon ami, le meilleur de mes amis! Laisse-moi te raconter comment Sénitza est tombée dans les mains de cet Égyptien.

— Je t'écouterais volontiers si j'avais l'esprit assez libre pour cela, mais en ce moment nous devons songer à autre chose.

— Tu sembles inquiet, Kara, qu'y a-t-il donc?

— Retourne-toi et regarde. »

Le jeune homme pâlit.

« Abrahim est à bord? demanda-t-il.

— Je ne sais, mais il n'y aurait rien d'impossible à cela, car Hassan assure que le capitaine du sandal est homme à se vendre. »

Le vieil Hassan confirma mes paroles par un signe de tête.

« Qu'allons-nous devenir? soupira le jeune négociant; que faire?

— Attendons d'abord, pour être sûrs qu'Abrahim monte le sandal. »

Notre pilote réglait sa marche d'après celle de la petite embarcation; celle-ci nous épiait de même : c'était visible.

« Comme il se rapproche! murmura Hassan. Je vais faire ajouter une *tikehla*[1]. »

Nous prîmes un peu d'avance, mais je remarquai bientôt que ce moyen était insuffisant. Le sandal se rapprochait toujours; il n'y eut bientôt plus entre nous que la longueur d'une barque. Alors les Égyptiens baissèrent toutes leurs voiles pour ralentir la poussée, et nous reconnûmes Abrahim Mamour debout sur le pont.

« C'est lui! s'écria Isla avec terreur.

— Lequel? demanda Hassan.

— Celui-là, le premier en avant.

— Kara ben Nemsi, que faire? Ils vont nous parler, et il faut leur répondre.

— Qui doit répondre, d'après la loi?

— Le propriétaire du bâtiment.

---

[1] Petite voile.

— Écoute-moi attentivement, Abou el Reïsan. Consentirais-tu à me louer entièrement ton vaisseau d'ici au Caire? »

Le capitaine me regarda avec étonnement; cependant il comprit bien vite le but de ma question.

« Oui, dit-il.

— Donc c'est moi qui suis le propriétaire de la dahabïe maintenant?

— Oui.

— Et toi, comme patron, tu dois m'obéir?

— Oui.

— Tu n'es plus responsable que de la manœuvre?

— C'est cela.

— Appelle donc tes matelots. »

Sur un cri tous accoururent. Hassan leur tint à peu près ce discours :

« Matelots, sachez que cet Effendi, appelé Kara ben Nemsi, vient de louer ma dahabïe jusqu'au Caire; n'est-il pas vrai, Kara ben Nemsi?

— Parfaitement vrai.

— Donc, les hommes, si l'on vous interroge, vous pourrez attester que je ne suis plus le maître du vaisseau, mais que j'ai cédé la dahabïe à Kara ben Nemsi, comme il me l'a demandé.

— Nous l'affirmerons! » dirent en chœur les matelots sans manifester aucune surprise; les Orientaux ne s'émeuvent pas pour si peu.

Le sandal se trouvait alors sur la même ligne que nous. Son capitaine me parut âgé, grand et maigre; il portait une touffe de plumes de héron sur sa coiffure. S'approchant du bord, il nous héla :

« Ohé! la dahabïe, quel capitaine? »

Je voulus répondre moi-même :

« Hassan Abou el Reïsan.

— Bien, je le connais. Avez-vous une femme à bord?

— Oui.

— Rendez-nous-la.

— Khalid ben Mustapha, tu es fou!

— Nous la prendrons.

— Nous verrons cela. D'abord, gare à tes plumes de héron! »

Je tirai en même temps; la coiffure du vénérable Mustapha

chancela, ses belles plumes s'envolèrent comme une nuée d'oiseaux effarouchés. Le pauvre homme, épouvanté et tout confus, s'agitait de telle sorte, qu'on eût pris ses membres décharnés pour ceux d'un pantin de caoutchouc.

« Maintenant tu sais que je suis bon tireur, criai-je au reïs; si tu continues à suivre la dahabïe, je te préviens que faute de plumes je ferai sauter ta cervelle. »

La menace eut un effet immédiat; en quelques minutes le sandal se trouvait hors de portée.

« Nous voilà tranquilles pour l'instant! dis-je au vieil Hassan.

— Il ne reviendra pas, reprit celui-ci, seulement il nous surveillera jusqu'à ce que nous abordions, et il invoquera certainement la loi contre nous.

— Je ne le crains pas.

— Ni moi non plus, puisque tu es responsable. Mais je crains autre chose.

— Quoi donc?

— Regarde! »

Il me montrait le fleuve; nous comprîmes tout de suite ce qu'il voulait dire.

Depuis quelque temps déjà, nous avions remarqué combien les vagues s'enflaient et couraient rapidement.

En cet endroit, les rives étaient resserrées entre d'énormes rochers; le courant avait la force d'un torrent; nous allions traverser un de ces rapides, si dangereux sur le Nil, et qui rendent le commerce si difficile dans ces contrées.

Les passions humaines devaient se taire, car la grande voix des éléments grondait terrible et imposante.

Hassan appela ses hommes en criant :

« Attention, matelots! voilà les chellal (*les cataractes*). Prions tous, récitons la sainte fatha! »

Les hommes se rassemblèrent et entonnèrent les invocations du Coran.

« Garde-nous, ô Seigneur! O Dieu devant la face duquel le démon reste lapidé!

— Au nom du Dieu très miséricordieux! » reprenait Hassan.

Puis tous répétaient la fatha, premier verset du Coran.

Je dois avouer que cette prière me remua profondément. Il y a quelque chose de si grand dans le sentiment religieux, exprimé publiquement et unanimement, quelque chose de si émouvant dans cet humble recours de la créature faible et impuissante, quand elle s'adresse au souverain maître de la création!

« Maintenant, reprit le vieux capitaine, retournez à vos places, soyez forts, luttez contre le torrent! »

Les matelots du Nil ne se commandent pas comme un équipage européen. Le sang brûlant de l'Orient coule dans leurs veines; ces hommes, à l'heure du péril, passent d'un excès de confiance à un abattement extrême. Tous crient, hurlent, prient, éclatent en imprécations, ou se répandent en des flux de paroles insensées; puis, le danger à peine éloigné, ils se mettent à pousser des cris de joie, à battre des mains, à chanter, à faire mille extravagances, et cela en moins de quelques minutes.

Pour les animer à la besogne, pour activer leurs efforts, le capitaine doit aller de l'un à l'autre, gronder, blâmer les paresseux, les accabler de ces malédictions dont le vocabulaire arabe est si riche, encourager les travailleurs par les plus douces, les plus tendres exhortations, les appeler des héros, des hommes de cœur, etc. etc.

Hassan se dépensait avec la plus louable activité; il avait doublé ses rameurs; à la barre se tenaient trois pilotes expérimentés, trois conducteurs de barques connaissant tous les passages du Nil en cet endroit.

Cependant les flots se jetaient avec furie sur les roches dentelées; leur écume, blanche comme la neige, rejaillissait au-dessus de nous; le bruit de la cataracte parvenait alors distinctement à nos oreilles; il allait grossissant comme le grondement du tonnerre; il couvrait souvent la voix du commandant.

Le vaisseau gémissait et craquait dans toutes ses jointures. Les rames devenaient inutiles; malgré tous les efforts des pilotes, le gouvernail ne suffisait plus à diriger le navire au milieu des flots soulevés.

Pour comble de danger, les rochers rétrécissaient de plus en plus le passage; ils formaient comme des murailles hérissées, dont l'écartement était à peine assez large pour contenir la dahabïe. Sur ces blocs glissants, la vague descendait par endroits, pareille à une cascade impétueuse, renvoyée et multipliée à l'infini, car le fond du fleuve est semé de rocs et de brisants.

On avait fermé à la hâte toutes les ouvertures; les rames durent un instant être retirées; depuis longtemps les voiles avaient été pliées. Nous frôlions presque les roches de la rive; nous les pouvions toucher en étendant les bras..., de terribles abîmes nous environnaient; ils étaient là, béants des deux côtés, entre ces murailles menaçantes. Lorsque nous nous croyions près d'être soulevés jusqu'au ciel, nous nous sentions soudain redescendre au plus creux des flots, et la crête humide de l'onde nous couvrait d'eau en passant au-dessus de nos têtes. Rien ne saurait peindre cette tempête, ce déchaînement, ces trombes, ces cascades terribles, sur lesquelles filait ou tournoyait notre bâtiment. Quel bruit! quels mugissements! quelle horreur! Il me semble y être encore!

« Allah kerim! criait par instants le pauvre Hassan d'une voix étranglée. Allah est Allah! Reprenez vos rames, hé! les jeunes gens! Vous, les hommes, les héros, travaillez donc! Vous, panthères, tigres et lions, la mort est devant vous! Ne la voyez-vous pas? paresseux, lâches! Allons, du courage, au nom de Dieu! scélérats! fils de chats! Travaillez, mes amis! vous êtes des héros, de bons enfants, de vaillants compagnons! Vous êtes des matelots choisis, éprouvés, sans pareils! En avant! hardi! »

Nous filions en ce moment entre une suite de roches aiguës et tranchantes comme la lame ouverte de gigantesques ciseaux; on eût dit, à les voir, qu'une coquille de noix pouvait à peine passer; je tremblai pour le vaisseau. Hassan redoublait ses cris et ses exhortations.

« O Seigneur! aide-nous! A gauche! à gauche! Chiens, vautours, mangeurs de rats! À gauche, timoniers! à gauche, mes braves, mes seigneurs, pères de héros! Allah! toi qui fais des miracles, sois béni! »

En effet, notre pauvre navire, par un effort suprême, venait de franchir un des endroits les plus périlleux. Pour le moment, nous pouvions respirer, et nos hommes remerciaient Dieu à haute voix.

Bientôt nous vîmes derrière nous, poussé comme la flèche qu'on vient de lancer, le sandal sortant des mêmes dangers et se précipitant avec plus de violence encore que nous. Il ne tarda point à nous atteindre; le passage était si étroit, que les bords des deux embarcations se touchèrent presque. Abrahim Mamour, debout, la main cachée derrière le dos, nous regardait avec défi. Soudain, par un geste prompt comme l'éclair, il épaula un long fusil arabe et visa. La balle, mal chassée, me manqua, et le sandal, toujours entraîné, nous eut bientôt dépassés. Nous n'eûmes pas le temps de faire beaucoup de réflexions sur cette tentative, les brisants et les écueils reparaissaient : le fleuve était plus redoutable qu'Abrahim.

Tout à coup nous entendîmes un grand cri; le sandal donnait contre une roche. La barque tournoyait; on eût dit que les rameurs allaient être jetés par-dessus le bord. Mais voici un homme qui chancelle et tombe dans les flots; il se raccroche aux roches glissantes, il lutte avec la mort. Nous arrivons près de lui. Je saisis une corde et la jette au malheureux; le sandal filait bien loin. Nous tirâmes de toutes nos forces... C'était Abrahim.

A peine fut-il ramené sur le pont de notre navire, que, secouant ses habits ruisselants d'eau, il voulut se précipiter sur moi, les poings fermés, les yeux flamboyants de rage.

« Chien, brigand, trompeur! » criait-il.

Je l'attendis de pied ferme, et, le maintenant à distance, je lui dis sans trop m'émouvoir :

« Abrahim Mamour, sois poli, car tu n'es pas chez toi. Si tu m'insultes, je te fais lier au mât et fouetter jusqu'au sang. Qui m'en empêchera? »

La plus honteuse de toutes les peines pour un Arabe est celle du fouet; la plus grande de toutes les injures est de l'en menacer. Abrahim sentit qu'il fallait se contraindre; il dit seulement avec une sombre rage :

« Tu as ma femme à bord.

— Non.

— Ne mens pas.

— La femme que tu réclames n'est pas la tienne. C'est la fiancée de ce jeune homme; tu n'as aucun droit sur elle. »

L'Égyptien voulait se précipiter dans la cabine, lorsque Halef intervint vaillamment et se plaça devant la porte.

« Abrahim Mamour, dit-il, je suis hadj Halef Omar, ben hadj Aboul Abbas; voici mes pistolets. Je fais feu si tu essayes de pénétrer là où mon maître te le défend. »

Abrahim, furieux, se retourna vers nous :

« Je vous dénoncerai au premier port! cria-t-il.

— A ton aise! En attendant, tu n'es point mon ennemi, mais mon hôte ici tant que tu resteras tranquille. »

Nous avions heureusement passé les endroits dangereux du fleuve, nous pouvions nous reposer. Je laissai Abrahim s'asseoir dans un coin, d'un air sombre, et, m'approchant d'Isla, je lui demandai de me raconter les détails de l'enlèvement de sa fiancée. Il voulait aller la chercher dans la cabine pour l'amener sur le pont; je le priai de n'en rien faire, de peur d'exciter davantage notre Égyptien.

« Voyons, continuai-je, dis-moi d'abord si elle est chrétienne ou mahométane?

— Elle est chrétienne.

— De quelle confession?

— De celle que vous appelez grecque.

— Elle n'est pas sa femme, tu en es sûr?

— Elle m'a tout raconté! Il l'avait achetée, mais...

— Achetée! comment cela?

— Écoute. Les Monténégrines sortent librement et sans voile. Mamour a rencontré Sénitza dans les rues de Scutari, il l'a trouvée belle et le lui a dit, proposant de l'épouser. La jeune fille s'est contentée de rire, elle ne le croyait pas sérieux. Alors il est allé à Czernagora, chez son père, offrant une grosse somme d'argent si on voulait lui donner Sénitza. Le père a chassé Abrahim avec mépris; mais l'Égyptien ne s'est pas tenu pour battu, il a conclu un marché avec le mari de l'amie chez laquelle Sénitza logeait à Scutari. Cet homme a vendu la jeune fille comme esclave. A eux deux, ils ont fabriqué un contrat en forme; dans ce contrat Sénitza est désignée comme une esclave circassienne.

— Et ces gens ont disparu?

— Oui, après avoir conduit leur victime à Chypre d'abord, et de là en Égypte, où tu sais quel était son sort.

— Comment s'appelle l'homme qui l'a livrée?

— Baroud el Amasa.

— El Amasa? Mais ce nom m'est connu. Est-ce un Turc?

— Non, un Arménien.

— Ah! j'y suis! Hamd el Amasa, notre Arménien du chott

Djérid!... ce brigand qui s'est enfui de Kbilli! Mais non pourtant, l'époque ne se rapporterait pas... Sais-tu si ce Baroud el Amasa a un frère?

— Je l'ignore, Sénitza ne m'en a pas parlé, quoiqu'elle m'ait donné beaucoup de détails sur cette famille. »

En ce moment, Hamsad, l'ex-barbier prussien, accourut vers nous.

« Monsieur l'*Effendim*, j'ai quelque chose à vous dire.
— Parle.
— Comment s'appelle ce mauvais sujet d'Égyptien?
— Abrahim Mamour.
— Il a été gouverneur? C'est bien cela! Sachez donc que je le connais comme ma poche.
— Vraiment? raconte-nous cette histoire.
— Je le connais parce que c'est à lui que j'ai vu donner la bastonnade pour la première fois dans ces pays, et je vous assure que je n'ai point oublié sa figure, ni même son nom.
— Comment se faisait-il appeler?
— Daoud Arafim; il était attaché à l'ambassade de Perse; il avait trahi je ne sais quel secret... »

Ce fut un trait de lumière; moi aussi, je me souvins des circonstances dans lesquelles j'avais rencontré cet homme : c'était à Ispahan; on l'avait lié sur un chameau, on l'envoyait prisonnier à Constantinople. Je fis un bout de chemin avec la caravane qui l'emmenait, et j'eus occasion de lui parler. Ces souvenirs étaient parfaitement élucidés.

« Merci de ta communication, dis-je à notre Allemand; mais garde ton secret pour toi en ce moment, n'est-ce pas? »

Je me sentais délivré de tout souci sur la plainte qu'Abrahim prétendait formuler contre nous.

Sans pouvoir très bien concilier les choses, il me semblait que je retrouverais le fil des relations de cet homme avec mon Arménien. Comment Abrahim, après avoir été dégradé, pouvait-il jouer du grand personnage? Comment s'était-il enrichi de la sorte? Ces rapprochements me déroutaient, mais je me promettais de chercher. Je résolus de ne pas ouvrir la bouche sur tout cela, ni devant mes compagnons, ni à Mamour, que je voulais laisser s'enferrer dans son accusation contre nous.

Nous étions arrivés au petit pont, où les pilotes et une partie de l'équipage devaient descendre, car ils n'étaient plus nécessaires; cependant je ne voyais pas Hassan mettre à l'ancre.

« Ne nous arrêtons-nous pas? demandai-je.

— Non; je vais débarquer les hommes, puis nous virerons de bord.

— Et pourquoi?

— De peur de la police.

— Je ne la crains guère.

— Parce que tu es étranger et sous la protection de ton consul; mais..., tiens! les voilà! »

En effet, un canot, monté par des hommes, se dirigeait vers nous.

« Attends-les, dis-je à Hassan, je suis bien aise de faire connaissance avec les cabassers. »

Les policiers furent bientôt à bord. Le sandal, rentré au port avant nous, avait semé sur notre compte les bruits les plus injurieux. Khalid ben Mustapha, comme nous l'apprîmes depuis, était allé, aussitôt débarqué, porter plainte chez le juge, m'accusant de meurtre, de brigandage, de séduction, de révolte, etc. etc., me signalant comme le plus vil des giaours. La corde et le sac à vipères lui semblaient trop peu pour châtier mes forfaits. D'ailleurs, il croyait Abrahim mort et agissait en son nom personnel.

La justice, dans ce pays, n'a pas même idée d'une enquête; elle est sommaire et expéditive, je ne l'ignorais pas.

« Quel est le patron de ce navire? interrogèrent les hommes de la police.

— Moi.

— Comment t'appelles-tu?

— Hassan Abou el Reïsan.

— N'as-tu pas sur ton vaisseau un effendi hékim (médecin) infidèle?

— Oui, le voilà; il se nomme Kara ben Nemsi; la dahabïe lui appartient jusqu'au Caire.

— N'as-tu pas aussi une femme à bord?

— Oui, elle est dans la cabine.

— En ce cas, nous vous faisons tous prisonniers; vous allez être conduits chez le juge; le vaisseau restera sous notre garde. »

Aussitôt on nous rassembla et on nous transporta sur le quai. Sénitza, soigneusement voilée, fut enfermée dans une chaise à porteurs; nous suivîmes à pied. Toute la population, vieux et jeunes, petits et grands, nous servit de cortège. J'allais en avant; l'ex-barbier marchait à mes côtés en sifflant son refrain allemand.

Nous trouvâmes le Zablié-bey (chef de la police) en séance avec son greffier, tout prêt à nous condamner. Il portait les insignes militaires; mais son aspect n'était point du tout martial, et son visage n'avait rien d'intelligent.

En apercevant Abrahim Mamour, qu'on lui disait mort, il témoigna beaucoup de joie, beaucoup de déférence, et le félicita vivement. Quant à nous, on nous accueillit avec un profond dédain.

Nous fûmes séparés en deux bandes : Abrahim et ses gens prirent place près du fonctionnaire; Hassan, Sénitza, Isla, votre serviteur, Halef et l'ex-barbier allemand, debout, figuraient le banc des accusés.

« Veux-tu fumer? demanda respectueusement le Zablié-bey à Abrahim.

— Oui, fais apporter une pipe. »

Le fameux gouverneur s'installa sur un tapis, prit une pipe des mains de l'esclave, puis l'audience commença.

« Excellence, dis-moi ton nom béni d'Allah, demanda le juge en s'inclinant.

— Abrahim Mamour.

— Mamour de quelle province?

— D'En-Nassar.

— J'écoute ta déposition, Excellence.

— Je viens porter plainte contre ce giaour, un hékim infidèle; il a commis une tchikarma. L'homme qui se tient à côté de lui a pris part à ce crime; le capitaine de la dahabïe est leur complice. A toi, ô bimbachi[1], de déterminer la part que les matelots de la dahabïe et les serviteurs de cet homme ont eue au forfait.

— Raconte-moi les circonstances du rapt. »

Abrahim fit un récit circonstancié de l'événement, puis les témoins à charge confirmèrent sa déposition, ajoutant que

---

[1] Commandant de cents soldats.

Isla, assis près d'une fontaine, causait tranquillement avec sa fiancée.

j'avais attenté aux jours de Khalid ben Mustapba sur le sandal qu'il dirigeait.

Le Zablié-bey jeta sur moi un foudroyant regard en commençant mon interrogatoire :

« Giaour, quel est ton nom?

— Kara ben Nemsi.

— Le nom de ta patrie?

— Djermanistan.

— Où gît cette poignée de terre?

— Poignée de terre! Bimbachi, voilà un mot qui prouve ton ignorance.

— Chien! que veux-tu dire?

— Le Djermanistan est un grand pays qui compte dix fois plus d'habitants que l'Égypte. Donc tu es un mauvais géographe; de plus, tu te laisses berner par Abrahim Mamour.

— Ose continuer sur ce ton, giaour, et je te fais clouer par les oreilles à la muraille.

— Eh bien! oui, je l'ose. Abrahim te dit qu'il a été gouverneur de la province d'En-Nassar. Or le titre de Mamour n'existe qu'en Égypte!

— En-Nassar n'est point en Égypte, dis-tu, giaour? Mais je connais ce lieu, j'y suis allé, je connais Abrahim Mamour comme mon frère, comme moi-même!

— Tu mens!

— Liez-le! cria l'officier de police.

— Bimbachi, je brûle la cervelle à qui me touche; tu mens, je le répète. En-Nassar est une très petite oasis située entre Homrh et Tighert, dans la province de Tripoli. Il n'y a là aucun Mamour, mais un pauvre cheikh qui se nomme en ce moment Mamra ibn Alef-Abouzin; je le connais parfaitement. Ne jouons pas une plus longue comédie; laisse-moi t'aider à dépêcher l'affaire. Comment oses-tu rendre tant d'honneur à cet homme et faire asseoir près de toi celui qui devrait être à la place des accusés! Le crime dont tu me charges, c'est cet homme qui l'a commis.

— Explique-toi, giaour!

— D'abord, je te préviens que j'ai un sauf-conduit du vice-roi d'Égypte et que mon compagnon possède le bouyouroultou du Grand Seigneur; il est même citoyen d'Istamboul.

— Montrez-moi vos papiers! »

Isla et moi nous lui remîmes nos passeports; le brave fonctionnaire les lut attentivement et nous les rendit avec une mine assez embarrassée. Lorsque je le vis convaincu que nous n'étions pas des gens sans aveu, je m'écriai :

« Comment! un Zablié-bey, un bimbachi ne connaît pas son devoir! Il oublie de porter l'écrit du Grand Seigneur à son front, à ses lèvres, à ses yeux, et de le montrer aux assistants, pour qu'ils s'inclinent devant ce vénérable papier, comme si Sa Hautesse était véritablement présente! Le grand vizir de Constantinople sera averti de ta conduite; il saura quel cas tu fais du sultan! »

Le bimbachi me regardait avec une terreur croissante; je continuai, plein d'assurance :

« Tu me demandais tout à l'heure de m'expliquer; eh bien! écoute-moi. Nous sommes les plaignants, et, je te le répète, c'est Mamour qui doit prendre notre place, nous la sienne...

— Qui se plaint de lui?

— Moi, cet homme, et encore celui-là, nous tous enfin; nous l'accusons de tchikarma, de rapt, comme lui-même voudrait nous en accuser. »

Abrahim s'agitait furieusement, mais je ne poursuivais pas moins mon discours :

« En vérité, je suis fâché, bimbachi, d'être obligé de te faire de la peine; seulement...

— Quelle peine prétends-tu me faire?

— Ne dois-je pas te forcer à juger un homme que tu dis connaître comme ton frère, comme toi-même? que tu as visité dans son gouvernement d'En-Nassar? Ne dois-je pas te convaincre que je le connais encore bien mieux? Il se nomme Daoud Arafim; il était attaché au service du Grand Seigneur en Perse; mais il s'est si mal acquitté de ses fonctions, qu'il a subi la bastonnade à Ispahan. »

Abrahim, pâle de rage, s'était levé en criant : « Chien! Zablié-bey, cet homme n'a plus sa tête!

— Zablié-bey, laisse-moi achever; je te montrerai que ma tête tient mieux sur mes épaules que la sienne.

— Parle!

— Tu vois cette femme : c'est une chrétienne, une femme libre du Karadagh (Monténégro); eh bien, il l'a enlevée par surprise et par violence, pour l'emmener en Égypte. Tu vois près de moi mon ami Isla ben Maflei, le fiancé de la jeune fille, qui est venu en ce pays pour l'arracher des mains de son ravisseur. Tu nous connais, nous : tu as lu nos papiers; ils sont en règle!

« Et lui, es-tu sûr de le connaître comme tu le prétends? C'est un voleur, un séducteur, un traître; dis-lui de te montrer son passeport, ou j'en appellerai au khédive. Je te dénoncerai comme abusant de tes fonctions pour protéger le crime et opprimer les innocents! Comment! ce capitaine du sandal m'accuse de tentative de meurtre! Demande à tous les témoins. J'ai abattu les plumes de son tarbouch; mais lui, l'ai-je touché? Et ce prétendu Mamour, ne lui avons-nous pas sauvé la vie, même après qu'il a tiré sur moi avec le dessein bien évident de me tuer? Décide maintenant entre nous! »

Le brave fonctionnaire devenait de plus en plus perplexe; il ne voulait ni démentir ses premiers actes, ni s'engager dans une mauvaise affaire en prononçant contre nous. Après quelques moments d'hésitation et de réflexions pénibles, il prit le seul parti qu'il pouvait prendre, étant données les mœurs du pays.

« Que le peuple rassemblé ici se retire, que chacun regagne tranquillement sa demeure, ordonna-t-il. La chose demande qu'on y réfléchisse mûrement; il y aura une nouvelle séance après la méridienne; en attendant, vous êtes tous prisonniers. »

Les cabassers chassèrent aussitôt les curieux à grands coups de bâton. Abrahim Mamour, ses domestiques et l'équipage du sandal furent conduits sous escorte dans une des cours de la maison du Zablié-bey. On fit mine de nous emprisonner dans la cour voisine, et quelques cabassers eurent ordre de ne pas nous surveiller de trop près. Au bout d'un quart d'heure, ils avaient disparu.

Isla, assis près d'une fontaine, causait tranquillement avec sa fiancée; je m'approchai pour lui demander ce qu'il pensait de l'issue du procès.

« Je n'en pense rien du tout, dit-il, je te laisse le soin de l'affaire.

— Mais si justice nous est rendue, qu'adviendra-t-il d'Abrahim, à ton avis?

— Rien. Je connais ces gens-ci. Abrahim donnera de l'argent

à l'officier de police, ou bien lui fera présent d'un de ses riches anneaux, et on le laissera courir.

— Tiendrais-tu à le voir puni?

— Non; j'ai retrouvé Sénitza, que m'importe le reste!

— Et Sénitza, en veut-elle à cet homme?

— Oh! Effendi, il m'a rendue bien malheureuse, mais ce temps est passé, je ne m'en souviens plus. »

J'appelai Abou el Reïsan, lequel déclara n'avoir nulle envie de poursuivre l'affaire et s'estimer très heureux de garder sa peau sans écorchure. Après cela, j'allai faire la reconnaissance des lieux.

Décidément, personne pour nous garder. Je parvins sans la moindre difficulté à la porte donnant sur la rue. On était au milieu du jour, par la plus forte chaleur; personne dans les rues: une vraie ville déserte.

Il me parut clair que le Zablié-bey ne désirait rien tant que notre évasion. Je rassemblai mes compagnons; nous délibérâmes, puis nous sortîmes l'un derrière l'autre, sans nous presser. Personne ne sembla s'en apercevoir. Personne, toujours personne!

Notre dahabïe était entrée dans le port, et personne ne la gardait. Un amateur de feuilles de séné la pillait à son aise. Du sandal, aucune trace. Le digne Khalid ben Mustapha, plus expérimenté que moi sur la manière de rendre la justice en Égypte, avait compris à demi-mot et savait agir. Mais Abrahim, où était-il?

Cette question me préoccupait. Je me disais que cet homme ne me tenait pas quitte, et que je le retrouverais un jour sur mon chemin. Les fiancés n'y songeaient guère.

La dahabïe eut bientôt levé l'ancre. Elle se trouvait un peu endommagée, mais nous n'avions plus de rapides à passer, et nous pouvions continuer notre route sans inquiétude.

III

LES PIRATES DE LA MER ROUGE

« L'ange du Seigneur qui marchait devant le camp d'Israël se mit derrière eux, et en même temps la colonne de nuée se plaça entre l'armée d'Israël et l'armée des Égyptiens. D'un côté, elle était pareille à un sombre nuage ; de l'autre, elle luisait et éclairait pendant la nuit, de sorte que les deux armées se trouvaient séparées et ne purent s'approcher durant la nuit.

« Alors Moïse étendit la main sur la mer, et Dieu fit souffler un fort vent du midi, et pendant la nuit le fond de la mer se sécha et les eaux se séparèrent en deux.

« Les enfants d'Israël marchaient à pied sec au milieu des eaux, et les flots se tenaient, comme un mur, à leur droite et à leur gauche.

« Lorsque l'aube se leva, le Seigneur regarda sur l'armée des Égyptiens du milieu de la nuée lumineuse, de la nuée semblable aux nuages, et il mit l'épouvante parmi les Égyptiens.

« Les chariots de guerre se précipitèrent l'un sur l'autre, leurs roues furent brisées, et les guerriers se trouvèrent comme au milieu d'une tempête. Alors les Égyptiens parlèrent entre eux : Fuyons devant Israël, dirent-ils, car le Seigneur combat pour eux.

« Mais le Seigneur commanda à Moïse : Étends la main sur la

mer pour qu'elle revienne en arrière sur les Égyptiens, sur leurs chariots et sur leurs cavaliers.

« Alors Moïse étendit la main sur la mer, et la mer reprit sa place, et avant le matin elle revint dans son lit, et les Égyptiens fuyaient devant elle; mais le Seigneur les engloutit dans les flots.

« De sorte que la mer, retournant à sa place, couvrit les chariots et les cavaliers avec toute la puissance du Pharaon, et tous ceux qui le suivaient furent noyés; pas un n'échappa.

« Les enfants d'Israël continuèrent leur route à pied sec, les eaux formant un mur à leur droite et à leur gauche. Et le Seigneur sauva en ce jour Israël de la main des Égyptiens, et ils virent les Égyptiens étendus sur le rivage de la mer.

« Elle est puissante la main que le Seigneur étendit contre les Égyptiens, et Israël craignit le Seigneur et crut en son serviteur Moïse. »

Je songeais à ce passage de l'Exode (chap. xiv, v. 19-31) en suivant sur mon chameau « la vallée d'Hiroth à Baal Zepher », tandis que je contemplais les flots brillants de la mer Rouge.

Il me semblait ressentir quelque chose de la terreur qui saisit les enfants d'Israël devant ces ondes impétueuses; un frisson parcourait mes veines, le frisson dont aucun chrétien ne saurait se défendre lorsqu'il foule ce sol biblique.

Là s'est manifesté l'Éternel; la puissance infinie a voulu agir visiblement en faveur des hommes.

Je croyais entendre comme l'écho de la voix divine qui retentit un jour aux oreilles du fils d'Amram et de Jocabed :

« Moïse! Moïse! approche-toi, mais retire ta chaussure, car ce lieu est saint! »

Derrière moi s'étendait la terre d'Osiris et d'Isis, la terre des pyramides et des sphinx, la terre où le peuple de Dieu avait subi le joug de la captivité, où il avait contribué à bâtir ces colosses qui feront à jamais l'étonnement du voyageur.

Les roseaux du Nil me rappelaient ceux qui virent la fille des Pharaons s'incliner sur un frêle esquif où dormait le petit enfant dont le bras devait délivrer un jour son peuple de la servitude, et auquel Dieu dicterait ces dix commandements, base et modèle de toutes les lois chez les peuples civilisés.

Devant moi, à mes pieds, murmuraient les flots du golfe Arabique, resplendissant sous les rayons du soleil; ces flots avaient entendu la grande voix de Jéhovah, du Dieu des armées; ils s'étaient divisés et dressés comme une muraille pour laisser passer une nation cherchant la liberté; ils avaient englouti l'op-

Je songeais à ce passage de l'Exode.

presseur. Plus tard, ces mêmes flots avaient vu passer le sultan el Kebir, Napoléon, ce fils des temps modernes, ce conquérant auquel l'Europe ne suffisait pas.

Vis-à-vis de moi, au-dessus de cette mer, que l'Arabe nomme la *mer de Pharaon*, s'élevait le rocher du Sinaï, la plus illustre montagne du monde, fière, majestueuse, défiant les siècles et les orages et retentissant encore des éclats de ce tonnerre au milieu duquel Dieu disait à son peuple :

« Je suis le Seigneur ton Dieu, tu n'auras pas de dieux étrangers devant moi! »

Ce n'étaient ni l'aspect des lieux ni leur poésie qui m'impressionnaient le plus en cet instant, c'était un sentiment supérieur, indéfinissable, dont je n'aurais pu me défendre quand même je l'eusse essayé. Combien de fois avais-je écouté, tout palpitant d'émotion, ces grands récits de la Bible, sur les genoux de ma bonne, pieuse et chère aïeule! Combien souvent m'avait-elle raconté la création du monde, la chute de nos premiers parents, le meurtre d'Abel, la punition de Sodome et de Gomorrhe, la promulgation de la loi sur le mont Sinaï!...

Ah! je m'en souvenais! Elle me faisait joindre mes petites mains pour que j'écoutasse avec plus de respect ces grandes leçons du devoir; elle me faisait répéter avec elle cet enseignement de la vie.

Il y a longtemps que la dépouille mortelle de cette vénérable femme repose dans la terre de ma patrie, et moi je me trouvais seul, sur ce sol béni et sacré qu'elle m'avait dépeint avec de si vives couleurs, quoiqu'il n'eût jamais été donné à ses yeux de le contempler.

La foi porte en elle-même une conviction, une claire vue autrement fortes que les plus superbes affirmations du rationalisme. Je le sentais en ce moment, et j'aurais prolongé volontiers mes réflexions, le regard perdu dans l'horizon de la terre sainte, si mon serviteur, mon fidèle petit Halef, ne m'avait distrait par ses exclamations :

« Loué soit Allah! le désert est passé, Sidi, voilà de l'eau; descends de ta bête, prends un bain, comme je vais le faire moi-même. »

Là-dessus, les Bédouins qui nous guidaient se rapprochèrent de nous, et l'un d'eux, faisant signe de la main, s'écria :

« Garde-t'en bien, Effendi!

— Pourquoi?

— Parce que Mélek el Mevt (l'ange de la mort) habite en ce lieu. Celui qui touche cette eau périt noyé, ou rapporte avec lui le germe de la mort. Chaque goutte de cette mer est une larme versée par les cent mille âmes englouties dans ces flots, parce qu'elles voulaient tuer Sidna Moussa et les siens. Ici toutes les barques, tous les vaisseaux hâtent leur marche, car Allah, que les Hébreux nomment Jéhovah, a maudit cet endroit.

— Je ne pourrai, en ce cas, m'embarquer sur cette rive?

— Non, Sidi! Est-ce à Suez que tu vas? Nous t'y conduirons avec nos chameaux aussi vite que si tu prenais une barque.

— Je ne vais point à Suez, mais à Tor.

— Prends la mer, alors, mais pas en ce lieu, aucun vaisseau n'y aborde; permets-nous de te conduire encore un bout de chemin vers le sud. Nous atteindrons un endroit que les esprits ne hantent point, et où tu trouveras des embarcations.

— Combien avons-nous encore de marche?

— A peine trois fois le temps que les Francs appellent une heure.

— Eh bien, allons! »

Pour me rendre aux bords de la mer Rouge, j'avais abandonné la route ordinaire du Caire à Suez. Entre ces deux villes s'étend un désert, ou du moins ce qui fut jadis un désert. On a longtemps redouté ce lieu, à cause du manque d'eau et des brigandages des Bédouins maraudeurs. Maintenant un commencement de civilisation pénètre dans ces contrées, le prétendu désert ne présentait pas plus d'intérêt pour moi qu'une route battue; c'est pourquoi je voulais éviter Suez, qui n'avait aucun aspect nouveau à m'offrir, et chercher un chemin moins connu.

Nous continuâmes donc notre marche; bientôt je vis émerger à l'horizon les sommets nus et arides du Djékem et du Da-ad, tandis qu'à droite les hauteurs du Djebel Gharib devenaient de plus en plus distinctes; nous laissions derrière nous la tombe de Pharaon; à gauche brillaient toujours les eaux de la mer Rouge, formant une anse dans laquelle un petit vaisseau se montrait à l'ancre. C'était une de ces embarcations qu'on nomme *sambouks* sur la mer Rouge. Elles ont environ soixante pieds de long sur quinze de large. Les deux extrémités sont couvertes en planches, de façon à ménager deux petits réduits où se tiennent le capitaine et les passagers de distinction. Le sambouk marche à la rame; il a de plus deux voiles triangulaires, dont l'une, placée très en avant, forme, lorsque le vent la gonfle, comme une sorte de demi-ballon à la proue du vaisseau, et rappelle exactement ces antiques galères qu'on voit sur les monnaies des anciens ou sur de vieilles peintures. On retrouve ici, dans la construction du navire, dans ses agrès, dans la manière de naviguer, les souvenirs de la plus haute antiquité; rien n'a changé dans l'art du nautonier de la mer Rouge depuis de longs siècles. Il est certain que les matelots de ce golfe diffèrent peu, dans leurs habitudes, de ceux qui conduisirent Bacchus sur le rivage indien.

La carène des sambouks est, en général, construite avec du bois des Indes nommé *satch* par les Arabes; ce bois se durcit tellement sur l'eau, que ses pores disparaissent et se resserrent au point qu'on ne pourrait y faire pénétrer une pointe d'aiguille. Du reste, ce bois est véritablement incorruptible, de sorte que beaucoup de sambouks comptent au moins deux siècles de construction.

Un très mauvais côté du petit navire si intéressant que nous venons de décrire, c'est qu'il est fort dangereux; il ne tient presque jamais la mer pendant la nuit, tant il y aurait de péril à le diriger, et doit chaque soir chercher un port pour jeter l'ancre.

Le sambouk vers lequel nous nous dirigions se trouvait au repos et solidement attaché à la rive; ses matelots étaient descendus, ils campaient auprès de l'embouchure d'un ruisseau. Parmi eux nous remarquâmes un personnage gravement accroupi sur une natte; il nous parut être le capitaine ou le propriétaire du navire. Ce n'était point un Arabe, mais un Turc. Le sambouk arborait d'ailleurs les couleurs du sultan, et l'équipage portait le costume turc.

Aucun des matelots ne se dérangea à notre approche; je m'avançai vers l'homme à la natte, puis, élevant la main droite à la hauteur de la poitrine, je le saluai avec intention en langue arabe :

« Dieu te protège! Es-tu le capitaine de ce vaisseau? »

Il me regarda dédaigneusement, m'examina des pieds à la tête et répondit avec lenteur :

« Oui, je le suis!
— Où va ton sambouk?
— Partout.
— Quel est son chargement?
— Différentes marchandises.
— Prends-tu aussi des passagers?

— Cela dépend. »

Ces réponses me parurent plus que monosyllabiques, elles étaient impertinentes. Je secouai la tête en affectant un air de pitié.

« Tu es un kelleh (un malheureux), envers lequel le Coran commande la compassion ; je te plains ! »

Il me regarda moitié fâché, moitié étonné, et reprit :

« Tu me plains, tu m'appelles malheureux ; et pourquoi?

— Allah a bien voulu accorder la parole à tes lèvres, mais ton âme est muette. Tourne-toi vers le Kiblah[1] et prie Dieu qu'il te rende le don de l'intelligence, autrement tu deviendras indigne de prétendre au paradis. »

Il sourit et porta la main à sa ceinture, garnie de deux gigantesques pistolets.

« Le silence vaut mieux que le bavardage, dit-il. Tu es un bavard, mais le mergi-bachi Mourad Ibrahim sait se taire.

— Mergi-bachi? Un haut officier de la douane! Tu es un homme puissant et renommé, mais cela ne doit pas t'empêcher de répondre à ceux qui t'interrogent quand la nécessité les y oblige.

— Tu me menaces? Tu es, comme je l'ai vu tout de suite, un Arabe djeheïne. »

Cette race est connue, sur les bords de la mer Rouge, comme celle des pillards et des voleurs les plus dangereux. Le fonctionnaire douanier me prenait pour un homme de cette tribu, cela m'expliquait son dédain. Je lui demandai :

« As-tu peur des Djeheïnes?

— Peur? Mourad Ibrahim ne connaît pas la peur ! »

Les yeux du Turc étincelaient en me regardant ; je ne crus pas cependant à sa feinte colère, et je continuai avec calme :

« Et si j'étais un Djeheïne?

— Eh bien, je ne te craindrais pas!

— Naturellement! tu as douze matelots à tes côtés, et nous ne sommes que quatre. Mais je ne suis pas ce que tu crois ; je ne suis pas un fils des Arabes, je viens des pays du couchant.

— Tu portes un costume de Bédouin et tu parles la langue des Arabes.

---

[1] Orientation de la Mecque.

— Est-ce défendu?

— Non; es-tu Français ou Anglais?

— J'appartiens au peuple des Nemsi. »

Mourad fit une moue dédaigneuse.

« Alors tu es un jardinier ou un marchand?

— Ni l'un ni l'autre; je suis un yazmadji.

— Un écrivain! ô misère! Moi qui te prenais pour un vaillant Bédouin! Qu'est-ce qu'un écrivain? Ce n'est pas un homme! Un écrivain est une créature qui se nourrit de plumes et boit de l'encre. Il n'a ni sang dans les veines, ni cœur dans la poitrine, ni courage, ni...

— Arrête, Mourad Ibrahim! regarde ce que je tiens dans ma main, » intervint mon impétueux Halef en brandissant son fameux fouet du Nil.

Le Turc fronça les sourcils et haussa les épaules en murmurant :

« Un fouet!

— Oui, un fouet; je suis Hadji Halef Omar, ben hadji Aboul Abbas, ibn hadji Daoud al Gossarah; celui-ci s'appelle Sidi Kara ben Nemsi; il ne craint personne, entends-tu! Nous avons parcouru ensemble le Sahara et l'Égypte entière; nous avons accompli des actions de héros. On parlera de nous dans tous les cafés et dans tous les cimetières du monde, sois-en sûr. Si tu oses dire encore un seul mot de mépris contre mon Effendi, tu tâteras de cette verge; oui, en dépit de ta dignité et de tous les hommes qui sont autour de toi! »

Cette bravade opéra instantanément un remue-ménage singulier. Les deux Bédouins qui nous avaient amenés reculèrent, les matelots se levèrent tous; le bachi saisit son pistolet, mais Halef pointait déjà le sien contre la poitrine du Turc.

« Empoignez-le! » cria l'officier de la douane. Ses gens avancèrent avec une mine terrible; aucun d'eux cependant ne mit la main sur Halef.

« Sais-tu, demanda le mergi-bachi, sais-tu comment on appelle l'action que tu viens de commettre, menacer du fouet un mergi-bachi!

— Oui, s'écria Halef, mais un mergi-bachi devrait parler le langage de la sagesse et non celui des injures; je ne te crains pas; tu es un esclave du Grand Seigneur et moi un Arabe libre. »

Je me décidai à descendre de mon chameau pour apaiser l'affaire, et, m'adressant au fonctionnaire turc, je lui dis tranquillement :

« Voyons, Mourad Ibrahim, nous te prouvons, n'est-ce pas? que tu ne nous fais point peur. Tu as commis, du reste, une trop grosse faute en insultant un Effendi qui voyage avec le firman impérial et que protège l'ombre du sultan.

— Toi..., tu serais sous la sauvegarde du Grand Seigneur, qu'Allah bénisse!

— Oui, moi!

— Un Nemsi, un giaour!

— Tu veux donc continuer à m'insulter?

— Un infidèle, dont le Coran parle en ces termes : « O vous, fidèles croyants, ne liez point amitié avec ceux qui ne sont pas de votre religion, car ils cherchent à vous séduire et ne souhaitent que votre perte... » Comment le Grand Seigneur, l'appui des croyants, aurait-il permis à un giaour de marcher sous son ombre?

— J'ai lu dans la troisième sourate du Coran les paroles que tu viens de citer, je les connais, et cependant je puis te répondre en te montrant mon bouyouroultou. Ouvre les yeux et incline-toi avec respect, voici l'écrit du padischah! »

Il prit le parchemin, l'appuya contre ses yeux, son front et sa poitrine, s'inclina jusqu'à terre et me rendit mon passeport en me disant :

« Pourquoi ne m'as-tu pas averti? pourquoi ne m'as-tu pas fait connaître tout de suite que tu es un protégé du sultan? Jamais je ne t'eusse appelé giaour, quoique tu sois un infidèle. Maintenant, Effendi, sois le bienvenu.

— Avec le même souffle dont tu me salues comme le bienvenu, tu insultes ma foi! Nous autres chrétiens, nous connaissons mieux les lois de l'hospitalité : nous ne vous appelons pas giaours, et nous nous souvenons que votre Dieu est le nôtre.

— Cela n'est pas vrai, Effendi, nous n'adorons qu'Allah; vous reconnaissez trois Dieux : le Père, le Fils et le Saint-Esprit.

— Ces trois ne sont qu'un même Dieu. Vous dites : Allah est Allah, et de même notre Dieu a dit : « Je suis le Dieu fort, le seul Dieu. » On lit dans votre Coran : « Dieu est le vivant éternel, que le sommeil ni la somnolence n'atteignent jamais, » et dans notre Bible : « Dieu est de toute éternité, tout est à découvert devant ses yeux; il a posé les fondements de la terre, et les cieux sont l'ouvrage de ses mains. »

— Oui, votre Kitab (livre) est bon, mais votre croyance fausse.

— Tu te trompes, ainsi s'exprime le Coran : « La justice ne consiste pas à tourner son visage vers le levant ou le couchant pour prier, mais il est juste, celui qui croit en Dieu, au jugement dernier, aux anges, aux Écritures, aux prophètes; celui qui, suivant ses moyens, exerce la charité envers les voyageurs, les étrangers, les orphelins, les pèlerins et les pauvres, envers tous ceux qui l'en prient; qui délivre le prisonnier, qui est fidèle à la prière, qui ne commet point de fraude dans les contrats, qui supporte patiemment le besoin et le malheur; celui-là est vraiment juste et sert Dieu dans la perfection de son cœur. » Nos saints livres nous enseignent la même chose lorsqu'ils nous disent : « Aimez le prochain comme vous-mêmes. » Donc notre loi ressemble à la tienne dans ses meilleurs préceptes.

— Vous avez tiré ces bonnes choses du Coran pour les mettre dans le Kitab?

— Comment aurions-nous pu le faire? notre livre est, en partie, de plusieurs milliers d'années antérieur au Coran!

— Tu es un Effendi, et un Effendi doit toujours trouver des preuves à ce qu'il avance, quand même il n'y en aurait point. D'où viens-tu?

— Du pays de Guipt (Égypte), là-bas, à l'ouest.

— Où veux-tu aller?

— A Tor.

— Puis après?

— Après, au monastyr (monastère), sur le mont Sinaï.

— Il te faut traverser l'eau.

— Oui; où me conduirait ton navire?

— Là où tu désires; à Tor, j'y vais.

— Alors tu consens à m'emmener?

— Si tu payes bien et si tu t'arranges de manière que nous ne devenions point impurs en ta compagnie.

— Sois tranquille; combien demandes-tu?

— Pour vous quatre avec les chameaux?

— Non, pour moi et Halef, mon serviteur. Les Bédouins vont s'en retourner avec leurs bêtes.

— Comment entends-tu payer? En argent ou autrement?

— En argent comptant.

— Faudra-t-il fournir ta nourriture?

— Non, nous ne vous demandons que de l'eau.

— En ce cas, tu donneras pour toi dix *misri*, et pour ce hadji Halef, huit. »

Je ris au nez du bonhomme; il me demandait presque cent trente francs pour une traversée de quelques heures.

« Tu iras demain passer la nuit dans le golfe de Nayazat, n'est-ce pas? lui dis-je, et le lendemain nous serons à Tor avant midi.

— Oui; pourquoi demandes-tu cela?

— Parce que je ne veux pas payer un tel prix pour une si courte traversée.

— Eh bien, tu resteras ici, en attendant un autre bateau, qui te demandera encore davantage.

— Point du tout, tu vas me prendre à bord.

— Donne-moi la somme que je t'ai dit.

— Écoute : ces hommes m'ont loué leurs montures et m'ont accompagné à pied depuis el Kahira pour quinze francs; à Hadj, on passe sur mer un pèlerin pour moins de deux francs; je t'offre, pour moi et mon domestique, onze francs; c'est assez.

— Reste donc ici; mon sambouk n'est point un bateau de passage, il appartient au Grand Seigneur; je suis envoyé pour toucher la *zekka*[1], et ne dois recevoir aucun passager à bord.

— Et cependant, si je te donnais dix misri, tu me prendrais! C'est justement parce que ton vaisseau appartient au Grand Seigneur que tu dois m'accueillir. Lis le bouyouroultou; vois-tu ces mots : « Lep indad, etc., tout secours doit lui être donné, et l'on pourvoira à sa sûreté sans exiger le moindre salaire? » Comprends-tu? Je serais obligé de payer sur un bâtiment particulier, sur ceux de l'État je jouis de la franchise. Je t'offre de mon plein gré onze francs. Si tu n'es pas content, tu n'auras rien du tout, et je passerai tout de même avec toi. »

Se voyant poussé dans ses retranchements, notre homme rabaissa petit à petit son prix. Après de longs débats, nous demeurâmes d'accord.

---

[1] Impôt uniquement destiné aux aumônes officielles.

« Allons! soupira-t-il, puisque tu as l'ombre du sultan, j'accepte le marché pour onze francs. Donne-les-moi.

— En entrant à Tor, pas avant.

— Effendi, tous les Nasaras (Nazaréens) sont-ils aussi avares que toi?

— Ils ne sont point avares, mais prudents. Laisse-moi monter à bord, j'y dormirai mieux que sur terre. »

Je soldai mes Bédouins, qui s'éloignèrent; puis je pénétrai avec Halef dans le sambouk.

Je n'avais point de tente. Au désert, nous reposions en plein air pendant l'accablante chaleur du jour et la fraîcheur si malsaine de la nuit.

Quand on ne peut se payer une tente, on dort en compagnie de son chameau ou de son cheval; bêtes et gens se tiennent chaud pendant la nuit, et au soleil l'ombre du chameau doit suffire. Ici je n'avais ni chameau ni cheval, mais je pensais trouver un abri dans quelque réduit. Halef portait mes bagages; nous nous installâmes en attendant sur le pont, car les cabines étaient fermées.

« N'ai-je pas bien fait, Sidi, me demanda le vaillant petit homme, lorsque nous pûmes causer, de leur montrer un peu mon fouet?

— En vérité, Halef, je ne saurais te blâmer pour cette fois.

— Mais, Sidi, pourquoi t'en vas-tu disant à tout chacun que tu es un infidèle?

— Parce qu'il faut dire la vérité.

— Oui... Mais n'es-tu pas sur la voie de la conversion? Écoute, nous voilà traversant la mer Rouge; nous sommes tout près de Médine; sur la droite se trouve la Mecque, la ville du Prophète. Je vais aller les visiter, et toi que feras-tu? »

Il m'adressait une question que je méditais moi-même intérieurement depuis plusieurs jours. Un chrétien qui ose s'aventurer à la Mecque ou à Médine est puni de mort. Du moins telles sont les prescriptions de la loi. Mais, en réalité, est-on si rigoureux? Avais-je besoin de me faire reconnaître pour chrétien en pénétrant dans ces deux cités? Nous ne nous trouvions point à une époque de caravane, le fanatisme n'était point excité comme au temps où passent les grosses troupes de pèlerins.

Malgré les défenses, j'avais déjà mis le pied dans plusieurs mosquées sans qu'il me fût rien arrivé de fâcheux : pourquoi ne pas tenter de voir les cités saintes du mahométisme? L'Orient est le pays des surprises; les choses s'y passent le plus souvent d'une façon très différente de celle à laquelle on s'attend. Les hommes y sont plus modérés et plus traitables qu'on ne se l'imagine. Une visite de quelques heures à la Mecque ne me paraissait pas si terrible ni si impossible. Je m'étais noirci au brûlant soleil de ces contrées; je parlais facilement la langue de ces peuples... Ce Turc venait de me prendre pour un vrai Bédouin. Ne fallait-il pas essayer au moins une expédition si curieuse?

Je ne savais à quoi me résoudre; je répondis d'un air distrait au brave Halef que je ne savais pas encore ce que je ferais.

« Tu viendras avec moi à la Mecque, Sidi, et auparavant tu embrasseras la vraie croyance.

— Quant à cela non, Halef, je t'assure! »

Un appel retentissant détourna notre attention : le Turc rassemblait ses gens sur le rivage pour la prière.

« Effendi, reprit Halef, le soleil va disparaître, laisse-moi prier. »

Il s'agenouilla; sa voix se mêla à la psalmodie monotone des matelots, que renvoyaient en écho merveilleusement distinct les rochers dont le rivage nord de la mer est bordé à cet endroit.

« Nous avons notre recours en Allah. Il est puissant, notre protecteur! Nul n'est grand et magnifique comme lui. Notre Dieu est le seul puissant et fort. O Seigneur, ya Allah! ô miséricordieux, ô très bon! ya Allah! Allah! hou! »

Ces mots furent répétés dans le lointain par une voix de basse-taille qui s'élevait tout à coup, de la plus étrange façon, toutes les fois que revenait le nom d'Allah! Je reconnus le rythme : c'était celui des derviches hurleurs.

Tous les Turcs se levèrent, regardant dans la direction d'où venait la voix. Un radeau long de six pieds, large de quatre à peine, s'avançait sur les flots; un homme agenouillé manœuvrait ses rames en cadence, tout en récitant la prière.

Il portait un tarbouch rouge, entouré d'un turban blanc comme le reste de ses vêtements. Cette couleur le faisait reconnaître pour un fakir Karderyeh, secte fondée par Ab-el-Kader el Djilani et composée en partie de pêcheurs et de mariniers.

Lorsque notre derviche eut aperçu le sambouk, il s'arrêta brusquement, puis cria de toutes ses forces :

« La ilah illa Allah!

— Illa lah! » répondirent les autres en chœur.

Le fakir s'approcha alors du sambouk, y accosta sa barque et monta lestement à bord.

Nous ne nous trouvions pas seuls sur le sambouk, le pilote nous avait suivis; il s'avança vers le derviche et le salua en ces termes :

« Dieu te protège!

— Moi et toi. A qui appartient le sambouk?

— A Sa Hautesse le Grand Seigneur, le favori d'Allah!

— Et qui conduit le navire?

— Notre Effendi, le mergi-bachi Mourad Ibrahim.

— Quel chargement avez-vous?

— Nous n'en avons aucun; nous parcourons les côtes pour recueillir l'impôt que le grand chérif de la Mecque a levé.

— Le paye-t-on de bonne volonté?

— Personne ne s'y est refusé; ce qu'on donne en aumône, Allah le rend en double.

— En quittant ce port, où irez-vous?

— A Tor.

— Y serez-vous demain?

— Nous nous arrêterons d'abord au ras Nayazat. Et toi, où vas-tu?

— A Djedda.

— Sur ce radeau?

— Oui, car j'ai fait vœu de me rendre à la Mecque sur mes genoux.

— Mais tu ne songes donc pas aux mauvais vents, aux tempêtes, aux écueils, aux requins?... Ton petit radeau n'y pourra résister!

— Allah est puissant, il me protégera. Qui sont ces hommes?

— C'est un gi..., un Nemsi, avec son serviteur.

— Un infidèle! Et où va-t-il?

— A Tor.

— Permets-moi de manger mes dattes ici, puis je reprendrai mes rames.

— Ne veux-tu pas passer la nuit avec nous?

— Non, il me faut partir.

— La nuit il y a danger.

— Le vrai croyant ne craint rien. Sa vie et sa mort sont écrites dans le livre d'Allah. »

Le fakir s'assit ou plutôt s'accroupit, tira une poignée de dattes de sa poche, et se mit à manger lentement. J'étais curieux d'entendre sa conversation avec le pilote ; je m'appuyai contre le bord du vaisseau, à quelque distance des deux hommes, affectant de regarder les vagues ou l'horizon ; d'ailleurs, ils devaient supposer que je ne comprenais pas leur langue ; ils continuèrent donc tranquillement :

« Tu dis que celui-là est un Nemsi ? Est-il riche ?

— Non.

— Comment le sais-tu ?

— Il a beaucoup marchandé pour le prix du passage, mais il possède un bouyouroultou du Grand Seigneur.

— Ce doit être un homme important. A-t-il beaucoup de bagages ?

— Presque point, mais il a des armes.

— Je n'avais jamais vu de Nemsi ; j'ai entendu dire que ce sont des gens très pacifiques. Il porte des armes ? Il ne s'en sert point, sans doute ? »

Mes deux interlocuteurs se turent ; après quelques minutes, le fakir reprit, en se levant :

« J'ai terminé mon repas, je pars ; tu remercieras ton maître, qui a permis à un pauvre fakir de se reposer sur son vaisseau. »

Puis notre pèlerin sauta lestement dans sa périssoire, saisit les rames et s'éloigna, toujours à genoux, ramant en cadence et chantant : « Ya Allah ! Allah ! hou ! »

Cet homme m'avait singulièrement impressionné. Pourquoi était-il venu sur le sambouk au lieu de descendre à terre ? Pourquoi demandait-il si j'étais riche ? Pourquoi examinait-il d'un regard si perçant tout ce qui se trouvait autour de lui, pendant qu'il mâchait ses dattes ? Je ne sais quel sentiment de défiance me prenait à son endroit ; j'aurais juré que cet étrange personnage n'était point un derviche.

Lorsqu'il se fut un peu éloigné, je pris ma lunette d'approche ; quoique dans ces contrées le crépuscule soit fort brusque, il m'éclairait encore assez pour que je pusse distinguer la plupart des détails.

Mon fakir n'était plus à genoux ; son vœu ne l'engageait sans doute que devant le public; commodément assis, il ramait de manière à atteindre la rive un peu plus loin.

Halef ne me quittait pas des yeux; il semblait chercher à deviner ma pensée et me demanda avec une certaine inquiétude :

« Est-ce que tu le vois encore, Sidi?

— Oui.

— Il croit que nous ne pouvons plus l'apercevoir, il cherche à aborder.

— C'est cela même. Qu'en dis-tu?

— Allah seul peut tout savoir, son regard perce la nuit du secret.

— Et que crois-tu qu'Allah ait vu en regardant cet homme?

— Il a vu un fourbe, qui n'est ni derviche ni fakir.

— Ah!

— Oui, Sidi; as-tu jamais entendu un derviche de la secte des Kaderyeh chanter les litanies des derviches hurleurs?

— C'est juste; mais, à ton avis, quel est son but en se faisant passer pour ce qu'il n'est pas?

— C'est ce qu'il faudrait savoir, Sidi; pourquoi, après avoir prétendu qu'il allait continuer sa route, essaye-t-il maintenant d'aborder? »

Le pilote vint en ce moment vers nous et me demanda :

« Où veux-tu dormir, Sidi?

— Dans le pavillon.

— Cela ne se peut.

— Et pourquoi?

— Parce que l'argent y est enfermé.

— Eh bien, procure-nous des tapis, nous coucherons sur le pont.

— Tu en auras, Sidi. Dis-moi, que ferais-tu si l'ennemi venait cette nuit?

— Quel ennemi?

— Les voleurs.

— Les craignez-vous?

— Les Djeheïnes campent dans le voisinage; ce sont de subtils brigands, on n'est jamais en sûreté quand on se sent près d'eux.

— Je pense que votre maître, le mergi-bachi Mourad Ibrahim, qui est un héros et le plus vaillant homme de la terre, se prépare à les écraser comme des mouches.

— Certainement ; mais nulle vaillance ne peut tenir contre Abou Seïf (le père du Sabre), plus terrible que le lion de la montagne, plus cruel que le requin de la mer.

— Abou Seïf ! je n'ai jamais entendu prononcer ce nom.

— Parce que tu es un étranger. Au temps des pâturages, les Djeheïnes conduisent leurs troupeaux dans les deux îles de Libuah et du Djebel Hassan. Ils les laissent sous la garde de quelques hommes, le reste de la tribu vit de brigandages et de pillages ; ils assaillent les vaisseaux, enlèvent leurs marchandises ou imposent aux passagers de grosses rançons.

— Et quelles mesures prend le gouvernement ?

— Que veux-tu dire ?

— Ne voyagez-vous pas et ne percevez-vous pas l'impôt sous la protection du sultan ?

— Le sultan ne peut rien sur les Djeheïnes : ce sont des Arabes libres, ne relevant que du grand chérif de la Mecque.

— Eh bien, débarrassez-vous vous-mêmes de ces brigands !

— Effendi, tu parles comme un Franc, qui n'entend rien à nos affaires. Qui peut prendre Abou Seïf et le tuer ?

— Abou Seïf est un homme comme les autres.

— Oui, mais il possède la faveur du cheïtan (le diable). Il peut se rendre invisible, il s'envole sur les flots et traverse les airs ; ni sabres ni couteaux ne lui font de blessures ; jamais les balles ne l'ont atteint. Son sabre est enchanté, il pénètre à travers les murailles ; d'un seul coup il tue plus de cent hommes.

— Je voudrais bien voir ce personnage merveilleux !

— O malheur ! ne fait pas un tel souhait, Effendi ! Le diable lui dirait que tu désires le voir, et il viendrait t'assaillir, en quelque lieu du monde que tu te caches. Je vais aller te chercher un tapis ; tu dormiras, mais auparavant fais ta prière ; demande à ton Dieu d'éloigner de toi le danger que tu as attiré sur ta tête ! »

Je remerciai le brave homme de son conseil, et fis tranquillement ma prière accoutumée ; puis nous nous enveloppâmes dans les couvertures. Le voyage nous avait fatigués, nous ne tardâmes pas à nous endormir profondément.

Quelques matelots veillaient seuls à la garde du trésor ; les autres étaient restés sur le rivage. Le lendemain, tout le monde fut sur pied dès l'aurore ; on leva l'ancre, on déploya les voiles, et le sambouk se dirigea vers le sud.

Nous voguions depuis trois quarts d'heure environ, lorsque nous aperçûmes un canot s'avançant sur la même ligne que nous. Lorsqu'il se rapprocha, nous vîmes deux hommes à bord, et avec eux deux femmes exactement couvertes. Les hommes nous firent signe, on resserra nos voiles pour arrêter la marche; l'un des deux rameurs nous héla :

« Où va le sambouk?

— A Tor.

— Voulez-vous nous prendre avec vous?

— Payerez-vous?

— Volontiers.

— Montez à bord. »

Les quatre passagers furent bientôt hissés sur le navire; on attacha leur chaloupe à l'arrière, et le mergi-bachi se hâta de céder sa cabine aux femmes voilées, puis nous continuâmes notre navigation.

En se rendant dans le pavillon, les femmes passèrent près de moi; je me crus dispensé, en ma qualité d'Européen, de détourner la tête; je cherchai même, sans y parvenir, à examiner leurs visages. Ce qui m'étonna, c'est qu'au lieu des parfums dont la femme arabe laisse ordinairement l'odeur après elle, je ne sentis qu'une puanteur fort désagréable et bien connue en Orient. C'est un mélange de sueur de chameau et d'une sorte de tabac dont se servent les Bédouins. Les hommes reçus à bord étaient évidemment des conducteurs de chameaux; eux et leurs femmes venaient sans doute de faire un long trajet dans le désert.

Lorsque les voyageurs eurent été conduits dans le pavillon, les deux hommes allèrent s'expliquer assez longuement avec le capitaine et le pilote, puis l'un d'eux, revenant vers moi, me demanda :

« On m'a dit que tu es un Franc, Effendi?

— Oui.

— Tu es inconnu ici?

— Oui.

— Tu es un Nemsi?

— Oui.

— Les Nemsi ont-ils un padischah?

— Oui.

— Et des pachas?

— Oui.

— Ne serais-tu point un pacha?

— Non.

— Mais tu es un homme marquant?

— Je le crois bien!

— Tu sais écrire?

— Admirablement!

— Tu sais tirer?

— Encore mieux.

— Tu vas à Tor avec ce sambouk?

— Oui.

— Tu t'avanceras ensuite vers le sud?

— Oui.

— Connais-tu les Anglais?

— Oui.

— As-tu des amis parmi eux?

— Oui.

— Très bien. Es-tu fort?

— Korkulus! terriblement fort, fort comme un lion! Faut-il te le prouver?

— Non, Effendi.

— Cependant ta curiosité est plus grande que la patience d'un homme ordinaire; allons, retire-toi et laisse-moi en paix. »

Je le poussai un peu rudement; il faillit tomber; mais se releva aussitôt en criant :

« Malheur à toi! tu as offensé un croyant, tu vas mourir. »

Il s'ensuivit un vacarme et une bagarre des plus confuses. Halef s'élança bientôt à mon secours avec son fouet; mais, au milieu du bruit, la porte du pavillon s'ouvrit, une des femmes voilées s'avança vers nous. Elle fit un signe de la main, aussitôt les deux Arabes cessèrent leur attaque; ils s'éloignèrent en me jetant un coup d'œil de haine et de rancune.

Les Turcs avaient été spectateurs fort indifférents de notre querelle; nous nous serions assommés que pas un n'eût bougé.

Je me rassis, un peu contrarié de mon premier mouvement d'impatience. Cet homme m'avait ennuyé avec ses questions; je me demandais pourtant si, tout inutiles qu'elles m'avaient paru, elles n'avaient pas un but. Les Orientaux ne sont point bavards;

ils ne perdent pas leurs paroles sans dessein, surtout quand il s'agit d'un giaour.

Pourquoi était-il venu me demander si j'étais un homme important, si je savais tirer, si je savais écrire? Pourquoi s'informait-il de mes relations avec les Anglais? Pourquoi me parler de ma force? etc. Mais aussi pourquoi m'interroger avec ce ton de supériorité et comme l'eût pu faire un juge d'instruction? Cependant cet homme, à qui le commandement semblait être une habitude, avait obéi, comme son compagnon, à un signe de la femme voilée.

Étrange!... surtout dans un pays où la femme est si abaissée, si soumise au pouvoir de l'homme, si peu autorisée à se mêler des choses de l'extérieur.

Toutes ces circonstances me donnaient fort à réfléchir. Halef, qui ne me quittait pas, sous prétexte de me protéger, me dit tout à coup, en interrompant sa rêverie :

« Sidi, l'as-tu vue?

— Quoi donc?

— La barbe.

— La barbe? quelle barbe?

— La barbe de la femme.

— Cette femme a de la barbe?

— Oui; son voile n'était pas double, j'ai vu à travers. Elle a de la barbe!

— Des moustaches?

— Non, une barbe entière. Ce n'est point une femme, Sidi! Si on prévenait le bachi?

— Oui, mais de manière que personne ne t'entende. »

Halef partit comme un trait. Il ne pouvait s'être trompé, il avait de bons yeux ; et puis je me rappelai involontairement le derviche de la veille. Toutes ces circonstances devaient s'enchaîner l'une à l'autre. Je voyais à l'extrémité du sambouk mon petit factotum s'entretenir avec le bachi. Celui-ci remuait la tête et riait; il semblait fort incrédule. Halef revint près de moi avec une mine allongée et mécontente.

« Sidi, ce bachi est si sot qu'il me prend pour une bête.

— Vraiment!

— Et toi, il te croit encore plus bête que moi!

— Ah!

— Il dit que les femmes n'ont point de barbe et que les hommes n'ont point de voiles. Sidi, moi je t'assure que ces gens sont des Djeheïnes.

— C'est possible.

— Nous y veillerons, Sidi.

— C'est tout ce que nous pouvons faire, Halef. Éloigne-toi un peu pour l'instant, afin de n'avoir pas l'air de comploter avec ton maître. »

Je m'assis sur mon tapis, et me mis à écrire mon journal; mais je ne perdais pas des yeux les nouveaux venus. Je ne sais quelle vague appréhension m'avertissait d'un événement désagréable. Il se passa cependant plusieurs heures sans que mes pressentiments se justifiassent le moins du monde.

Le soir, nous jetâmes l'ancre dans le petit golfe de Nayazat, qui affecte la forme d'un fer à cheval, à la base d'une des montagnes de la chaîne du Sinaï. La plage est extrêmement resserrée à cet endroit; en quelques pas, on peut atteindre les blocs escarpés de la montagne, dont le sommet pyramidal s'élève jusqu'au ciel.

Je me demandai si notre navire se trouvait bien abrité contre le vent et contre d'autres dangers, mais je n'avais rien à objecter au patron sur le choix de la place. Nos matelots descendirent, allumèrent un grand feu sur la rive, suivant leur habitude. J'aurais voulu explorer un peu les rochers. La nuit tombait déjà, je fus obligé de renoncer à mon expédition.

Bientôt la prière du soir retentit, répétée par l'écho de la montagne, et annonça notre présence aux environs; du reste, le feu du rivage l'eût trahie sans ces bruyantes invocations.

Comme la veille, je préférai passer la nuit sur le navire; il fut convenu avec Halef que nous veillerions chacun à notre tour. Dans la soirée, quelques matelots vinrent monter leur garde devant la porte du trésor. Un peu plus tard, les deux femmes sortirent de la cabine pour prendre l'air sur le pont. Je remarquai, à la demi-lueur de la nuit, si transparente en Orient, que le voile des voyageuses était cette fois d'une épaisseur à défier tous les regards. Les inconnues ne restèrent pas longtemps dehors; la porte de la cabine se referma sur elles sans que ma curiosité eût pu se satisfaire par la moindre découverte. Halef dormait près de moi. Vers minuit, je l'éveillai.

« A ton tour, Sidi, me dit-il; repose en paix, je ferai bonne garde. »

Il avait l'air d'un foudre de guerre. Je me roulai dans mon tapis, essayant de dormir, mais je n'y parvins point. Je récitai d'un bout à l'autre la table de Pythagore; aucun résultat. J'eus recours à un moyen ordinairement infaillible : je fermai les yeux, et tournant la pupille en haut, j'essayai de ne penser à rien.

Je m'endormais, lorsqu'un bruit léger me fit tressauter. Je repoussai les couvertures, dont ma tête se trouvait entourée. Je vis Halef attentif, et regardant comme moi dans la direction du mouvement.

On n'entendit plus rien. Je rentrai sous mes tapis. Aussitôt le bruit recommença, mais plus léger encore.

« Entends-tu, Halef? murmurai-je.
— Oui, Sidi. Qu'est-ce que cela peut-être?
— Je ne sais. Écoute ! »

Un clapotement presque imperceptible se fit entendre à l'arrière du sambouk. Il n'y avait plus de feu sur la rive.

« Garde nos effets, dis-je bas à Halef, je vais voir. »

Je m'avançai à pas de loup. Les Turcs gardiens du trésor étaient à leur poste; mais deux d'entre eux dormaient étendus tout de leur long; le troisième, accroupi, en faisait autant. Comme je supposais qu'on m'observait de la cabine, je posai mes armes contre le bordage du vaisseau; je me débarrassai de mon turban et de mon burnous, dont la couleur blanche eût pu me trahir, puis je me traînai à quatre pattes le long du sambouk jusqu'à l'arrière.

Là une véritable échelle de poules conduisait au gouvernail. Je descendis comme un chat, et j'atteignis l'endroit d'où partait le bruit. Le mystère fut vite éclairci. Le petit canot des passagers avait été, comme on le sait, attaché à l'extrémité du sambouk.

Il se trouvait maintenant rapproché de la cabine d'arrière et pouvait communiquer avec la lucarne de cette cabine. J'épiai en retenant mon souffle, et je vis distinctement une corde tendue, communiquant de la lucarne au canot. Le long de cette corde descendait un objet dont je n'aurais pu dire la forme, mais qui produisit le son d'un corps assez lourd en touchant les planches du petit bateau. Sur cette nacelle se tenaient trois hommes qui reçurent l'objet avec précaution et attendirent, puis un second paquet prit la même voie.

La chose me parut claire : on déchargeait tout simplement l'argent de l'impôt, et l'aumône des pauvres Arabes allait enrichir d'adroits fripons.

Je n'eus pas le temps de réfléchir sur ma découverte ; une voix retentit de la rive.

« Nous sommes trahis ! » disait cette voix.

En même temps j'entendis une détonation, une balle effleura mon épaule. La corde fut retirée à l'intérieur et la petite barque s'éloigna rapidement. Pour moi je grimpai à toutes jambes par l'échelle, afin de regagner le pont.

La porte de la cabine s'ouvrait, je pus voir alors d'étonnantes choses. Deux planches de ce pavillon avaient été enlevées du côté de la mer ; il n'y avait plus là de femmes, mais une dizaine d'hommes qui se jetèrent sur moi. Je n'avais point d'armes ; Halef se trouvait assailli par d'autres drôles. Je me débattais en vain. Des cris, des détonations, partis du rivage, arrivaient jusqu'à moi ; je reconnus, au milieu du tumulte, la voix de basse-taille du faux derviche qui commandait la troupe des brigands. Il criait :

« C'est le Nemsi ; liez-le, mais ne le tuez pas ! »

Six hommes vigoureux m'attachèrent avec des cordes ; pendant ce temps j'entendis encore un coup de feu, puis les plaintes de Halef, qui avait été blessé.

Mais bientôt, étourdi par les coups qu'on me déchargeait sur la tête, je perdis à peu près la perception de ce qui se passait. Il me semblait qu'on se battait tout près de moi. Je me sentis lier fortement les pieds ; on m'entraîna ; je perdis complètement connaissance.

Lorsque je revins à moi, j'éprouvai une vive douleur derrière la nuque ; je ne pouvais me rendre compte de ma situation. Les ténèbres m'environnaient ; où étais-je ? Enfin je compris, à un fort clapotement de l'eau, que je devais me trouver à fond de cale, et que le bâtiment filait avec vitesse. Mes membres étaient trop étroitement liés pour que je parvinsse à faire un seul mouvement. Heureusement mes liens n'entraient point dans les chairs, ils consistaient en étoffes et en linges tordus ; mais je courais grand risque de me voir dévorer tout vif par les rats, qui déjà venaient explorer ma triste personne.

Je commençais à m'inquiéter très fort d'une situation si critique, quand enfin quelqu'un descendit dans mon cachot, me débarrassa de mes liens, et me dit d'une voix rude :

« Allons, lève-toi. Viens ! »

J'obéis avec toute la promptitude qui m'était possible; on me conduisit dans l'entre-pont, où je trouvai, à ma grande surprise, tous mes effets intacts; rien n'y manquait, excepté mes armes.

Arrivé sur le pont, je m'aperçus que j'avais quitté le sambouk. J'étais à présent sur un petit navire muni de deux voiles triangulaires avec une voile supplémentaire en trapèze. Ce genre de voilure devait exiger, dans une mer si remplie d'écueils, si sujette aux tempêtes, si dangereuse en tous temps, un commandement hardi, exercé, imperturbable. L'équipage de notre vaisseau me parut beaucoup plus nombreux que ses dimensions ne le comportaient. Je remarquai à l'arrière un petit canon masqué par des ballots, des caisses, des tonneaux, des objets de toutes sortes.

Les matelots étaient des hommes brunis par le soleil, accoutumés à la fatigue, d'une mine plus que suspecte, et portant tous à la ceinture un véritable arsenal de pistolets, de coutelas, etc.

A l'arrière se tenait un personnage que je reconnus pour mon fameux derviche.

Il avait de larges pantalons rouges, un caftan bleu et un turban vert; sa longue veste était richement brodée d'or; une ceinture de cachemire magnifique retenait ses armes, brillantes de pierreries.

Je vis près de lui l'Arabe avec lequel nous nous étions pris de querelle sur le sambouk. On me conduisit devant ces deux chefs. L'Arabe me lança un regard haineux; le derviche me toisa dédaigneusement.

« Sais-tu qui je suis? me demanda-t-il.

— Non, mais je crois le deviner.

— Qui donc?

— Abou Seïf.

— Tu dis vrai. A genoux devant moi, giaour!

— Y penses-tu! N'est-il point écrit dans le Coran qu'on ne doit adorer qu'Allah?

— Cela ne te concerne pas, puisque tu es un infidèle. Je t'ordonne de t'agenouiller devant moi pour me témoigner ta soumission.

— Je ne sais pas encore si tu mérites ma considération; le saurais-je, que je ne te la prouverais pas de cette sorte.

— Giaour, à genoux, ou je te coupe la tête. » Il tenait la poignée de son grand sabre recourbé et fit quelques pas vers moi.

« Tu n'es pas Abou Seïf, lui dis-je, tu es le bourreau!

— Je suis Abou Seïf; retiens mes paroles : tu vas t'agenouiller devant moi, ou ta tête tombera devant tes pieds.

— Korkadji (lâche)!

— Lâche! Que murmures-tu entre tes dents? tu m'as appelé lâche?

— Pourquoi as-tu assailli le sambouk pendant la nuit? pourquoi y as-tu envoyé des espions déguisés? pourquoi menaces-tu un étranger isolé, tandis que tu es entouré de tes hommes? Si nous étions seul à seul, alors je pourrais croire à ta vaillance et la mesurer.

— Dix hommes de ton espèce ne me feraient pas peur, giaour!

— On parle beaucoup quand on n'agit pas.

— Quand on n'agit pas! Place dix hommes devant moi, il ne me faudra qu'un moment pour te convaincre de la force de ma lame.

— Il n'y a pas besoin de dix hommes pour cela, un seul suffit.

— Veux-tu que je commence avec toi?

— Bah! tu ne te battrais pas avec un prisonnier?

— Pourquoi pas?

— Tu as peur de moi, Abou Seïf! Tu exécutes les gens avec la bouche, mais non avec l'épée. »

Je cherchais à l'exciter et n'y réussis point, à ma grande surprise; il dissimula sa colère sous une apparence de calme, prit tranquillement le sabre qui pendait à la ceinture de son voisin, et me le tendit en disant :

« Défends-toi! mais sache que, quand tu aurais l'agilité d'Afram et la force de Kelab, tu n'échapperais pas à mon bras; au troisième coup tu seras un homme mort! »

Je saisis le sabre. La situation était singulière. Je supposais certainement à Abou Seïf de l'adresse et de la vigueur dans le maniement des armes, mais je savais que les Orientaux sont aussi mauvais bretteurs que mauvais tireurs; je me sentais toutefois assez mal à l'aise avec ces larges sabres, auxquels nos minces épées ne ressemblent guère. Cependant il y allait de mon sort, il fallait en imposer au forban; le danger me donna une hardiesse que je n'aurais pas eue sans doute dans un autre moment.

Tous les hommes de l'équipage nous regardaient; ils semblaient d'avance persuadés de ma défaite et de la supériorité de leur chef.

Abou Seïf se précipita sur moi d'une façon si prompte, si farouche, si déréglée, que je ne pus prendre position. Je parai sa quarte irrégulière et cherchai l'endroit qu'il découvrait; mais, à mon grand étonnement, il passa sous ma lame avec un air superbe, et fit une feinte qui ne lui réussit pas. Je me fendis aussitôt et j'espadonnai; mon coup porta, quoique mon intention ne fût point de blesser mon adversaire.

Abou Seïf, aveuglé par la colère, recula, dessina une quarte dans son mouvement. Je m'avançai alors d'un pas et rentrai en ligne avec vigueur. Son arme, lui échappant des mains, sauta dans la mer par-dessus le bord.

Un cri de surprise retentit parmi les matelots.

Le capitaine s'était approché de moi; il restait immobile de stupeur.

« Abou Seïf, tu es un brave et habile combattant, » lui dis-je.

Il ne se fâcha point; il semblait réfléchir.

« Homme, tu as vaincu Abou Seïf, et pourtant tu es un infidèle ! murmura-t-il.

— Tu m'as rendu la victoire facile, capitaine; ta manière de combattre n'est ni réfléchie ni savante. Tu le vois, au second coup je t'ai tiré du sang, au troisième j'aurais pu te tuer. Mais voici ton sabre, je suis entre tes mains.

— Oui, tu es en mon pouvoir; cependant c'est à toi de décider de ton sort. Si tu fais ce que je te demande, tu seras libre.

— Comment l'entends-tu?

— Apprends-moi l'escrime.

— Volontiers.

— Tu m'enseigneras les règles du combat, comme on les enseigne aux Nemsi?

— Oui.

— Et tu consentiras à te tenir caché tout le temps que tu demeureras sur mon vaisseau?

— Oui.

— Tu quitteras le pont au premier signe, tu ne te mêleras point de ce qui arrivera, si nous rencontrons d'autres bâtiments?

— Je te le promets.

— Bien! Engage-toi aussi à ne pas échanger un seul mot avec ton serviteur.

— Où est-il?

— Ici, sur le vaisseau.

— En prison?

— Non, il est blessé au bras, et il a la jambe cassée.

Il s'éloigna, toujours à genoux, en chantant.

— Alors je ne promets rien. Halef est mon ami, je dois le soigner; permets-le-moi?

— Non, mais je te jure qu'il sera bien traité.

— Cela ne me suffit pas; il a la jambe cassée, dis-tu, il faut que j'essaye de la lui remettre; personne ici ne pourrait entreprendre cette opération.

— Si, je suis aussi habile qu'un djerrah (un chirurgien). J'ai visité sa plaie, je lui ai remis la jambe ; il est très content de mes soins.

— Je voudrais le voir.

— Non ; je te jure, par Allah et son Prophète, qu'il est en bonne voie de guérison ; cela doit te suffire. J'ai encore quelque chose à exiger de toi.

— Parle.

— D'abord, promets-moi de ne pas t'exposer à rendre mes hommes profanes par ton contact, car tu es chrétien.

— Je te le promets aisément.

— Tu as des amis chez les Anglais ?

— Oui.

— Ce sont des gens de marque ?

— Certainement ; il y a même des pachas parmi eux.

— Bien ! ils donneront pour toi une bonne rançon. »

Je compris : Abou Seïf me ménageait dans l'espoir de me rançonner.

« Combien demandes-tu pour ma liberté ? lui dis-je.

— Tu n'as pas sur toi assez d'argent pour te racheter toi-même. »

Il paraît que mon gousset avait été interrogé ; seulement ils n'avaient pu trouver l'argent cousu dans la manche droite de ma veste turque, car ils ne m'avaient point dépouillé de ce vêtement ; en tous cas, la somme gardée là n'aurait pas suffi à l'avidité des forbans ; je repris donc :

« Tu as raison ; je ne puis payer ma rançon, car je suis pauvre.

— Je le sais ; cependant tes armes sont belles et tu possèdes plusieurs instruments que je ne connais pas. Tu es un homme distingué.

— A ton avis.

— Un homme de renom.

— Vraiment !

— Mais oui, tu l'as dit sur le sambouk.

— Je plaisantais.

— Non, non, tu parlais sérieusement ; d'ailleurs un homme aussi adroit en escrime ne peut être qu'un officier supérieur, un grand *zabit*. Ton padischah fournirait au besoin ta rançon.

— Mon roi ne me rachèterait pas avec de l'argent ; il s'y prendrait autrement pour me tirer de tes mains.

— Je ne connais pas le roi des Nemsi, comment veux-tu qu'il s'entende avec moi autrement qu'en t'envoyant de l'argent pour me payer?

— Il te fera parler par le consul.

— Je ne connais pas non plus le consul des Nemsi; il demeure à Constantinople, près du Grand Seigneur; ici il n'y a point de consul.

— Mais je possède un bouyouroultou, je marche à l'ombre du sultan. »

Le pirate se mit à rire.

« Ici on ne connaît pas le padischah; le grand chérif de la Mecque a seul autorité sur nous; mais ce n'est ni avec toi ni avec le Grand Seigneur que je veux traiter de ta rançon.

— Avec qui donc?

— Avec les Anglais : ils ont pris mon frère dans l'attaque d'un de leurs vaisseaux, je veux t'échanger pour lui.

— Ne te flatte pas d'une espérance vaine sans doute; je ne suis point Anglais, je ne sais si l'échange serait consenti.

— S'ils le font mourir, tu mourras aussi; prépare-toi donc à écrire une lettre pour leur demander l'échange. Si tu écris mal, tu périras; ainsi réfléchis à ta lettre, pour qu'elle parle bien. Du reste, tu as du temps devant toi.

— Combien de jours?

— La mer devient mauvaise; cependant je voyagerai même la nuit, autant que possible. Si le vent ne nous est pas trop contraire, nous serons dans quatre jours à Djeddah; de là aux environs de Sanah, où je veux mettre mon vaisseau à l'abri, il y a encore quatre jours; tu as donc plus d'une semaine pour préparer ta lettre et pour y réfléchir; c'est de Sanah que je l'enverrai par un courrier.

— J'écrirai cette lettre.

— Et tu me promettras de ne pas chercher à t'évader?

— Non, je ne puis te promettre cela. »

Il me regarda pendant quelques minutes avec colère, et s'écria :

« Allah Akbar! Dieu est puissant! je ne savais pas qu'il y eût d'honnêtes gens parmi les chrétiens! Ainsi tu veux t'enfuir?

— Oui, si j'en trouve l'occasion.

— En ce cas nous ne nous exercerons pas ensemble à jouer des armes, tu pourrais me tuer, puis te sauver en nageant. Tu sais nager?

— Oui.

— Ignores-tu que cette mer renferme beaucoup de requins? Ils te dévoreraient.

— Je ne l'ignore pas.

— Je te ferai étroitement garder. L'homme que tu vois près de moi est ton ennemi, tu l'as offensé; il ne te quittera pas des yeux jusqu'à ce que tu sois libre ou mort.

— Et dans ces deux cas, qu'arriverait-il à mon domestique?

— Rien de fâcheux. Il a commis, il est vrai, un grand péché en servant un infidèle, mais il n'est ni Turc ni giaour; il sera libre en même temps que toi, et si tu mourais il serait libre aussi. Maintenant reste sur le pont si cela te plaît, mais tiens-toi prêt à obéir au moindre commandement de ton gardien, quand il voudra te faire descendre pour t'enfermer dans ta cabine. »

Abou Seïf me tourna le dos, et je restai sous la garde de l'Arabe. Je pus me promener de long en large ou m'asseoir sur une couverture; l'Arabe ne me quittait pas plus que mon ombre, il était toujours à cinq pas de moi. Du reste, l'équipage ne paraissait pas même s'apercevoir de ma présence; personne ne m'approchait ni ne me parlait. On m'apportait en silence ma provision d'eau, de dattes et de couscous.

Dès qu'une voile était signalée dans le lointain, mon gardien se hâtait de me faire descendre dans ma cabine; il se postait devant la porte jusqu'à ce qu'il jugeât à propos de me permettre de remonter; la nuit on m'enfermait au verrou et on barricadait ma porte avec toutes sortes de meubles, de caisses et d'ustensiles.

Trois jours se passèrent ainsi. J'étais très inquiet sur le sort de Halef; tous mes efforts pour parvenir jusqu'à lui restaient infructueux.

Il devait comme moi se trouver dans l'entrepont; mais multiplier mes tentatives eût été aussi dangereux pour mon fidèle compagnon que pour moi : je le compris et dus me résigner.

Nous arrivions près des rives qui s'étendent entre le Djebel Eyoud et le Djebel Kelaya; la plage est en cet endroit très plate et très basse. Je me distrayais en contemplant le paysage, quand, au moment où le crépuscule commençait à voiler le rivage, je remarquai dans le fond de l'horizon, vers le nord, un léger nuage, ce qui est une rareté dans ces climats. Abou Seïd semblait inquiet; il ne quittait point des yeux ce point du ciel. La nuit tomba; on m'enferma dans mon réduit. La chaleur était plus étouffante que jamais; elle semblait devenir plus lourde encore à mesure que la nuit s'avançait.

Je ne pouvais dormir. Bientôt j'entendis le grondement du tonnerre et le bruit des vagues agitées par la tempête. Notre petit vaisseau était vivement soulevé, puis s'enfonçait dans le creux profond de la vague; il allait avec une rapidité effrayante, craquant et gémissant de toutes parts. La mâture semblait prête à tomber. J'entendis des hommes courir sur le pont, hurlant, criant, priant tout haut. Au milieu de la tempête et de l'effarement de son équipage, le capitaine commandait d'une voix retentissante; il semblait garder tout son sang-froid. D'après mes calculs, nous devions nous trouver alors vis-à-vis des côtes de Rabbegh, dont les abords, vers le sud, sont tout hérissés de bancs de coraux, ce qui rend la navigation extrêmement périlleuse, même pendant le jour. Un peu plus loin sont situés l'île de Ghanat et le ras de Hatiba; entre les deux, les récifs présentent des dangers encore plus grands et sont très dificiles à éviter, non seulement pendant la tempête, mais encore dans les moments de calme. Avant d'affronter ces terribles passages, les marins musulmans récitent toujours une prière. Ils appellent ce lieu *les Deux Cordes,* pour indiquer avec quelles précautions on doit manœuvrer entre les récifs.

Ce terrible passage, nous l'entreprenions de nuit; nous nous y engagions, poussés par le vent, avec la rapidité d'une flèche.

Je me soulevais sur ma natte, j'écoutais avec inquiétude; dans le cas où le vaisseau se briserait contre les rochers, j'étais perdu, car ma porte restait solidement verrouillée, et je me trouvais au niveau ordinaire de l'eau.

Tout à coup, au milieu du vacarme et des éclats de l'orage, il me sembla entendre gratter à ma porte. On ouvrit le verrou avec précaution. Bientôt quelqu'un se glissa dans mon réduit.

« Sidi!... murmura une voix très basse.

— Qui est là?

— Honneur à Dieu! tu ne reconnais pas la voix de ton fidèle Halef?

— Halef! il ne peut bouger.

— Pourquoi pas?

— Parce qu'il est blessé; il a une jambe cassée.

— Oui, Sidi, je suis blessé, mais ma jambe reste bonne.

— Abou Seïf m'a donc trompé?

— Non, c'est moi qui l'ai trompé. J'ai feint de ne pouvoir remuer pour trouver le moyen d'aider mon bon Sidi. Depuis trois jours je ne bouge pas; ils me croient incapable de me mouvoir; ils m'ont laissé seul cette nuit, et me voilà.

— Mon brave Halef, je n'oublierai pas ce que tu fais pour moi.

— J'ai appris plusieurs choses importantes, Sidi.

— Quoi donc?

— Abou Seïf doit aborder près de Djeddah pour se rendre à la Mecque. Il veut aller demander au prophète la délivrance de son frère; plusieurs de ses hommes l'accompagneront.

— Peut-être pourrons-nous alors nous échapper?

— J'y veillerai, Sidi. C'est demain. Tes armes sont dans sa cabine, n'est-ce pas?

— Oui. Tâche de venir me rejoindre demain, si nous sommes encore en vie.

— Je viendrai, Sidi.

— Tu t'exposes beaucoup.

— Non; aujourd'hui il fait si noir et ils sont si occupés, que je ne cours aucun risque; demain, Allah y pourvoira.

— Souffres-tu encore beaucoup de ta plaie?

— Non, Sidi.

— Qu'est devenu le sambouk? J'étais évanoui, je ne sais rien de ce qui s'est passé.

— Ils ont pillé tout l'argent, après avoir lié les hommes de l'équipage; puis ils se sont éloignés en nous emmenant, parce que le capitaine voudrait t'échanger contre son frère.

— Comment sais-tu cela?

— Je les ai entendus le dire entre eux.

— Et la barque?

— Ils l'ont remorquée à l'arrière, elle pourra nous servir. Bonne nuit! Sidi.

— Bonne nuit! »

Il se retira, refermant doucement mon verrou, puis replaçant la barricade.

Cette visite m'avait tellement surpris et occupé, que j'en étais venu à oublier l'orage. Je m'aperçus, bientôt après, que la tourmente s'était brusquement apaisée; quoique les mouvements du navire fussent encore assez violents, il me sembla, en regardant par les trous de ma cabine, que le ciel s'éclaircissait ; le péril avait cessé. Je m'endormis, l'esprit presque tranquille. L'espoir me revenait au cœur.

Lorsque je m'éveillai, le vaisseau se trouvait à l'ancre, ma porte était ouverte, et mon gardien me permit de monter sur le pont. Il n'y avait plus de traces de la tempête; nous stationnions dans un petit golfe fort enfoncé dans les terres. Les voiles étaient enlevées, les mâts démontés, de façon qu'on ne pût nous apercevoir de loin. Le rivage semblait d'ailleurs inhabité et désert.

Je restai jusqu'à midi sur le pont, sans rien remarquer d'extraordinaire. Après la prière, Abou Seïf me fit appeler dans sa cabine. Je vis qu'on avait pendu mes armes à la cloison, comme un trophée ; il y avait là aussi, tout autour, les caisses enlevées du sambouk et plusieurs autres que les Arabes nomment *ketihikis*. Ces outres ou bourses, faites de peaux de chèvre, dont le poil reste en dehors, servent à renfermer la poudre. Une grande armoire était ouverte au fond de la cabine. Abou Seïf la referma promptement à mon approche; j'eus cependant le temps d'apercevoir les sacs de toile dont elle était remplie. Le forban fit quelques pas vers moi.

« J'ai à te parler, Nemsi, me dit-il.

— Parle.

— Es-tu disposé maintenant à me donner ta parole que tu ne chercheras point à t'évader?

— Je ne suis pas un menteur, je ne puis te promettre ce que je ne tiendrais pas si je trouvais l'occasion bonne.

— Tu ne trouveras pas d'occasion semblable; mais tu me forces à me montrer plus sévère que je ne l'aurais voulu. Je vais m'absenter pendant deux jours; on t'enfermera dans ta cabine, et tu auras les mains liées jusqu'à mon retour.

— C'est dur.

— Oui, mais tu en es la cause.

— Eh bien! je me résignerai à mon sort.

— Va! Fais-y attention, j'ai ordonné de te tuer à la moindre tentative de fuite, au moindre essai tenté pour te débarrasser de tes liens. Si tu avais été un fidèle croyant, je t'eusse demandé ton amitié; tu es un giaour, et malgré cela je ne te hais ni ne te méprise. Si tu m'avais donné ta parole, j'y aurais cru, et te laisserais libre en mon absence; tu refuses, il faut que tu subisses les conséquences de ton refus. Allons, descends chez toi à présent. »

Je fus reconduit sur le pont et enfermé avec soin. Je me sentais vraiment à la torture, car la chaleur m'étouffait, et je ne pouvais me procurer aucun soulagement avec mes mains garrottées. Heureusement, malgré sa haine contre moi, mon gardien craignait trop son chef pour oublier de me faire manger et boire en temps opportun. Pour prendre patience, je songeai aux projets de Halef. S'ils allaient échouer? Si nous étions découverts?

La situation, il faut l'avouer, n'avait rien de rassurant. Enfin la nuit vint; mais de longues heures se passèrent encore dans une mortelle inquiétude. Vers minuit, un bruit presque imperceptible me fit tressaillir.

Je prêtai l'oreille avec angoisse; ce bruit cessa. Je n'osais dire un mot; peut-être n'était-ce qu'un de ces odieux rats dont le vaisseau foisonnait.

Après quelques minutes d'attente, un pas léger sembla se rapprocher. On eût dit qu'on étendait une natte ou un tapis sur le plancher. Qu'était-ce? Si mon cerbère s'imaginait de venir se coucher devant ma porte, adieu mes espérances, c'en était fait des projets de Halef!

Écoutons! Qu'est-ce? On tire le verrou, ma porte s'entr'ouvre lentement; puis j'entends un coup assez fort, un mouvement, comme si quelqu'un essayait de se relever pour retomber aussitôt. Un cri, tout de suite étouffé; enfin, la voix de Halef susurrant :

« Viens, Sidi, il est pris!

— Qui donc?

— Ton gardien.

— J'ai les mains liées.

— Viens, la porte est ouverte. »

Je sortis; l'Arabe gisait et se débattait sur le plancher. Halef lui serrait la gorge de toutes ses forces.

« Tâte à sa ceinture, Sidi, murmura le vaillant petit homme, prends son couteau.

— Je l'ai. »

Malgré mes liens, je venais de saisir entre mes doigts le couteau de l'Arabe; je le portai à ma bouche, et arrivai bientôt à scier mes cordes.

Pendant ce temps, Halef bâillonnait le brigand.

« Dieu soit loué! lui dis-je, voilà mes mains libres. J'espère que tu n'as pas étranglé cet homme?

— Pas encore, mais il le mérite.

— N'importe, laisse-le vivre; nous allons l'enfermer dans ma cabine.

— Il soufflera par le nez et nous trahira.

— Non, sois tranquille! »

J'enveloppai la tête du Bédouin dans son long turban, ne lui laissant qu'un petit espace pour respirer; puis je lui liai fortement les pieds et les mains avec sa ceinture. Nous le transportâmes dans le réduit que je quittais, et dont nous fermâmes exactement l'entrée. Après quoi nous nous cachâmes un instant sous l'escalier pour délibérer.

« Comment as-tu fait? demandai-je au brave Halef.

— Oh! cela n'était pas difficile, Sidi! Je me suis faufilé sur le pont, pour voir et entendre ce qui se passait. J'ai su qu'Abou Seïf était parti avec douze de ses hommes, emportant beaucoup d'argent pour le grand chérif.

« Je pensais bien que l'Arabe gardait ta porte, car il te hait; il t'aurait tué depuis longtemps si le *Père du Sabre* l'eût permis. Quand l'heure d'aller vers toi m'a semblé venue, j'ai rampé jusqu'à ta cabine; j'y arrivais à peine, que l'Arabe descendait pour faire sa garde. Je me suis élancé, et lui ai serré la gorge; tu sais le reste.

— Merci, Halef! merci...; mais que font-ils là-haut?

— Tout va bien, Sidi. Ils profitent de l'absence du capitaine pour absorber leur *afiyon* (opium). Ils ne sont point à craindre.

— Prends les armes du brigand, elles sont meilleures que les tiennes. Marchons avec l'aide de Dieu! »

Nous montâmes sur le pont. Je songeais à la moralité du présent d'Abou Seïf. Le grand chérif de la Mecque ne dédaignait donc point de l'argent volé, et l'argent volé sur son tribut!

Aussitôt monté, une odeur particulière me saisit, cette odeur nauséabonde qu'exhalent les buveurs d'opium.

Tous les hommes de l'équipage étaient ivres, d'une ivresse beaucoup plus lourde que celle du vin. Ils demeuraient étendus à la place où ils venaient de consommer leur opium, sans le moindre mouvement; on n'eût pu dire s'ils dormaient, ou s'ils savouraient le poison qui semblait paralyser tous leurs membres.

Le passage pour gagner la cabine du capitaine restait libre; nous rampions toujours, Halef et moi, et nous parvînmes jusqu'à la porte : grâce à l'incurie orientale, cette porte était entr'ouverte.

D'ailleurs, les verrous eussent fait peu de bruit, car toute la serrure consistait en un morceau de cuir.

Nous pénétrâmes sans encombre dans la cabine. De là il n'y avait qu'un pas pour sauter sur le rivage; je repris mes armes, ma montre et mon compas. Quant à mon argent, on ne m'en avait pas dépouillé.

« N'emportons-nous rien? demanda Halef.

— Prends cette couverture, nous en aurons besoin pour la nuit.

— Rien que cela?

— Oui.

— Mais il y a ici tant d'argent!

— Qu'importe, il ne nous appartient pas.

— Quoi! Sidi, tu ne veux pas prendre d'argent? Tu vas laisser aux voleurs le prix de leurs pillages, tandis que nous manquerons de tout?

— Veux-tu devenir voleur toi-même?

— Moi, hadji Halef Omar, ben hadji Aboul Abbas, ibn hadji Daoud el Gossarah, un voleur!... Sidi, tu ne devrais pas me parler ainsi! Toi-même ne viens-tu pas de me commander de prendre les armes de l'Arabe? Ne veux-tu pas emporter cette couverture?

— Ce n'est point un vol, Halef : nos armes nous ont été enlevées; on ne nous a laissé ni tapis ni couvertures; nous avons le droit de nous dédommager du tort que nous ont fait ces pirates. Mais ils ont respecté notre argent.

— Pas le mien, Sidi! ils m'ont tout pris.

— En avais-tu beaucoup?

— Ne me payes-tu pas [1] tous les quinze jours? J'avais tout économisé; ils m'ont tout volé. Laisse-moi reprendre mon bien. »

Il s'approchait du coffre-fort. Les circonstances semblaient nous permettre de nous restituer à nous-mêmes ce que ces brigands nous avaient enlevé. Je ne me sentais guère en état de dédommager Halef, et n'osais lui imposer le sacrifice de son pécule. Je

---

[1] Je donnais à Halef chaque quinzaine une somme équivalant à onze francs.

me bornai à lui faire remarquer que le *sandyk* (armoire) était fermé par une serrure de fer.

« Oui, reprit le petit homme, mais je saurai bien l'ouvrir sans clef.

— Le bruit va nous trahir, Halef.

— Tu as raison, Sidi, soupira le pauvre garçon. Il faut donc renoncer à mon argent ! Allons, partons ! »

Au ton dont ces mots étaient prononcés, je compris combien le sacrifice coûtait à Halef, et je regrettai presque d'être obligé de l'exiger ; un autre Arabe ne m'aurait certainement pas obéi. Je fus touché de cette preuve d'un désintéressement si dévoué.

« Halef, tu ne perdras pas ton argent, lui dis-je, je te le rendrai ; je te le promets.

— En vérité, Sidi ?

— Oui, je t'assure.

— Partons donc bien vite. »

Nous quittâmes la cabine, puis regagnâmes heureusement le bord du bâtiment. Entre la rive et le vaisseau, l'espace était plus grand que je ne l'avais cru d'abord ; on le mesurait très bien du regard, dans la demi-obscurité de la nuit. Je savais Halef un habile sauteur, mais ici il ne pouvait prendre d'élan.

« Eh bien, lui demandai-je, crois-tu pouvoir tenter l'aventure ?

— Certainement, Sidi. »

Il grimpa sur le bordage, et d'un bond se trouva de l'autre côté. J'en fis autant.

« Dieu soit loué ! nous voilà libres ! dîmes-nous tous les deux à la fois. Mais où aller à présent ?

— Allons à Djeddah, opinai-je.

— Tu connais la route, Sidi ?

— Non.

— As-tu une *karta* (carte) pour nous guider ?

— Non ; mais je crois que nous ne nous tromperons pas en nous dirigeant vers le sud. Abou Seïf y est allé à pied, ce qui prouve que la ville n'est pas loin ; avant tout, examinons nos armes. »

Nous nous blottîmes derrière un buisson d'euphorbes qui nous cachait suffisamment, car dans ce pays les plantes ne sont pas rabougries comme au désert. Je trouvai mes armes chargées. Les pirates n'avaient certainement pu les manier ; ils sont accoutumés aux armes anciennes et d'une construction toute différente des nôtres.

Après nous être assurés que nos revolvers et nos fusils étaient en bon état, et que personne ne s'apercevait de notre évasion, nous nous mîmes en chemin, longeant la côte autant que possible.

La mer dessinait sur ses bords d'innombrables festons, qu'il nous fallait suivre dans leurs détours; de plus, le sol, tout couvert d'une abondante végétation d'aloès, de coloquintes, etc., n'était point aisé pour la marche. Grâce à Dieu, l'aube vint bientôt nous éclairer et faciliter notre route; il était environ huit heures lorsque nous aperçûmes les minarets de la ville, puis le sommet de ses murailles.

« Nous devrions demander si c'est bien Djeddah, » remarqua Halef.

Depuis quelque temps, nous rencontrions des Arabes se rendant au marché, mais je n'osais leur adresser la parole.

« Non, repris-je, c'est certainement Djeddah.

— Sais-tu, Sidi, qu'Ève, la mère de tous les mortels, est enterrée en ce lieu?

— Oui.

— Lorsque Adam l'eut mise en terre, il la pleura quarante jours et quarante nuits, puis il s'en alla à Sland Dib, où il mourut et où il fut enterré. C'est une île que les seuls croyants connaissent.

— Tu te trompes, Halef; cette île s'appelait autrefois Sinhala Dvipa, ce qui signifie: *île des Lions*. Elle appartient maintenant aux chrétiens, aux Anglais; je suis allé plusieurs fois dans ce pays. »

Il me regarda d'un air étonné.

« Nos tolba disent pourtant, Sidi, que l'infidèle ne peut mettre le pied sur cette terre sans mourir.

— Regarde-moi, Halef, suis-je un homme mort?

— Non; mais tu es un favori d'Allah, quoique tu ne professes pas la vraie croyance.

— Dis-moi, Halef, n'est-il pas vrai qu'un giaour qui tenterait de pénétrer dans Médine ou à la Mecque serait mis à mort?

— Oui.

— Il y a pourtant des chrétiens qui en sont sortis vivants.

— C'est vrai; ils ont feint d'être musulmans; ils connaissaient notre langue et nos usages.

— Tu vois donc, Halef, qu'on peut aller à la Mecque sans... »

Il me regarda avec inquiétude.

« Sidi, tu voudrais aller à la Mecque?

— M'y conduirais-tu?

— Non, Sidi, car il me faudrait, après ma mort, brûler au fond de la Djehenna.

— Me trahirais-tu, si tu savais que je me suis introduit dans la ville sainte?

— Effendi, ne me fais pas de chagrin. Je devrais te dénoncer, et je ne le pourrais pas! Je ne pourrais plus vivre si... »

L'Arabe disait ces mots avec une émotion profonde et touchante; il eût été cruel de le tenter et de le tourmenter davantage.

« Halef, interrompis-je, m'aimes-tu?

— Plus que moi-même, crois-moi, Sidi!

— Je te crois! Combien de temps veux-tu encore voyager avec moi?

— Tant que tu voudras; avec toi j'irai aussi loin que la terre est grande, quoique tu sois un chrétien. Mais je te convertirai, tu le sais bien.

— Un soi-disant hadji me l'a tant répété!

— O Sidi, bientôt je serai véritablement un hadji. Voici Djeddah; je vais visiter le tombeau d'Ève, puis j'irai à la Mecque; je m'arrêterai à Arafah, je me ferai raser à Minah et j'aurai accompli toutes les saintes pratiques. Voudrais-tu m'attendre à Djeddah?

— Combien de temps te faut-il?

— Sept jours.

— Ton pèlerinage n'aura pas de valeur : il faut un mois au vrai croyant.

— Ne crois pas cela, Sidi; sept jours me suffiront. Voilà la porte de la ville; comment s'appelle-t-elle?

— C'est la porte du nord, elle doit s'appeler Bab-el-Médina. Mais écoute : feras-tu ce que je te demanderai?

— Oui; car je sais que tu ne me commandes jamais rien qui soit défendu par ma loi.

— Ne dis à personne ici que je suis chrétien.

— J'obéirai; seulement laisse-moi t'adresser aussi une prière :

à la Mecque, je dois répandre des aumônes, acheter des présents, payer le aziz-koumadji[1] et j'ai...

— Sois tranquille, je te rendrai ton argent aujourd'hui même.

— Ta monnaie ne peut me servir, car elle vient des pays infidèles.

— J'irai chez un changeur et je te payerai en piastres.

— Oh! merci, Sidi! Crois-tu que j'aie assez d'argent pour aller aussi à Médine?

— Je le pense, si tu ne te montres pas trop prodigue; d'ailleurs ce voyage ne te coûtera rien, nous le ferons ensemble.

— Tu prendrais la route de Médine?

— Il n'est pas défendu de la suivre, je pense?

— Non, mais tu ne peux entrer dans la ville.

— Et si je t'attendais à Djambô?

— Parfait, Sidi, Allah te bénisse! Mais où iras-tu après?

— A Medaïn Saliha.

— Seigneur, tu veux mourir? C'est la ville des esprits, ils ne souffrent aucun mortel dans ses murs.

— Ils me souffriront pourtant. C'est une cité mystérieuse, dont on raconte des choses très singulières; je veux la voir.

— Tu ne la verras pas : les esprits mettront des obstacles sur notre chemin. Mais à ce coup je ne t'abandonne point; je veux mourir avec toi. Alors je serai un véritable hadji, le ciel s'ouvrira devant moi. Et après, si nous en sortons, où veux-tu aller?

— Au Sinaï, à Jérusalem, à Constantinople, ou bien à Bassora et à Bagdad.

— Et tu m'emmèneras?

— Oui. »

Nous étions arrivés près de la porte de la ville. En dehors s'éparpillaient quelques misérables huttes construites en paille et en feuilles de palmier, où s'abritent les pauvres hadhesi[2], les bûcherons, les jardiniers. Un malheureux, tout déguenillé, s'avança vers nous.

« Vas-tu bien, Effendi? ta santé est-elle bonne? » me cria-t-il.

Je ne bougeai point : en Orient, on se donne le temps de répondre aux saluts; il fallut pourtant s'y décider lorsqu'il eut répété ses questions.

---

[1] Le saint témoignage.
[2] Ouvriers.

« Je te remercie, lui dis-je; je vais bien, ma santé est excellente; mais toi, comment vas-tu, toi le fils d'un vaillant père? Comment va ton commerce, pieux héritier de la race sacrée des musulmans? »

Je me servis à dessein de ce dernier compliment, parce que je vis qu'il portait le *mechalech*. Djeddah, quoique ouverte récemment aux chrétiens, est une ville sainte, et tous les habitants des villes saintes ont le droit de porter ce signe honorifique. Quatre jours après la naissance d'un enfant, on pratique sur ses joues et à chaque tempe une incision, dont la cicatrice reste visible toute la vie; c'est ce qu'on appelle le mechalech.

« Tes paroles sont des fleurs, elles embaument l'air comme la marche des filles du paradis, me répondit le pauvre homme. Je vais bien, je suis content des affaires que j'entreprends. A ton service, Effendi!

— Et que fais-tu?

— J'ai trois bêtes à conduire; mes fils sont des hamari [1], je les aide.

— Pourrais-tu nous fournir deux ânes?

— Oui, Sidi.

— Combien demandes-tu pour tes bêtes?

— Où veux-tu aller, Sidi?

— Je suis étranger dans cette ville, tu nous conduiras à une demeure que je puisse louer. »

L'ânier me jeta un regard de défiance : un étranger arrivant à pied, cela lui semblait évidemment louche.

« Sidi, me demanda-t-il, veux-tu venir où j'ai déjà conduit ton frère?

— Quel frère?

— Celui qui est venu hier, au temps du Moghreb [2], avec treize hommes à pied, comme toi. Je les ai conduits au grand khan. »

C'était certainement Abou Seïf. Je repris :

« Cet homme n'est point mon frère; je ne veux pas loger dans un khan ni dans un fondouk, mais dans une maison privée.

— Tant mieux, Sidi. Je connais une maison où tu seras comme un prince, tant elle est belle!

— Combien demandes-tu pour nous conduire?

---

[1] Aniers.

[2] Prière du soir.

— Deux piastres.

— Amène tes montures. »

L'homme s'éloigna gravement, entra dans un petit enclos, puis ramena deux ânes si petits, qu'on eût dit qu'ils allaient s'échapper entre nos jambes.

« Pourront-ils nous porter? demandai-je.

— Sidi, un seul nous porterait tous les trois. »

J'hésitai pourtant à peser sur cette petite bête; mais le vaillant ânon ne sembla nullement surchargé; il se mit tout de suite au trot; en quelques minutes nous eûmes franchi la distance qui nous séparait de la ville.

A peine dépassions-nous la porte, qu'une voix rude m'arrêta.

« As-tu payé? » demandait la voix.

Dans les ruines de la muraille, je distinguai un trou noir et carré; par ce trou passait une tête, et sur le visage de cette tête trônait une énorme paire de lunettes. Sous les lunettes se montrait un nez crochu, et sous ce nez une ouverture édentée qui avait proféré l'exclamation que je venais d'entendre.

« Quel est cet homme? dis-je à mon guide.

— C'est le percepteur de l'impôt pour le Grand Seigneur. »

Je fis approcher mon âne pour me donner le plaisir d'exhiber mon passeport, et je demandai :

« Que veux-tu?

— De l'argent.

— Regarde. »

Je présentai le cachet de Sa Hautesse devant les formidables lunettes.

« Ah! pardonne, Seigneur! »

Tout d'un coup la tête disparut; je vis s'échapper, par-dessus un pan ruiné de la vieille muraille, une forme maigre et décharnée, portant un antique uniforme de janissaire : larges pantalons bleus, bas rouge, veste verte, et sur la tête une sorte de turban blanc agrémenté d'une bourse retombant par derrière. C'était le vaillant radjal-el-mal (le receveur).

« Pourquoi se sauve-t-il? demandai-je à mon conducteur.

— Tu as un bouyouroultou, tu ne dois rien payer; il t'a offensé en te demandant l'impôt; il craint ta colère. »

Nous continuâmes notre route et arrivâmes bientôt devant la porte d'une maison dont la construction me parut une merveille pour le pays. Cette maison possédait quatre grandes fenêtres grillées donnant sur la rue.

« C'est ici, me dit l'ânier.

— A qui appartient cette maison ?

Par ce trou passait une tête, et sur le visage de cette tête trônait une énorme paire de lunettes.

— Au joaillier Tamarou.
— Est-il chez lui ?
— Oui.
— C'est bien. Tu peux t'en retourner ; tiens, voici les deux piastres, et encore un pourboire. »

Après un torrent de remerciements, notre homme enfourcha

un de ses ânes et partit. J'entrai avec Halef dans la maison. Le noir qui servait de portier nous conduisit au fond du jardin, où se trouvait le maître de céans. J'exposai tout de suite l'objet de ma visite ; Tamarou nous ramena à l'intérieur de la maison, où il nous montra une suite de pièces absolument vides.

J'en louai deux pour une semaine. Le prix me parut un peu élevé, mais je ne voulais pas marchander. Je me fis inscrire sous le nom que Halef m'avait forgé, et qui décidément me servait beaucoup dans ce pays.

Dans l'après-midi, je sortis pour voir la ville.

Djeddah est une belle et riche cité dont le nom signifie *rivage, littoral.*

Elle est entourée de murs de trois côtés ; des tours et des fossés protègent ses remparts. Du côté de la mer, un fort, armé de plusieurs batteries, défend l'entrée du port. Ces murs sont percés de trois portes : Bab-el-Medina, Bab-el-Yemen et Bab-el-Mekza, la plus belle de toutes, car elle a deux tours, et son sommet est orné de charmantes arabesques sculptées dans la pierre. La cité se divise en deux parties : l'une est syrienne, l'autre arabe. Elle a des rues assez larges, pas trop malpropres, et beaucoup de places fort belles. Je fus surpris, en m'avançant dans les rues, de rencontrer un aussi grand nombre de maisons avec des fenêtres extérieures et plusieurs étages, toutes bien bâties et d'un aspect agréable, dû à leurs balcons, à leurs portes sculptées, à leurs perrons gracieux.

Un bazar considérable est construit au bord du rivage ; beaucoup de rues y aboutissent. Là se rencontrent les races les plus diverses : Arabes, Bédouins, Tallatahs, marchands de Bassora, de Bagdad, de Mascate, etc.; Égyptiens, Nubiens, Abyssiniens, Turcs, Syriens, Grecs, Tunisiens, Juifs, Indiens, etc. etc., tous portant leur costume national ; on voit même quelquefois, sur ce marché, des Européens en petite veste.

En dehors des murs de la ville, comme dans toutes les places commerçantes de l'Orient, s'entassent les huttes et les tentes de ceux auxquels leurs moyens ne permettent pas d'habiter la cité.

Non loin d'une caserne qui se trouve du côté de la porte de Médine s'étend le cimetière, où l'on montre le tombeau de notre première mère. Cet édifice mesure à peu près soixante mètres et contient une petite mosquée.

Djeddah, il n'est pas besoin de le dire, fourmille de mendiants, dont la plus grande partie se compose d'Indiens. Les pèlerins pauvres des autres contrées travaillent sur le port ou au bazar, afin de gagner de quoi reprendre leur voyage ; mais les Indiens sont trop paresseux pour travailler, ils tendent la main ; et qui entreprendrait de donner à tous ces quémandeurs seulement la plus petite monnaie, devrait bientôt mendier à son tour.

Après avoir visité le cimetière, je revenais en longeant le port, cherchant dans ma tête le moyen de me rendre à la Mecque, quand un refrain bien connu frappa mes oreilles. Une chanson de mon pays, à Djeddah !

Je regardai dans la direction de la voix, et je vis sur l'eau un petit canot conduit par deux hommes. L'un d'eux était certainement un indigène : ses vêtements et son teint le prouvaient ; la barque lui appartenait sans doute. L'autre, debout près du rameur, portait un costume fort original. Un turban bleu, de larges pantalons turcs, une vieille redingote européenne à la mode du siècle dernier ; joignez à cela une cravate de soie jaune flottant autour du cou et une ceinture si épaisse, qu'elle devait cacher un véritable armement de guerre.

Ce singulier personnage remarqua mon attention ; il pensait probablement avoir affaire à un Bédouin amateur de musique ; renforçant sa voix à l'aide de sa main formant un cornet, il reprit sa chanson avec une joyeuse insistance.

J'aurais volontiers sauté au cou du chanteur, n'eût été la distance. Je me souvenais de ma rencontre avec l'ex-barbier près du Nil ; celle-ci me faisait le même plaisir. Moi aussi je mis mes mains autour de ma bouche et je chantai :

> Entre toi et moi
> Il y a une rue, etc.

Nous nous répondîmes mutuellement, couplets par couplets ; puis mon compatriote présumé, trépignant de joie, enleva son turban, tira son sabre, mit l'étoffe bleue à la pointe de l'arme, l'agita comme un fou au-dessus de sa tête ; après quoi il saisit une rame et aborda promptement en face de moi.

« Un Turc qui parle allemand ? s'écria-t-il.

— Non ; un Allemand qui fait le Turc.

— Vraiment ! je n'en pouvais croire mes oreilles, vous avez la mine si orientale ! Puis-je vous demander qui vous êtes ?

— Un écrivain en voyage. Et vous ?

— Moi ?... un... un... hum ! un violoniste comique, un cuisinier de navire, un secrétaire privé, un marchand, un veuf, un rentier, un touriste retournant chez lui. »

Là-dessus il s'inclina d'une façon si drôle, que je ne pus m'empêcher de rire.

« Alors vous en avez assez des voyages ? demandai-je.

— Oui, je vais rentrer à Trieste, à moins que d'autres idées ne me prennent en route.

— Que faites-vous ici ?

— Rien. Et vous ?

— Rien non plus, j'y arrive.

— Pour moi, j'y suis depuis quatre jours ; je vous piloterai, venez dîner chez moi.

— Tout de suite ?

— Oui, venez, ce n'est pas loin. »

Il paya son batelier, puis nous nous acheminâmes ensemble vers le port, et de là en ville, où nous nous arrêtâmes bientôt devant une petite maison d'un étage ; il entra le premier. Le corridor divisait la demeure en deux ; nous pénétrâmes à droite, dans une chambre assez exiguë, dont le mobilier consistait en un large divan de bois sur lequel une natte était étendue.

« Voilà ma chambre, me dit l'inconnu. Asseyez-vous à la turque. »

Pendant que je m'installais, il ouvrit un coffre déposé dans un coin.

« Pour un tel hôte, dit-il, on doit déployer sa batterie de cuisine. »

Il tira successivement un pot rempli de pommes cuites la veille, sur la machine à esprit de vin, et cuites on peut deviner comment ; puis des gaufres faites dans le couvercle d'une boîte à tabac en fer-blanc, un reste de pain anglais, dur comme de la pierre ; mais nous avions de bonnes dents. De plus, un saucisson de Bombay, un peu rance, et du vrai cognac qu'il fallut boire à même dans la bouteille, faute de verre. Enfin, pour le dessert, mon ex-cuisinier retrouva un morceau de fromage au fond de sa caisse. Tout cela n'était pas très appétissant, mais tout cela rappelait un repas européen. J'y goûtai avec délices. Après quoi mon compagnon me raconta son histoire ; il était de Trieste, orphelin de mère dès son bas âge ; n'ayant pas eu beaucoup à se louer de son père ni de sa belle-mère, il s'était mis à courir le monde, d'abord comme musicien ambulant. Devenu secrétaire du directeur de l'hôpital de Bombay, puis comptable chez un négociant de cette ville, il avait fini par épouser la veuve de son patron.

Cette femme était morte, et l'aventurier autrichien retournait dans sa patrie avec une petite fortune. Il voyageait à sa fantaisie, sans trop compter ni son temps ni son argent. Il me plut ; nous liâmes une sorte d'intimité, comme il s'en établit facilement en pays lointain quand on est presque compatriotes.

« Combien de temps resterez-vous ici ? me demanda mon hôte au moment de nous séparer.

— Je ne sais. Mon domestique a besoin de huit jours pour faire son pèlerinage à la Mecque ; j'ai grande envie de le laisser partir, puis d'aller moi-même incognito visiter cette curieuse ville. Il faudrait, je le crains, feindre le mahométisme, ce qui me déplaît : de sorte que je ne sais à quoi me décider. Je suis venu ici pour étudier les mœurs de ces peuples. Serait-ce pécher que de se soumettre à une feinte nécessaire ?

— Je ne pourrais rien dire sur vos scrupules, n'étant nullement théologien ; mais, à mon avis, il n'est pas difficile de visiter la Mecque sans affecter aucunement le mahométisme. Il n'y a pas que des pèlerins dans la ville sainte.

— Sans doute, il y a des marchands ; mais tous doivent faire acte de religion.

— On ne les suit pas pour y voir. Quant à moi, voici ce que je ferais : on peut aller à cheval d'ici à la Mecque en huit heures ; avec un excellent chameau on n'en met que quatre. J'entrerais tranquillement le matin dans la ville, je déjeunerais dans un khan, je visiterais les rues et le sanctuaire sans me presser ; tout cela ne me demanderait que quelques heures. Tout le monde me prendrait pour un Arabe et s'inquiéterait peu de moi.

— Cela n'est point sans danger. L'entrée de la Mecque demeure interdite aux chrétiens ; ils ne doivent pas en approcher au delà de neuf milles. Si j'étais reconnu ?

— Bah ! Autrefois il en était de même pour la ville dans laquelle nous sommes.

« Il y a d'ici à la Mecque neuf cafés échelonnés sur la route : je parie que je m'avoue chrétien jusqu'au neuvième sans qu'on me dise un mot ; les temps sont bien changés. »

Mon nouvel ami me décidait complètement. Je rentrai chez moi et m'étendis sur mon divan, où je ne tardai point à rêver de la Mecque et de mes aventures à la sainte Kaaba.

Lorsque je m'éveillai, Halef préparait mon café ; le jour était grand déjà. J'avais, dès la veille, remis au petit factotum le montant de ses économies, et nous avions été changer la somme au bazar.

« Quand me permettras-tu de partir, Sidi ? demanda Halef.

— Quand tu voudras ; comment fais-tu ton voyage ?

— Nous nous réunissons plusieurs pèlerins ensemble et nous prenons des chameaux de louage.

— Tu ne loues pas un delyl ?

— Oh ! non, Sidi, ce serait trop cher. »

Les *delyl* sont des guides spéciaux et reconnus par l'autorité mahométane, qui accompagnent les pèlerins et veillent à ce qu'ils accomplissent toutes les formalités voulues. Parmi les pieux voyageurs se trouvent beaucoup de femmes et de jeunes filles ; mais comme l'entrée du sanctuaire n'est permise qu'aux femmes mariées, les delyl font métier de simuler un contrat de mariage avec les pèlerins célibataires, de les conduire dans la ville sainte, et de leur procurer une attestation de pèlerinage.

Halef venait à peine de me quitter, quand j'entendis parlementer devant ma porte.

« Ton maître est-il chez lui ? disait le musicien de Trieste.

— Parle arabe, » reprenait Halef avec humeur.

L'autre riait et répondait par une chanson, au grand scandale de mon petit domestique ; puis, poussant ma porte, il pénétrait chez moi, à la façon d'un ouragan, criant :

« Bien, bien, vous voilà ! on n'est point encore en route pour la *Mekka* !

— Pst ! pas un mot devant Halef.

— Ah ! pardon ! Je venais vous demander un renseignement : vous êtes bon cavalier ?

— Oui, sur toutes les montures possibles : chevaux, ânes, chameaux, etc.

— Chameaux, c'est cela ! Je voudrais tâter du chameau ; est-ce agréable ?

— Hum ! vous éprouverez dans le commencement quelque chose comme le mal de mer. Prenez de la créosote, et encore cela n'y fera pas grand'chose.

— M'accompagnez-vous ?

— Volontiers.

— Nous n'irons pas loin. Emmenez votre domestique ; dans ce pays on n'est sûr de rien.

— Soit ! Si vous allez chercher le chameau, faites attention à la selle et à la couverture. Il y a là souvent une population à laquelle les Orientaux donnent le nom gracieux de *bit;* heureusement ces peuples de myrmidons sont tellement attachés aux Arabes, qu'ils dédaignent souvent les giaours ; mais nous avons affaire à deux peuplades, celle de l'arabe et celle du chameau. Vous me comprenez ? Le mieux serait de prendre votre propre couverture et de la faire passer au four en rentrant, cela vous coûtera une piécette chez le premier boulanger venu. N'oubliez pas vos armes surtout.

— Sont-elles bien nécessaires... hum ?

— Les miennes ne me quittent jamais, en ce moment surtout.

— Pourquoi en ce moment ?

— Parce que j'ai fait connaissance avec un certain pirate, pèlerinant en ce moment, et peu agréable à rencontrer.

— Vous ne m'avez pas dit cela hier.

— Bah ! vous m'auriez pris pour un hâbleur. On ne croit plus aux aventures dans le siècle où nous sommes. Dernièrement un brave savant me soutenait que jamais la vie n'avait été plus monotone. Il prétend qu'on peut parcourir tout l'ancien monde sans rencontrer le moindre incident. A mon avis cela dépend de la manière de voyager. Il va sans dire qu'un voyage circulaire par entreprise n'offre pas de péripéties, vous conduirait-il à Ceylan ou à la Terre de feu.

« Mais je préfère le cheval et le chameau aux chemins de fer, la petite barque de l'indigène aux steamers, et je vais plus volontiers à Tombouctou qu'à Nice. Je n'ai ni interprète ni courrier. Halef me suffit, et je dépense moins d'argent pour un voyage en Turquie que bien d'autres pour une saison de bains.

« J'ai visité l'Amérique et ses déserts non en milord, mais en explorateur ; jamais les rencontres ni les aventures n'ont manqué. Elles ne manqueront jamais à celui dont le gousset est léger, qui couche sous la tente ou la hutte de l'indigène, qui vit de sa chasse, qui lutte avec toutes les difficultés de la route et des climats.

« Voulez-vous parier que nous allons trouver une aventure rien qu'en sortant de la ville, si petite qu'elle soit ?

« Les héros du moyen âge ne parcouraient le monde que pour se signaler par des prouesses ; nos héros modernes sont des commis voyageurs, des amateurs du tapis vert, des touristes blasés en quête d'une station hivernale ; ils cherchent aventure sous leur parapluie, à table d'hôte, au théâtre ou au skating-ring.

— Et vous pensez que nous allons trouver mieux ?

— Oui ; mais peut-être appelez-vous aventure la rencontre de deux tigres qui se déchirent, et moi je tiens pour tout aussi intéressant une bataille de fourmis sur la lisière d'une forêt. La force déployée ne m'émeut pas tant que l'intelligence qui s'aiguise. A un combat de Huns et de Goths, je préfère la tactique et la discipline militaires.

« La puissance divine se montre aussi bien dans les plus petits insectes que dans les plus terribles fauves ; on s'émerveille devant les tigres ou les lions, parce qu'ils sont plus gros et plus effrayants ; leurs luttes offrent quelquefois moins de péripéties que celles des guêpes et des frelons.

« Allons, entendez-vous avec votre chamelier et partons le plus tôt possible.

— Je compte sur votre promesse : une petite rencontre bien curieuse ! Je ne tiens point aux lions ni aux tigres.

— Comptez-y ! »

Lorsque j'allai rejoindre mon compatriote, auquel nous donnerons, si vous le voulez, le nom d'Albani, je le trouvai armé jusqu'aux dents et préparant des provisions.

« Fi donc ! m'écriai-je, des provisions quand on court aux aventures ! Nous mangerons dans quelque douar des dattes, du miel, que sais-je ? un peu de tjékir.

— Qu'est-ce que cela ?

— Un gâteau fait avec des sauterelles pilées.

— Horreur !

— C'est excellent. Ne mangez-vous pas bien d'autres horreurs

Là-dessus il s'inclina d'une façon si drôle, que je ne pus m'empêcher de rire.

en Europe ? des limaçons, des grenouilles, du lait corrompu que vous appelez fromage, et vous faites le délicat sur les sauterelles ! Allons donc !

« Savez-vous quel est le grand homme qui se nourrissait de sauterelles et de miel sauvage ?

— Oui, un saint dont parle la Bible, je crois.

— A la bonne heure ! un grand saint que vous pouvez imiter, au moins en goûtant des sauterelles. Avez-vous une couverture ?

— Oui.

— Est-ce que le chamelier nous accompagne ?

— Non, j'ai loué les chameaux seuls.

— Très bien. Venez ! »

Le loueur de montures habitait à deux maisons plus loin. C'était un vieux Turc ; dans sa cour nous trouvâmes trois misérables chameaux, maigres à faire pitié.

« Où est ton écurie ? demandai-je.

— Là. »

Il me montrait un mur qui partageait la cour en deux.

« Ouvre la porte.

— Pourquoi ?

— Parce que je veux voir s'il y a là encore d'autres chameaux. »

Je poussai la porte presque malgré lui, et j'aperçus huit beaux chameaux de course.

« Combien nous loues-tu les chameaux que tu nous a sellés ? »

Il me dit une somme équivalant à un peu plus de trente francs.

« Et pour un pareil prix tu nous donnes des bêtes de charge avec les pieds et les jambes blessés. Regarde : leurs lèvres pendent comme ta manche, dont le coude est déchiré ; et leurs bosses ! ce ne sont plus des bosses ! ils ont fait un long chemin, ils sont surmenés ; ils peuvent à peine soutenir la selle. Allons ! donne-nous d'autres montures, d'autres selles, d'autres couvertures ; tout cela est pitoyable ! »

Il me regarda avec colère et défiance.

« Qui es-tu, pour commander ?

— Vois ! ce bouyouroultou va te l'apprendre ; et si tu n'obéis pas, le Grand Seigneur saura que tu es un fripon et que tu éreintes tes malheureuses bêtes jusqu'à la mort. Tu voulais tromper mon compagnon, n'est-ce pas ? Allons, vite, prépare-moi ces trois hedjin. Là, ce brun! et puis ce gris dans le coin, et cet autre brun par ici, autrement je prends mon fouet et... »

Un Arabe eût déjà saisi son couteau pour me menacer ; mais cet homme était Turc, il obéissait sans objection, et nous montâmes bientôt trois magnifiques bêtes avec des selles fort confortables. Halef nous accompagnait ; il aida Albani à se hisser sur son chameau.

« Maintenant, criai-je à mon compagnon, faites attention : vous allez être soulevé tantôt en avant, tantôt en arrière. Ayez soin de faire en même temps le mouvement contraire, car cette secousse brise les membres.

— Je vais essayer. »

A peine le chameau se fut-il relevé, qu'Albani faillit tomber en arrière ; il s'accrocha de toutes ses forces ; mais, un second mouvement le portant en avant, il perdit l'équilibre et fit une chute sur le sable de la cour.

« Ah! diable! ce n'est pas commode! murmurait le malheureux cavalier en se frottant les épaules ; mais j'en viendrai à bout. Faites remettre la bête sur ses genoux.

— Rrrré ! » cria le chamelier.

Le docile animal s'accroupit de nouveau, et le brave Albani prit position sur la selle. Je voulus donner encore une leçon à notre Turc.

« Dévédji (chamelier), sais-tu monter un chameau? lui criai-je.

— Oui, seigneur.

— Sais-tu le diriger ?

— Oui.

— Non, tu ne sais pas ! tu ne nous a point donné de matraque (bâton).

— Pardonne, seigneur. »

Sur un signe du loueur de chameaux, on nous apporta les bâtons courts qui servent à conduire et à animer la bête.

Nous ne faisions vraiment pas trop mauvaise figure sur nos chameaux couverts de housses brodées et pomponnées. Nous avançâmes ainsi majestueusement à travers la ville.

« Où allons-nous? dit Albani.

— Où vous voudrez.

— Prenons la porte de Médine. »

Les passants nous regardaient avec curiosité ; le costume de mon nouveau compagnon avait de quoi surprendre, même dans un lieu où l'on en voit de toutes les formes et de toutes les couleurs. Nous parvînmes sans trop de difficulté jusqu'à la porte.

Dès que nous fûmes dehors, il nous fallut traverser le campement des Nubiens, puis nous atteignîmes ce désert privé de toute végétation qui s'étend autour de la banlieue de toutes les villes du Hedjaz.

Jusque-là, nos chameaux marchant d'un pas tranquille, Albani se tenait tant bien que mal en selle, quoiqu'il commençât à ressentir ce mal de mer si étrange dans un pays où il n'y a pas la moindre apparence de liquide.

Il allait à droite, à gauche, en avant, en arrière sur sa monture ; son fusil se détachait presque de son dos et pendait au bout de la courroie, tandis que son grand sabre battait les flancs de son chameau.

L'Autrichien chantait pour faire bonne contenance ; mais quand sa bête se vit en pleine campagne, elle prit un trot si dur, que le cavalier novice ne savait plus à quel saint se vouer. Un nuage de poussière plus épais qu'un brouillard de Londres nous entourait. Notre homme, tout à fait ahuri, se servant de son bâton comme d'un balancier, serrant son fusil de la main gauche, avait une mine si comique et si effarée, que je ne pouvais m'empêcher de rire. Il recourait aux interjections de toutes les langues de son vocabulaire, et serait mille fois tombé sans l'intervention patiente de Halef.

Je finis par les laisser tous deux un peu en arrière ; je descendis au grand trot dans la plaine ; mes compagnons m'y rejoignirent bientôt. Albani se trouvait moins secoué dans ce chemin uni ; la promenade commença enfin à devenir plus calme.

Nous cheminions depuis une heure lorsque nous aperçûmes, à la distance d'un demi-mille, se dessiner la silhouette d'un cavalier arabe monté sur un chameau. La bête, autant qu'on en pouvait juger par son allure et sa forme, était excellente. Au bout de dix minutes, nous nous rapprochâmes de manière à reconnaître parfaitement la monture et le cavalier. Celui-ci portait le costume d'un riche Bédouin ; le capuchon de son burnous était rabattu sur son visage. Quant au chameau, il valait à lui seul plus que les trois nôtres ensemble.

« Salam aléïkoum ! La paix soit avec toi ! me dit le voyageur en repoussant sa capuce.

— Aléïkoum ! Où vas-tu dans ce désert ? » répondis-je.

La voix qui nous avait salués était douce et molle comme celle d'une femme. La main qui venait de rejeter le capuchon me sembla délicate, quoique brune. Le visage n'avait pas de barbe, et deux grands yeux noirs, vifs et brillants, me regardaient d'une façon singulière.

Ce n'était certainement point un homme que j'avais devant moi.

« Mon chemin est partout, reprit la voix féminine ; où te conduit le tien ?

— Je viens de Djeddah ; nous faisons marcher nos bêtes, puis nous retournons à la ville. »

Une expression de défiance passa sur le visage de mon interlocutrice.

« Ainsi tu habites la ville ? me demanda-t-elle.

— Non, je suis étranger.

— Tu es pèlerin ? »

Que répondre ? J'eus désiré passer pour un mahométan, mais non le dire moi-même. Cette question directe m'embarrassait ; coûte que coûte, je ne voulais point mentir de la sorte.

« Je ne suis point hadji, répondis-je.

— Tu es étranger dans Djeddah et tu n'y viens point pour faire le saint pèlerinage ; tu ne dois pas être un fidèle croyant !

— Ma croyance n'est pas la vôtre, en effet.

— Tu es juif ?

— Non, je suis chrétien.

— Et ces deux hommes ?

— Celui-ci est chrétien comme moi, l'autre est musulman : il se rendra demain à la Mecque. »

Un éclair de satisfaction illumina ce visage bruni ; se tournant vers Halef, la voyageuse, — car enfin c'était une voyageuse, — lui demanda :

« Quelle est ta patrie, étranger ?

— Ma patrie est à l'ouest, bien loin, derrière le grand désert.

— As-tu une femme ? »

Halef, aussi surpris que moi d'une question qui bravait toutes les convenances de l'Orient, balbutia un : non ! très scandalisé.

« Es-tu l'ami ou le serviteur de cet Effendi ? continua la questionneuse.

— Son serviteur et son ami.

— Sidi, reprit la femme, viens, suis-moi.

— Où ?

— Es-tu bavard, ou aurais-tu peur d'une femme ?

— Non ; allons, en avant ! »

Elle fit tourner bride à son chameau, qui reprit le chemin déjà parcouru, marchant sur sa propre trace ; je mis ma bête au pas de la sienne, mes deux compagnons suivaient ; je me tournai vers Albani pour lui crier :

« Eh bien ! quand je vous promis une aventure ? »

Albani répondit par un couplet approprié à la circonstance. Notre nouvelle connaissance n'était plus jeune : le soleil de l'Arabie, les fatigues, la souffrance avaient noirci son visage et creusé sa peau de rides profondes ; mais elle n'avait certainement pas dû être laide : il lui restait encore une remarquable perfection de traits. Que faisait-elle dans cette plaine déserte ? Pourquoi avait-elle rebroussé chemin pour nous emmener avec elle ?

« Véritable énigme ! » murmurait l'Autrichien.

Notre amazone était armée d'un fusil ; elle avait un yatagan passé à la ceinture, et tenait à la main cette espèce de lance dont les Arabes se servent en voyage comme une arme défensive des plus redoutables. Elle paraissait brave et déterminée ; nous étions évidemment en présence d'un de ces types de femme guerrière, moins rare en Orient qu'on pourrait le croire.

« Quelle langue parle-t-il ? me demanda l'Arabe en entendant chanter Albani.

— L'allemand.

— Les Allemands sont braves.

— Pourquoi dis-tu cela ?

— Le plus brave de tous les hommes fut le Sultan el Kébir, et cependant les Nemche-chmaler, les Nemche-memleketler[1] et les Moskovlar l'ont vaincu ! Pourquoi me regardes-tu avec des yeux si perçants ? »

Ainsi, me disais-je, cette femme a entendu parler de Napoléon et des grandes guerres qui ont fait crouler son empire. Ce ne

---

[1] Les Allemands du Nord et ceux de l'empire du Sud (Autrichiens). Chmal, nord ; memlekel, empire.

doit point être une femme ordinaire, même parmi les amazones arabes. Je m'empressai de répondre :

« Pardonne si mes yeux ont pu t'offenser. Je ne suis pas habitué, dans ce pays, à rencontrer une femme telle que toi !

— Une femme portant des armes et tuant les hommes, n'est-ce pas? Une femme qui commande à sa tribu? N'as-tu jamais entendu parler de Ghalië?

— Ghalië... répétai-je en cherchant dans ma mémoire, n'est-elle pas de la race des Begoum?

— Oui; tu la connais?

— N'est-elle pas devenue le cheikh de sa tribu? N'a-t-elle pas vaincu, près de Taraba, les troupes de Méhémet-Ali, commandées par Toûnsoûn-bey?

— C'est cela. Tu le vois, une femme peut valoir un homme!

— Et le Coran, que dit-il là-dessus?

— Le Coran ! interrompit la voyageuse avec un mouvement d'impatience. Le Coran est un livre, et moi je porte le yatagan, le tufenk[1] et le djérid[2]. Auquel des deux crois-tu le mieux? Au livre ou aux armes?

— Aux armes. Je ne suis donc point un giaour, puisque j'ai la même croyance que toi.

— Tu crois aussi à ta force et à tes armes?

— Oui, mais plus encore aux saints livres des chrétiens.

— Je ne les connais pas ; tes armes, je les vois. »

Ceci était un compliment, les Arabes jugeant l'homme par sa monture et ses armes, à moins que ce ne soit par sa pipe. La femme reprit :

« Qui de vous deux, de toi ou de ton ami, a tué le plus d'ennemis? »

A ne considérer que le fourniment, Albani devait passer pour un foudre de guerre ; cependant j'étais bien persuadé que le brave homme n'avait jamais fait de mal à personne avec son terrible *sarras;* malgré tout, pour ne pas trop m'avancer, je répondis modestement :

« Nous ne nous sommes jamais raconté nos aventures guerrières.

---

[1] Fusil.
[2] Épieu, lance.

— Mais toi, combien de fois as-tu vengé le sang des tiens ou ton injure?

— Jamais! ma loi me défend la vengeance; c'est au juge à punir les coupables.

« Allah bénisse votre arrivée! Venez, entrez sous nos tentes. »

— Écoute : si à l'heure qu'il est, tu voyais venir Abou Seïf et qu'il essayât de te tuer, que ferais-tu?

— Je me défendrais, la défense est permise. Connais-tu le Père du Sabre?

— Je le connais. Et toi qui le nomme par son nom, en as-tu entendu parler?

— Non seulement j'en ai entendu parler, mais je l'ai vu.

— Vu ! quand ?

— Il n'y a pas **longtemps** : c'était hier !

— Et où ?

— Là, où est son vaisseau. Je lui indiquai du doigt la direction présumée. Il mouille là-bas, dans un petit golfe dont les environs sont déserts.

— Ah ! il est là ?

— Non, il est allé à la Mecque porter un présent au grand chérif.

— Le grand chérif ne se trouve point à la Mecque, mais à Téif. Merci pour le renseignement, merci, seigneur. Suis-moi. »

Elle lança vivement sa bête vers la droite. Bientôt j'aperçus une grande ligne bleuâtre fermant l'horizon. En approchant, je reconnus d'arides rochers de granit, tels qu'il s'en trouve dans les environs de la Mecque ; comme je le constatai plus tard, cette pierre est d'un grain d'une admirable finesse.

Dans un creux de la vallée, quelques tentes étaient disposées de manière à former un camp. Notre guide, me les montrant du geste, dit simplement :

« C'est là qu'ils sont !...

— Qui ?

— Les Beni Kufr (les maudits) de la race des Ateïbeh.

— Je croyais que les Ateïbeh habitaient el Zallaleh, el Taleh ou l'ouad el Robeyat.

— C'est vrai ; mais viens, tu sauras tout. »

Devant les tentes étaient couchés une trentaine de chameaux et quelques chevaux. Des chiens du désert, le poil hérissé, l'œil fauve, gardaient le camp. Ils firent entendre des hurlements épouvantables à notre approche ; tous les habitants du camp sortirent de leurs tentes, les armes à la main ; leur aspect me sembla très belliqueux.

« Attends-moi, » me dit l'Arabe. Elle descendit de son chameau et alla vers les guerriers, avec lesquels nous la vîmes parlementer.

Albani, non plus que Halef, n'avaient point entendu notre conversation ; mon fidèle serviteur me demanda d'un air inquiet :

« Sidi, à quelle tribu appartiennent ces gens ?

— Ils sont de la race des Ateïbeh.

— Je les connais ; ce sont les hommes les plus braves du

désert. Ils tirent juste ; nulle caravane n'est en sûreté quand elle les rencontre. Ils sont des ennemis acharnés des Djeheïne, auxquels appartient Abou Seïf. Mais que nous veut cette femme ?

— Je n'en sais rien.

— Nous verrons ; prépare tes armes, Sidi, je ne me fie point à eux ; ce sont des maudits, des bannis.

— Comment le sais-tu ?

— Écoute : les Bédouins qui habitent ces contrées recueillent les gouttes de la cire des cierges brûlés à la sainte Kaaba, la cendre du bois odoriférant, la poussière du seuil ; ils en font un mélange dont ils se frottent le front ; ces hommes, regarde-les : ils n'ont rien au front, ils ne peuvent entrer à la Mecque ni dans la Kaaba, ils sont maudits.

— Pourquoi les a-t-on maudits ?

— Je ne saurais te le dire, Sidi ; mais ils le sont. »

En ce moment un homme, détaché du groupe que notre conductrice venait de haranguer, s'avança vers nous ; c'était un vieillard ; sa barbe blanche lui donnait un aspect vénérable. Il nous dit :

« Allah bénisse votre arrivée ! Venez, entrez sous nos tentes, vous êtes nos hôtes. »

Cette dernière phrase nous mettait à l'abri de toute attaque et de tout danger parmi eux. Lorsqu'un Arabe a prononcé le mot de *misafir* (hôte), on peut s'abandonner à lui avec une pleine confiance. Nous descendîmes de nos bêtes, et on nous les conduisit dans une des tentes. Nous prîmes place sur le *serir*[1] et on nous servit un frugal repas. Tant que nous mangeâmes, nos hôtes gardèrent le silence, puis on nous apporta une sorte de pipe à l'usage des gens de petite classe et dont la seule vue prouvait la simplicité de nos hôtes.

Dans les environs de la Mecque, on se sert de plusieurs sortes de pipes ; la plus précieuse est celle en bois de cèdre. Elle repose ordinairement sur une espèce de trépied d'argent ciselé, et se termine par un long tuyau fort richement orné de diamants ou d'autres pierreries étincelantes. On ne fume dans la pipe de cèdre que le précieux tabac de *Chiraz*. La pipe du second degré est encore en cèdre, mais plus commune, plus petite et beaucoup

---

[1] Échafaudage très bas et recouvert d'une natte.

moins ornée; enfin la plus misérable des pipes, celle qu'on nous présentait et qui se nomme *biry*, consiste en une coquille de coco terminée par un roseau.

Nous étions entourés d'une vingtaine d'hommes, entrés en même temps que nous sous la tente; le plus âgé, celui qui était venu au-devant de nous, prit la parole en ces termes :

« Je suis le cheikh el Ourdi (le commandeur du camp) et j'ai à te parler, Sidi; les usages ne permettent point de tourmenter un hôte avec des questions, cependant je dois t'en adresser quelques-unes; m'y autorises-tu?

— Je t'y autorise.

— Tu appartiens aux Nasara?

— Oui, je suis chrétien.

— Que fais-tu ici, dans le pays des fidèles croyants?

— Je viens étudier la contrée, apprendre à connaître les habitants. »

Le cheikh me regarda avec défiance; il poursuivit :

« Et quand tu les auras connus, à quoi cela te servira-t-il?

— J'en garderai la mémoire et retournerai dans mon pays.

— Allah est grand et les idées des Nasara sont impénétrables! Tu es mon hôte, je veux te croire. Cet homme est ton serviteur?

— Oui, mon ami et mon serviteur.

— Mon nom est Malek. Tu as parlé avec la bent cheikh Malek (la fille du cheikh Malek), et tu lui as dit que ton serviteur voulait aller à la Mecque pour devenir hadji?

— Oui, je le lui ai dit.

— Tu attendras qu'il soit de retour?

— Oui.

— Où?

— Je n'en sais rien encore.

— Tu es un étranger, mais tu connais la langue des croyants; sais-tu ce que c'est qu'un delyl?

— Un delyl est un guide qui accompagne les pèlerins à la Mecque, et veille à ce qu'ils accomplissent les pratiques consacrées.

— C'est bien; mais un delyl a encore d'autres fonctions. Il est interdit aux femmes non mariées de visiter la ville sainte; quand une fille veut aller à la Mecque, elle se rend à Djeddah; là un delyl l'épouse par contrat en bonne forme. Elle passe pour sa femme; il la conduit dans la ville sainte, où elle accomplit les prescriptions sacrées, puis on déchire le contrat : elle reste ce qu'elle était auparavant et paye seulement le delyl de sa peine.

— Oui, je le sais aussi. »

Ce début du vieux cheikh m'intriguait; où voulait-il en venir? quel rapport entre le pèlerinage de Halef et les delyl de Djeddah? Je compris bientôt, car le cheikh continua d'un ton pressant :

« Permets, Sidi, que ton serviteur devienne un delyl pendant le temps de son pèlerinage. »

L'aventure prenait un tour singulier.

« Pourquoi donc? m'écriai-je.

— Je te le dirai quand tu m'auras promis de m'accorder ma demande.

— Je ne sais si je le puis : les delyl sont des espèces de fonctionnaires embrigadés et soumis à l'autorité, Halef ne serait plus libre si...

— Qui empêche que ton serviteur épouse une femme suivant la loi, la conduise à la Mecque puis la laisse libre comme devant?

— Après tout, tu as raison, cheikh, ce n'est pas compromettant; pour moi, je le lui permets volontiers : il n'est pas marié et c'est un homme libre; mais informe-toi près de lui pour savoir s'il y consent. »

Rien n'était plus amusant que la figure du brave Halef; il restait pétrifié d'étonnement.

« Veux-tu faire cela? lui demanda le vieux chef.

— Je voudrais voir la jeune fille... » balbutia Halef tout étourdi, et cependant toujours positif.

Le cheikh sourit; il reprit :

« Pourquoi veux-tu la voir? Qu'elle soit vieille ou jeune, laide ou belle, que t'importe, puisque tu dois la rendre après le pèlerinage?

— Est-elle donc comme les filles des Turcs, qui se couvrent le visage?

— Non, les filles des Arabes n'ont pas besoin de se voiler; puisque tu le désires, tu vas la voir. »

Sur un signe du chef, un des assistants se leva, quitta la tente, puis revint bientôt après, accompagné d'une jeune fille dont la ressemblance avec notre amazone était frappante; elle ne pouvait être que la fille de cette dernière.

« La voilà ! regarde-la, » dit le cheikh.

Halef fit longuement usage de la permission.

L'enfant pouvait avoir quinze ans; elle était grande et forte comme une femme, avec de beaux yeux noirs et un visage régulier.

Elle ne parut point déplaire au petit Arabe.

« Comment t'appelles-tu? demanda-t-il.

— Hanneh (Anna).

— Ton œil brille comme les feux de la lune, tes lèvres sont plus rouges que la grenade, tes cils ombragent tes joues comme la feuille de l'acacia! Mon nom est Halef Omar, ben hadji Aboul Abbas, ibn hadji Daoud al Gossarah. Si je t'agrée, je suis prêt à remplir ton souhait. »

Les yeux de mon Halef brillaient non comme les rayons de la lune, mais comme ceux du soleil; son langage s'imprégnait d'une poésie toute orientale; je le voyais s'avancer tout au bord de ce précipice où avaient échoué son aïeul et son père, juste au moment d'accomplir leur pèlerinage : l'abîme du mariage allait-il l'engloutir, pour parler à sa manière?

Cependant la jeune fille se retira, et son aïeul, se tournant vers Halef, reprit ses questions :

« Que dis-tu maintenant?

— Demande à mon maître.

— Ton maître y a consenti.

— Très volontiers, affirmai-je; mais, dis-moi, pourquoi l'as-tu choisi au lieu de t'adresser aux delyl de Djeddah?

— Connais-tu Achmed-Izzet pacha?

— Le gouverneur de la Mecque?

— Oui, tu dois le connaître; car tous les étrangers qui viennent à Djeddah se présentent devant lui pour lui demander sa protection.

— Alors il demeure à Djeddah? Je ne suis point allé le trouver, je n'ai recours que le moins possible à la protection d'un Turc.

— Tu es un chrétien, mais tu es un homme! »

La protection du pacha ne s'obtient qu'à très haut prix. Il n'habite point la Mecque, quoiqu'elle soit sous sa puissance. Il se tient à Djeddah, parce qu'il y a un port. Son titre de gouverneur doit lui rapporter un million de piastres; mais il sait s'en procurer cinq fois autant. Tout le monde lui paye un droit, même les brigands et les pirates de la mer ; c'est pour cela qu'il préfère demeurer à Djeddah.

Le cheikh continua, après un court moment de silence :

« On m'a dit que tu as vu Abou Seïf.

— Oui, je l'ai vu.

— Eh bien ! ce forban est un grand ami du pacha.

— Ce n'est pas possible.

— Et pourquoi ? Lequel te paraît le plus avantageux, ou de tuer un voleur, ou de le laisser vivre pour qu'il te paye une bonne rente ? Abou Seïf est un Djeheïne, moi un Ateïbeh ; ces deux tribus vivent dans une mortelle inimitié. Cependant il a osé se glisser dans mon douar et enlever ma fille. Il l'a forcée de devenir sa femme ; mais un jour elle s'est évadée et m'est revenue avec son enfant. Tu les as vues toutes les deux ; ma fille est celle avec laquelle tu es venu ici ; sa fille est celle qu'on vient d'amener dans la tente. Depuis ce temps je cherche à me venger d'Abou Seïf. Je l'ai rencontré un jour dans le séraï (le palais) du gouverneur ; mais celui-ci l'a protégé et fait échapper par une porte, tandis que je l'attendais devant l'autre.

« Plus tard, le cheikh de ma tribu m'envoya avec mes hommes pour présenter une offrande à la sainte Kaaba. Nous campions non loin de la porte el Ramah. Je vis Abou Seïf qui venait, accompagné de quelques-uns de ses séides, visiter le sanctuaire. La colère m'emporta ; je me jetai sur lui, quoique toute agression soit défendue dans le voisinage de la Kaaba. Je ne voulais pas le tuer, mais seulement le contraindre à me suivre hors de la ville et à se battre avec moi ; il se défendit, ses hommes lui portèrent secours, une rixe s'ensuivit ; les gardes accoururent, ils nous arrêtèrent tous. Abou Seïf fut bientôt relâché, tandis qu'on nous punit en nous interdisant le saint lieu. Notre tribu fut maudite et condamnée au bannissement pour racheter ma faute.

« On nous méprise, mais nous nous vengerons, puis nous abandonnerons ce pays. Tu as été prisonnier d'Abou Seïf ; raconte-nous ce qui t'est arrivé. »

Je narrai succinctement mon aventure.

« Sais-tu bien où se trouve l'anse qui abrite en ce moment le vaisseau du pirate ?

— Je la retrouverais dans les ténèbres mêmes.

— Veux-tu nous y conduire ?

— Pour surprendre et tuer les Djeheïne?
— Oui.
— Ma loi ne me permet pas de diriger un guet-apens.
— Comment! tu ne peux te venger?
— Non; notre religion nous commande d'aimer même nos ennemis. L'autorité seule a droit de punir les coupables; on n'est pas juge dans sa propre cause.
— Ta religion est douce; mais nous ne sommes point des chrétiens et nous nous vengeons d'un ennemi, surtout quand il sait acheter les juges chargés de nous défendre. D'après ce que tu m'as dit, j'ai reconnu le lieu, je saurai bien le trouver sans toi. Promets-moi seulement de ne pas avertir les Djeheïne.
— Pour cela, je te le promets de tout mon cœur; je n'ai point envie de retomber entre leurs mains.
— Bien, nous sommes d'accord; quand est-ce que Halef ben Omar compte se rendre à la Mecque?
— Demain, si tu le permets, Sidi, reprit Halef de sa place.
— Demain, si tu veux.
— Laisse ton serviteur au douar, me demanda le chef, nous t'accompagnerons avec lui jusqu'à l'endroit où il nous est permis d'approcher de la ville, puis nous le ramènerons. »
Il me vint une pensée, que j'exprimai aussitôt :
« Me permettriez-vous de rester aussi dans votre camp? » demandai-je.
Cette proposition parut causer une joie générale.
« Effendi, je vois que tu ne méprises pas les bannis, me dit le vieux cheikh; sois le bienvenu mille fois! Tu nous aideras ce soir à conclure l'evlenma (le mariage).
— Il faut d'abord que je retourne en ville, pour mes affaires et pour prévenir mon hôte.
— Je t'accompagnerai jusqu'à la porte de la ville, mais je ne pourrai entrer à Djeddah, car c'est une cité sainte. Quand veux-tu partir?
— Tout de suite; je ne tarderai point à revenir; dois-je te ramener un cadi ou un molla pour les formalités du mariage?
— Nous n'avons besoin ni de cadi ni de molla. Je suis le cheikh de mon camp, le contrat conclu devant moi a pleine valeur. Apporte-moi seulement du parchemin ou du papier, sur lequel tu écriras l'acte. J'ai ici de la poix et de la cire pour le cachet. »

Quelques minutes plus tard, nous montions sur nos chameaux; le cheikh, sa fille et cinq hommes voulurent nous faire escorte. Je remarquai qu'ils nous reconduisaient par une route différente et plus rapprochée de la mer. Albani, cette fois, commençait à se tenir convenablement en selle; son chameau emboîta le pas des nôtres.

Le cheikh, qui se tenait près de moi, me dit au moment où nous gravissions une petite montée, en me montrant du doigt l'horizon :

« Ils sont là-bas, Effendi?

— Qui donc?

— Les pirates! J'ai deviné, n'est-ce pas?

— Peut-être, mais ne m'interroge point sur le lieu de leur retraite. »

Il se tut, sachant bien qu'il ne se trompait pas. Nous marchâmes en silence. Au bout de quelques instants, deux petites lignes noires se détachèrent du fond de l'horizon; elles paraissaient s'avancer de la ville vers le golfe où mouillait le vaisseau forban. Avec ma longue-vue je distinguai deux piétons, chose rare au désert. Je présumai que ces hommes devaient faire partie de la troupe d'Abou Seïf. Ils venaient sans doute de la ville à l'occasion de mon évasion.

Malek aussi reconnut peu après les voyageurs; il les regarda longtemps, puis conféra bas avec ses hommes. Trois cavaliers quittèrent notre escorte pour rebrousser chemin. Je compris l'intention, on voulait barrer la route aux messagers; mais pour les surprendre il était nécessaire de faire un long détour, et de ne revenir en face d'eux que quand ils auraient perdu de vue les cavaliers. tandis que le vieux chef et ses gens se tiendraient prêts à les envelopper d'un autre côté.

Le cheikh avait eu la même idée que moi au sujet de ces hommes.

« Effendi, me demanda-t-il, veux-tu continuer ton chemin ou rester avec nous?

— Tu as l'intention d'interroger ces piétons, n'est-ce pas? En ce cas je reste.

— Ce sont des Djeheïne.

— Je le crois aussi; tes hommes vont leur couper le retour du côté du golfe; Halef et moi nous les empêcherons de rentrer dans la ville; toi, prends-les en flanc.

— Ton conseil est bon, Effendi. »

Il se dirigea de côté avec sa troupe ; je fis signe à Albani de les suivre, et nous partîmes au grand trot avec Halef. Après avoir fourni une carrière suffisante, nous nous retournâmes et revînmes sur la même ligne que nos Djeheïne. Ceux-ci s'aperçurent qu'ils étaient cernés. Ils hésitèrent. Une seule voie leur restait libre, car ils ne soupçonnaient pas la ruse des Ateïbeh ; ils essayèrent de courir. S'ils s'étaient divisés, ils nous eussent forcés à changer aussi notre tactique ; ils étaient armés ; de bons coureurs, tirant habilement, eussent pu tenir tête à des cavaliers montés sur des chameaux. Ils ne songèrent point à nous séparer, ou peut-être ne se sentirent-ils pas la force de soutenir une pareille lutte.

Ils nous attendirent ensemble ; après avoir couru quelque temps, nous les rejoignîmes tous à la fois.

Je les reconnus sans peine : c'étaient bien des matelots du vaisseau pirate.

« D'où venez-vous ? leur demanda le cheikh.

— De Djeddah.

— Où allez-vous ?

— Au désert chercher des truffes.

— Vous n'avez ni animaux pour les découvrir, ni paniers pour les emporter.

— Nous allons seulement à la découverte ; quand nous aurons trouvé une bonne place nous reviendrons.

— De quelle tribu êtes-vous ?

— Nous habitons la ville. »

Le mensonge était d'autant plus impudent que ces hommes devaient nous reconnaître. Halef, agitant son fouet, ne put maîtriser son impatience ; il leur cria :

« Croyez-vous que cet Effendi et moi nous soyons devenus aveugles ? Brigands ! menteurs ! vous êtes des Djeheïne ; vous appartenez à Abou Seïf. Avouez-le, ou vous tâterez de mon terrible fouet du Nil !

— Que t'importe qui nous sommes ! » reprirent les matelots du vaisseau forban.

Je sautai de mon chameau sans attendre qu'il se fût agenouillé, et, saisissant le fouet de Halef, je fis claquer sa longue lanière en m'écriant :

« N'essayez pas de nous donner le change, ce serait inutile, car nous vous connaissons. Répondez à mes questions : si vous dites la vérité, il ne vous sera fait aucun mal; sinon, tout Arabes et libres que vous êtes, gare au fouet! »

A cette menace, si blessante pour des Bédouins, nos hommes portèrent la main à leurs poignards et firent mine de se défendre. Je leur montrai les Ateïbeh qui les entouraient d'un cercle infranchissable et dirigeaient sur eux leurs armes.

« Laissez vos couteaux, leur dis-je, et répondez! Vous avez été envoyés à Djeddah par Abou Seïf? »

Les brigands hésitèrent encore; mais, convaincus de leur impuissance, l'un d'eux se décida enfin :

« Oui, grommela-t-il.

— Vous êtes allés prévenir de mon évasion?

— Oui.

— Avez-vous parlé à votre chef ?

— Oui.

— Où l'avez-vous vu?

— A la Mecque.

— Vous êtes allés jusqu'à la Mecque et vous voilà déjà de retour?

— Nous avons loué des chameaux de course.

— Combien de temps Abou Seïf doit-il encore rester à la Mecque?

— Peu de temps; il va se rendre à Teïf, où se trouve le grand chérif.

— Bien, cela suffit.

— Sidi, interrompit Halef, tu ne vas pas laisser courir ces brigands! Il faut les tuer, pour qu'ils ne fassent plus de mal à personne.

— Je leur ai donné ma parole. Ne les touche pas, suis-moi! »

Nous remontâmes sur nos bêtes et nous reprîmes le chemin de la ville. Albani restait un peu en arrière; il avait tiré son grand sabre. Mais je n'en étais point inquiet; quelques coups de yatagan furent échangés sans grand dommage, pendant qu'on s'emparait des Djeheïne pour les lier et les faire prisonniers. On finit par les hisser sur un chameau, où ils furent solidement attachés. Trois ou quatre hommes de la troupe les conduisirent au camp; les autres nous suivirent de loin, ramenant Albani.

« Tu les as graciés, me disait Halef, mais ils mourront tout de même!

— Ce qu'on fera d'eux plus tard ne me regarde pas, ni toi non plus. Pour aujourd'hui, tu devrais te montrer généreux : n'es-tu pas fiancé?

— Sidi, voudrais-tu faire le delyl près de cette Hanneh, toi?

— Mais oui, si j'étais musulman.

— Seigneur, tu es chrétien, tu es un Franc, tu ne peux parler de ces choses. Sais-tu ce que c'est que l'amour?

— Oui, l'amour est comme la coloquinte : qui en goûte s'en trouve mal.

— O Sidi, comparer l'amour à la coloquinte! Qu'Allah éclaire ton esprit et réchauffe ton cœur! Une bonne femme est comme une pipe de jasmin. »

Notre entretien sentimental fut interrompu par l'arrivée de la troupe, qui du reste nous laissa bientôt continuer notre chemin, car les portes de Djeddah étaient en vue. Avant de nous séparer, le cheikh me dit :

— Nous t'attendrons ici, Sidi. Quand reviendras-tu?

— Je reviendrai avant que le soleil ait avancé de la longueur de ta lance.

— N'oublie pas le papier, ni l'encre, ni la plume, Sidi. Qu'Allah te protège jusqu'au retour! »

Les Ateïbeh s'accroupirent en cercle auprès de leurs chameaux; nous rentrâmes dans la ville.

« Eh bien! dis-je à Albani, n'est-ce pas là une aventure conditionnée?

— En vérité! j'ai même cru qu'elle finirait avec du sang, mais j'avais préparé mes armes.

— Oh! vous ressembliez tout à fait au paladin Roland. Et comment vous trouvez-vous de votre chevauchée sur la bosse d'un chameau?

— Pas trop mal, quoique je préfère encore un bon canapé. Est-ce que vous allez réellement retourner avec ces gens? Je vous dis adieu, en ce cas, car je ne compte pas vous revoir avant mon départ.

— Qui sait! nous nous retrouverons peut-être encore! »

Nous nous rendîmes chez le chamelier pour lui restituer nos montures; puis après avoir fort tendrement renouvelé nos adieux, nous rentrâmes chacun chez nous. Je fis mon petit paquet, je payai mon hôte. Deux ânes, accompagnés de leur conducteur, nous reconduisirent hors de la ville, où je retrouvai mes fidèles compagnons.

On nous fit monter sur deux chameaux amenés exprès pour nous, et nous reprîmes silencieusement notre chemin.

La fille du cheikh surtout se montrait silencieuse et préoccupée; ses grands yeux brillaient d'un feu sauvage quand elle les tournait du côté où, derrière la ligne de l'horizon, elle devinait le vaisseau d'Abou Seïf. A chaque instant je voyais sa main frémissante saisir la poignée d'un de ses coutelas, ou le long tube du fusil couché devant elle en travers de la selle.

Un peu avant d'arriver au camp, Halef rapprocha son chameau du mien et me dit assez bas :

« Sidi, quelle est la coutume de ton pays quand on se marie? donne-t-on des présents à sa fiancée?

— Oui, certes; et chez vous aussi, je pense?

— Chez nous aussi, mais je ne serai l'époux d'Hanneh que pour quelques jours et seulement en apparence. Je ne sais ce que je dois faire.

— Un présent est une politesse toujours agréable; à ta place je me montrerais poli.

— Que lui donner? Je suis pauvre; d'ailleurs on me prend à l'improviste. Penses-tu que je puisse lui offrir mon adejilik (boîte d'allumettes)? »

Halef avait acheté au Caire une petite boîte en carton peint, remplie d'allumettes chimiques. Cet objet, qu'on lui avait vendu vingt fois sa valeur, lui semblait d'un prix infini. Mais la galanterie le poussait à cet héroïque sacrifice.

« Donne-le-lui! repris-je gravement.

— Bien, je le lui donnerai; mais quand elle ne sera plus ma femme, elle me le rendra?

— Non, Halef, cela serait ridicule; on ne reprend pas un présent.

— Allah est miséricordieux. Tu ne voudrais pas me priver de mon bien. Que faire, Sidi?

— Puisque tu tiens tant à ta boîte d'allumettes, donne-lui autre chose.

— Que lui donnerai-je? Je ne puis lui offrir mon turban, ni mon fusil, ni mon fouet du Nil.

— Eh bien! ne lui donne rien du tout. »

Il remua la tête d'un air songeur.

« Sidi, cela ne peut aller; non, elle est ma fiancée, quand même ce ne serait qu'en l'air; je veux lui donner quelque chose. Et que penseraient de toi ces Ateïbeh, s'ils voyaient ton serviteur prendre femme sans faire le moindre cadeau! »

Je devinai bien où le rusé matois voulait en venir; il brûlait d'offrir un présent à son Hanneh, mais aux dépens de ma bourse, et cherchait à piquer mon amour-propre pour me décider à l'aider généreusement. Je fis la sourde oreille.

« Qu'Allah éclaire ton esprit, Halef! soupirai-je; je suis comme toi, je ne puis offrir à ta fiancée ni mon haïk, ni ma veste, ni mon fusil.

— Allah est juste et miséricordieux, Sidi; il rend au centuple les dons qu'on fait sur la terre. Ton chameau ne porte-t-il pas une petite valise de cuir dans laquelle tu caches des choses qui raviraient une fiancée?

— Et quand Hanneh ne sera plus ta femme, me rendra-t-elle mon présent?

— Tu pourras le lui redemander, Effendi.

— Ce n'est pas la coutume chez nous autres Francs; mais enfin, puisque tu me rappelles avec quelle largesse Dieu récompense nos dons, je vais ouvrir mon sac et chercher si quelque objet pourrait te convenir. »

Le petit homme se souleva joyeusement sur sa selle en s'écriant :

« Tu es le plus sage, le meilleur Effendi qu'Allah ait créé! Ta bonté est plus vaste que le Sahara, ta générosité est large comme le Nil! Ton père était le plus célèbre de tous les hommes, et ton grand-père surpassait en honneur tous les princes du Nemsistan. Ta mère était belle comme la rose, et la mère de ta mère passait pour la fleur la plus charmante de tout l'Occident. Puissent tes fils être plus nombreux que les étoiles du ciel, tes filles se multiplier comme les grains de sable du désert, et les enfants de tes enfants atteindre le nombre des gouttes d'eau que renferme la mer! »

Heureusement nous arrivions au camp, sans quoi, dans sa reconnaissance, Halef m'aurait fait épouser toutes les femmes de l'univers, y compris les Samoyèdes, les filles des Esquimaux, des Lapons et des Pieds-Noirs.

Quant à ce que contenait ma valise, Halef ne se trompait pas. Après notre voyage sur le Nil, Isla ben Mafleï, avec lequel nous étions revenus au Caire, m'avait pourvu d'une riche provision de menus objets pour faire des présents dans le cours de mes voyages. Ces brimborions tenaient peu de place et auraient eu une valeur très minime en Europe; mais chez les Bédouins ils pouvaient passer pour des raretés fort précieuses et me concilier un grand nombre d'amis.

Pendant notre absence, une tente avait été préparée; je m'y installai, puis je procédai à l'ouverture de la fameuse valise. J'en tirai un médaillon, sous le verre duquel s'agitait un petit diablotin ingénieusement découpé, à peu près comme ces tortues qu'on portait naguère en bouton de manchettes. Une chaîne de verroterie soutenait ce médaillon; elle brillait à la lumière par ses mille facettes et reproduisait toutes les couleurs du prisme. Le tout eût coûté, à Paris, deux francs au plus. Je tendis l'objet à Halef. Celui-ci recula épouvanté.

« Merveille de Dieu, Maschallah! c'est le Cheïtan, que Dieu a maudit! Il est en ton pouvoir, Effendi? s'écria mon petit homme. Que le Tout-Puissant nous protège contre le démon trois fois lapidé, car nous voulons servir Dieu et non le diable.

— Mais il ne te fera rien, il est bien enfermé.

— Il ne peut sortir, bien vrai, Sidi?

— Non, je t'assure.

— Me le jures-tu par ta barbe?

— Par ma barbe!

— Montre-moi-le donc de plus près, Sidi; mais s'il vient à s'échapper, je suis perdu, et mon âme demandera vengeance contre toi et contre ton père! »

Il prit la chaîne du bout des doigts, comme si elle allait le brûler, et déposa l'objet sur la terre avec beaucoup de précaution; puis il s'agenouilla pour contempler le diablotin.

« Ouallahi! billahi! tallahi! par Allah! c'est le Cheïtan! Vois comme sa gueule s'ouvre, comme il tire la langue! Il tourne les yeux, il avance ses cornes, il tortille sa queue, il menace avec ses griffes, il frappe des pieds! Oh! s'il allait briser la boîte!

— Il ne le peut pas, Halef; c'est seulement le portrait du diable, une image qui remue, une figure artistement faite.

— Une figure faite de la main des hommes, Sidi? Tu ne me

trompes pas pour m'empêcher d'avoir peur? Qui peut faire de ses mains la figure du diable? Aucun homme, ni chrétien, ni juif, ni musulman. Tu es un grand taleb et le plus vaillant héros que la terre ait porté; tu auras forcé le Cheïtan à s'enfermer dans cette étroite prison! Hamdoulillah! quel bonheur! Maintenant la terre n'a plus à le craindre, et les descendants du Prophète peuvent se réjouir de son tourment, car il n'est point ici à son aise! Mais pourquoi me montres-tu seulement aujourd'hui cette boîte enchantée?

— Je te la donne, Halef, afin que tu en fasses présent à ta fiancée.

— Quoi! cette chaîne plus précieuse que tous les diamants du trône du grand Mogol, et cette prison merveilleuse du Cheïtan! Mais qui posséderait cet objet pourrait s'estimer le plus fameux entre les fils du Prophète. Tu voudrais t'en défaire, Sidi?

— Oui. Je te le donne pour Hanneh.

— O Effendi, sois bon! permets que je le garde pour moi; je préfère donner ma boîte aux allumettes.

— Non; tu lui donneras cette chaîne, je te l'ordonne.

— J'obéirai, Sidi; mais où as-tu eu ces trésors? Je ne t'ai vu qu'hier placer tes petits paquets dans la valise.

— Je les gardais dans la poche de mon *chalvar*[1] tant que la route n'était pas sûre; les pirates ne les ont point trouvés, la poche était cousue.

— Sidi, ta prudence et ton adresse surpassent les ruses du diable, que tu as forcé à demeurer dans ton chalvar. Quand dois-je faire ce cadeau à Hanneh?

— Aussitôt que le contrat aura été dressé.

— Ainsi elle va devenir la plus fameuse de toutes les filles des Arabes, et toutes les tribus se diront qu'elle tient le Cheïtan enfermé! Ne pourrais-tu me montrer les autres merveilles que contient ton sac? »

J'allais répondre, mais nous fûmes avertis que le cheikh nous attendait. Nous le trouvâmes dans sa tente, entouré de toute la population du camp.

« Sidi, as-tu le parchemin? souffla Halef à mon oreille.

— J'ai du papier, qui vaut tout autant. »

---

[1] Large pantalon turc.

Je me disposais à écrire sur mes genoux, lorsqu'un homme de l'assistance se leva et interrogea Halef. Celui-ci défila fièrement tous ses noms et qualités.

« De quel pays es-tu? » continua l'interrogateur, un parent sans doute de la fiancée.

« Je suis né au delà du grand désert, là-bas, où se couche le soleil du Sahara.

— Ta race?

— Le père de mon père (que tous deux soient bénis d'Allah!) habitait, avec les tribus fameuses des Oulad Sélim et des Oulad bou Séba, le grand djebel Chour-Choum. »

L'interrogateur, se tournant alors vers le cheikh, lui adressa la harangue suivante :

« Nous savons tous, ô brave, ô vaillant, ô sage, ô juste, quelles sont tes vertus! Tu es le hadji Malek Iffandi, ibn Ahmed Khadid al Tini, ben Aboul Ali el Besami, Abou Khebab Abdolatif el Hanifi, cheikh de la vaillante tribu des Beni Ateïbeh. Tu vois ici cet homme, qui est un héros de la race des Oulad Selim et des Oulad bou Séba, habitant la montagne dont le sommet touche le ciel, le djebel Chour-Choum! Il porte le nom de Halef Omar, ben hadji Aboul Abbas, ibn hadji Daoud al Gossarah; il est l'ami d'un grand effendi du Frankistan; que nous avons reçu sous notre tente. Tu as une fille, son nom est Hanneh; ses cheveux sont comme la soie, sa peau ressemble à l'huile de senteur, ses vertus sont pures et brillantes comme les flocons de la neige qui tombe sur les montagnes. Halef Omar la demande pour femme. Dis là-dessus, ô cheikh, ce que tu as à dire. »

Le vieux chef feignit de méditer profondément; puis il répondit:

« Tu as parlé, mon fils; assieds-toi pour écouter aussi mon discours. Ce Halef Omar, ben hadji Aboul Abbas, ibn hadji Daoud al Gossarah, est un héros dont la réputation a volé jusqu'à nous depuis longtemps; son bras est invincible, sa course surpasse en vitesse celle de la gazelle; ses yeux ont le regard de l'aigle; il lance le djerid à plus de cent pas, sa balle atteint toujours le but, son sabre a déjà bu le sang d'une foule d'ennemis; de plus il est expert dans la lecture du Coran, il surpasse les plus prudents au conseil. Enfin il possède l'amitié de ce puissant bey des Francs; pourquoi lui refuserais-je ma fille, s'il est prêt à remplir mes conditions?

— Quelles sont tes conditions? repartit le premier orateur.

— La jeune fille est la fille d'un puissant cheikh, elle ne peut être donnée à un prix ordinaire. J'exige une jument, cinq chameaux et quinze chèvres. »

Halef faisait une telle figure, qu'on eût dit qu'il avait avalé la jument, les cinq chameaux et les quinze chèvres avec cornes et poils. Où pourrait-il prendre tout ce troupeau? Heureusement le cheikh vint à son aide; il continua :

« Pour moi, je donne à ma fille une jument, cinq chameaux et quinze chèvres : aussi votre sagesse jugera que l'échange devient inutile, les présents étant égaux. Je demande seulement qu'après-demain, dès le matin, Halef Omar entreprenne le pèlerinage de la Mecque et emmène sa femme avec lui. Elle accomplira les saints rites et reviendra ensuite parmi nous. Il la traitera avec honneur pendant le voyage, et nous la rendra comme nous la lui aurons donnée.

« Pour reconnaître le service de Halef Omar, nous lui offrirons un chameau et un sac plein de dattes; mais dans le cas où il ne traiterait pas cette jeune fille avec tous les égards que nous réclamons, il serait puni de mort et poursuivi en tout lieu par notre vengeance. Hommes de ce camp, vous êtes témoins de nos conventions.

— Tu as entendu? demanda à Halef le premier orateur; que dis-tu?

— J'accepte ces conditions.

— Bien. Dresse le contrat, Effendi, ordonna le chef en se tournant vers moi. Écris-le deux fois : une fois pour lui, une fois pour moi. »

Je rédigeai l'acte de mon mieux et le lus à l'assemblée. Tout le monde l'approuva; les deux exemplaires furent scellés avec de la cire, sur laquelle le chef appliqua le bout du manche de son poignard. Halef et lui avaient au préalable signé l'écriture.

Aussitôt, quoique ce mariage ne fût qu'une feinte, commencèrent les réjouissances de la noce.

On tua un mouton qu'on rôtit tout entier ; pendant qu'il cuisait, les guerriers simulèrent un combat sans poudre et semblèrent y prendre grand plaisir.

Le festin eut lieu vers la nuit. Les hommes mangèrent les premiers; les femmes se contentèrent des restes. Hanneh nous fut solennellement présentée. Dès qu'elle parut, Halef se leva pour offrir son cadeau. Impossible de décrire la scène qui suivit. Le médaillon servant de prison au diable était une merveille qui surpassait l'intelligence de tous les assistants; mes efforts pour leur expliquer le mécanisme de la petite figure furent vains. Ils déclarèrent que le Cheïtan était bien vivant sous ce verre, et me prirent pour le plus grand sorcier qui eût jamais existé. La pauvre Hanneh se vit privée de son cadeau, tout le monde convenant qu'une telle merveille, un objet si extraordinaire, ne pouvait être remis qu'entre les mains du cheikh. Mais je dus auparavant jurer, avec toute la solennité convenable, que le Cheïtan ne parviendrait jamais à s'échapper, et qu'ainsi enfermé il ne ferait aucun mal.

Il était près de minuit quand je me retirai dans ma tente; Halef m'y accompagna.

« Sidi, me dit-il, est-ce qu'il faudra faire tout ce que tu as écrit sur le papier?

— Mais oui, tu l'as promis. »

Il se tut un instant, puis me demanda encore, en hésitant un peu :

« Si tu avais une femme, voudrais-tu l'abandonner?

— Non.

— Et cependant tu dis que je dois tenir ma promesse?

— Certainement; mais, si j'avais une femme, je n'aurais pas promis, en la prenant, de la rendre.

— O Sidi, pourquoi ne m'as-tu point averti avant de me laisser promettre?

— Es-tu un petit garçon, pour que je m'érige en tuteur dans ces sortes de choses? Et d'ailleurs un chrétien peut-il conseiller un musulman, quand il s'agit de tels contrats? Le fin mot de tout cela, c'est que tu voudrais garder Hanneh.

— Tu l'as deviné, Sidi.

— Alors tu m'abandonnes?

— Toi, Sidi! oh!... »

Le pauvre Halef restait tout interdit : il ne pouvait prononcer un seul mot; des soupirs et je ne sais quels murmures inintelligibles furent toute sa réponse. On sentait qu'un violent combat se livrait, dans cette âme naïve, entre son inclination naissante pour la jeune fille et son attachement très sincère pour son maître. Je le laissai à ses réflexions et ne tardai point à m'endormir.

Mon sommeil fut si profond, que je ne m'éveillai qu'au bruit du pas des chameaux et aux cris de leurs conducteurs. Je m'habillai et sortis de ma tente. A l'horizon, dans la direction du petit golfe, j'aperçus une brillante lueur rouge. Il y avait là certainement un incendie. Mes suppositions furent confirmées par ce qui se passait au camp. Les hommes y rentraient sur leurs chameaux chargés de butin. La fille du cheikh était parmi eux ; lorsqu'elle sauta à bas de sa monture, je remarquai que de larges taches de sang couvraient ses vêtements. Malek vint au-devant de moi, me salua ; puis me montrant les nuages rougeâtres et la fumée qui s'élevait dans le lointain, il me dit :

« Tu le vois, nous avons trouvé le vaisseau. Ils dormaient. Nous avons réuni tous ces chiens à leurs pères !

— Tu les as tués, tu as pillé le navire ?

— Pillé...; qu'entends-tu par ce mot ? Le butin de la victoire ne m'appartenait-il pas ? Qui peut nous blâmer d'avoir pris notre bien ?

— L'argent de l'impôt, que le pirate avait dérobé, appartenait au chérif-émir.

— Le chérif-émir nous l'avait enlevé, à nous autres Arabes ; et quand même cet argent serait à lui, je ne le lui rendrai pas. Mais crois-tu vraiment que cet argent vienne de la zekka ? Tu as été trompé : seul le chérif a le droit de lever l'impôt ; jamais il ne se sert d'agents turcs pour cette perception. Les Turcs, que tu as pris pour des douaniers ou des collecteurs, sont des contrebandiers, ou des receveurs du pacha d'Égypte, que Dieu maudisse !

— Tu le hais donc ?

— Tout Arabe libre le hait ! N'as-tu pas entendu parler des cruautés qu'il a commises ici, au temps des Wahabites ? Du reste, que l'argent appartienne au pacha ou au chérif, je le garde. Le temps du seher[1] s'approche, prépare-toi à nous suivre. Nous ne pouvons demeurer longtemps ici.

— Tu veux lever le camp ?

— Je suis à la recherche d'une place où je puisse surveiller la route de la Mecque à Djeddah. Abou Seïf ne doit pas m'échapper !

— Mais tu sais à quels dangers tu t'exposes ?

— Un Ateïbeh ne craint pas le danger.

---

[1] Prière du matin.

— Non ; mais un homme, si vaillant qu'il soit, consulte la prudence. Si Abou Seïf tombe entre tes mains, tu le tueras, puis tu seras obligé de quitter immédiatement le pays ; que deviendra alors la fille de ta fille, qui sera à la Mecque avec Halef ?

— J'indiquerai à Halef le lieu où il nous retrouverait en ce cas. Hanneh sera de retour, je l'espère, avant notre départ. Elle est la seule d'entre nous qui n'ait pas fait le pèlerinage ; je veux qu'elle l'accomplisse ; plus tard elle ne le pourrait peut-être pas. Je l'y eusse envoyée depuis longtemps si j'avais trouvé un delyl fidèle et qui m'inspirât confiance.

— As-tu décidé l'endroit où tu veux te retirer ?

— Nous nous rendrons au désert d'El Nahman, vers Mascate. De là j'enverrai peut-être un courrier à El Frat (région de l'Euphrate), pour prier les Beni-Chammar ou les Beni-Obeid de nous recevoir parmi eux. »

Cependant l'aurore faisait place à un brillant soleil, montant lentement sur l'horizon. C'était l'heure de la prière ; les Ateïbeh s'agenouillèrent, encore tout dégouttants du sang versé. Après cet acte religieux, les tentes furent pliées ; puis tout le camp se mit en route. Je pus voir alors quelle quantité d'objets avaient été rapportés du navire pillé. Le butin me sembla prodigieux ; les hommes, excités par leur prouesse de la nuit, avaient un aspect tout à fait farouche. Je me tins assez en arrière pendant la marche. Il me répugnait d'avoir été mêlé à ces meurtres, à ce pillage. Je ne trouvais pourtant aucun reproche sérieux à me faire ; sans moi les choses se seraient probablement passées de même. Bientôt l'approche de la Mecque vint détourner ma pensée d'un travail vraiment pénible.

Là, devant nous, me disait-on, se trouvait la Mecque ! cette fameuse, cette terrible cité si sévèrement interdite aux chrétiens, si vénérée par les musulmans !

Devais-je tenter d'y pénétrer ? J'étais curieux de la voir. Mais, après tout, serais-je bien avancé quand j'aurais vu la Mecque ? N'était-ce pas s'exposer de gaieté de cœur à la mort ? Et quelle mort !

Je résolus de m'abandonner au cours des événements. Bien souvent je me suis laissé aller ainsi à l'entraînement de la destinée ; je ne me rappelle pas m'en être mal trouvé.

Nous marchâmes jusqu'au soir. Vers la chute du jour, nous

atteignîmes une gorge étroite entre deux murailles de granit ; nous nous y engageâmes en resserrant notre ligne, et nous parvînmes à un plateau protégé par un amphithéâtre de rochers. La route que nous venions de suivre donnait seule entrée dans un lieu si bien choisi pour le campement. Les tentes furent dressées, les femmes allumèrent le feu, les préparatifs du repas commencèrent. On mit largement à profit les provisions enlevées aux pirates.

Comme je n'avais rien à faire, je m'éloignai pour explorer les environs du camp.

Je parvins à découvrir un endroit où les rochers offraient un peu moins d'escarpement ; m'aidant des pieds et des mains, je grimpai au sommet. Les étoiles brillaient, la nuit gardait cette demi-transparence si agréable en ces contrées... Je restai environ un quart d'heure sur la montagne, cherchant à m'orienter.

Vers le sud courait une ligne de roches nues, sombres, inégales, derrière lesquelles se dessina bientôt une lumière blanchâtre et artificielle : c'était la Mecque, m'apparaissant aux feux du soir.

A mes pieds, les Ateïbeh se disputaient leur butin ; j'entendais leurs cris sauvages ; une sorte de dégoût me montait au cœur. Il me fallut faire un effort sur moi-même pour me décider à regagner le camp.

« Effendi, s'écria le chef dès que j'eus reparu, pourquoi n'étais-tu pas là ? Tu dois avoir ta part comme nous.

— Moi ! Je n'étais point avec vous au combat, je n'ai nul droit sur le butin.

— Aurions-nous découvert les Djeheïme, si nous ne t'avions pas rencontré ? Tu as été notre guide sans le vouloir ; à cause de cela tu peux choisir ce qui te plaira.

— Je ne prendrai rien.

— Sidi, je ne connais pas ta religion, je ne sais ce qu'elle défend ; d'ailleurs tu es mon hôte, je dois respecter tes scrupules ; mais je t'assure que tu te trompes en refusant une part qui t'est due. L'ennemi a été tué, le vaisseau n'existe plus ; faudrait-il brûler des objets qui peuvent nous enrichir ?

— Cheikh, nous ne saurions discuter là-dessus ; je t'en prie, garde ton butin.

— Non, je ne garderai point ta part ; permets que nous la joignions à celle de Halef, ton serviteur.

— Comme vous voudrez. »

Le petit Halef se perdit en remerciements hyperboliques, tout en acceptant avec empressement des armes, quelques pièces d'étoffe et une bourse assez ronde. Il devenait tout à coup un homme riche ; car la bourse, bien comptée, lui donnait huit cents piastres, somme énorme pour un Arabe de sa condition.

« Avec cela, lui dit le cheikh, tu aurais pour couvrir les frais de quinze voyages à la Mecque.

— Et quand partirons-nous ? demanda Halef.

— Demain, entre le matin et midi.

— Jamais je ne suis allé à la Mecque ; je crains de manquer aux usages, remarqua le petit homme en hésitant un peu.

— Je vais t'apprendre, mon fils, le devoir du pèlerin. Il se rend, aussitôt arrivé, à El Hamram, la grande mosquée ; puis il visite Beit Allah, la maison de Dieu. Là il laisse son chameau devant la porte et pénètre dans le sanctuaire.

« Il ne te sera par difficile de trouver un guide aux abords du temple ; il t'accompagnera et t'enseignera tout ce qu'il faudra faire ; seulement conviens avec lui du prix avant d'entrer, car les guides sont voleurs. Aussitôt que tu apercevras la Kaaba, tu te prosterneras deux fois contre terre, et tu diras la prière prescrite pour remercier Dieu, qui t'aura conduit dans le saint lieu. Après cela tu t'avanceras vers le Mambar (chaire); mais tu ôteras tes chaussures. Tu les donneras à garder ; il n'est pas permis de les tenir à la main, comme dans les autres mosquées, parce que c'est la maison de Dieu. Enfin tu commenceras le *tovaf* (la procession) autour de la Kaaba, et tu le feras sept fois.

— De quel côté ?

— Du côté droit, de manière que la Kaaba soit toujours à ta gauche. Les trois premiers tours se font à grands pas.

— Pourquoi ?

— En souvenir du prophète. On avait répandu le bruit de sa maladie, et, pour faire cesser ce bruit, il courut trois fois de toutes ses forces autour de la sainte Kaaba. Tu sais quelle prière tu dois alors réciter. Chaque fois que tu auras atteint la Kaaba, tu baiseras la pierre sacrée.

« Le tovaf terminé, tu appuieras ta poitrine sur la porte de la Kaaba, tu étendras les bras et tu supplieras Allah de te pardonner tous tes péchés.

— Et après ?

— Après, tu te rendras à l'El Madjen, et tu te prosterneras deux fois devant le Mekam Ibrahim [1]. Il te faudra aussi te rendre à la sainte fontaine du Zem-Zem ; tu y boiras, quand tu auras récité ta prière, autant d'eau que tu voudras. Je te donnerai quelques flacons que tu auras soin de remplir de cette eau, car l'eau sainte est un sûr remède contre toutes les maladies.

« Alors les cérémonies de la sainte Kaaba seront accomplies ; mais il te restera le *say* (la procession) de Safa à Méroua. Sur la colline de Safa, tu trouveras trois arches ouvertes ; tu te placeras sous ces arches, tu tourneras le visage vers la mosquée, tu lèveras les mains au ciel et tu prieras Dieu de protéger ton retour. Tu feras ensuite six cents pas plus loin, vers Méroua ; en marchant tu rencontreras quatre bornes de pierre ; tu sauteras par-dessus sans interrompre ta course. Quand tu seras près de Méroua, tu réciteras ta prière et tu recommenceras six fois le même trajet. »

Le vieux chef donna alors les instructions nécessaires en ce qui concernait le pèlerinage d'Hanneh ; pour moi, elles avaient peu d'intérêt. Je me retirai dans ma tente. Lorsque Halef vint me rejoindre, il s'aperçut que je ne dormais pas.

« Sidi, me demanda-t-il, qui donc te servira en mon absence?

— Moi-même. Veux-tu me faire un plaisir, Halef?

— Oui ; tu sais que je fais tout ce que je puis pour te plaire.

— Eh bien ! rapporte-moi un flacon d'eau de la Mecque.

— Sidi, demande-moi tout ce que tu voudras, excepté cela ; il n'y a que les fidèles croyants qui puissent boire de cette eau. Si je t'en rapportais, rien ne saurait me préserver des feux de l'enfer. »

Halef me répondait avec une conviction si ferme, que je ne voulus point l'induire davantage en tentation. Après une pause, il reprit :

« Si tu voulais, Effendi, tu irais toi-même chercher l'eau sainte.

— Puisque cela est défendu.

— Tu te convertirais à la vraie croyance.

— Laisse-moi en repos, Halef, je dors. »

---

[1] *El Madjen*, petit enfoncement revêtu de marbre, d'où Abraham et son fils Ismaël sont censés avoir tiré la chaux qui a servi pour construire la Kaaba. — *Mekam Ibrahim*, la pierre dont Abraham s'est servi comme de fondation en construisant le bâtiment, la première pierre de l'édifice.

Le lendemain, Halef partit, comme un digne père de famille, accompagné de sa femme.

Hanneh était voilée des pieds à la tête ; on recommanda au petit homme de dire qu'il venait d'un pays très éloigné et de ne

Je l'excitai encore, il s'enfuit rapide comme le vent.

laisser soupçonner, dans aucune circonstance, que la jeune fille appartenait aux Ateïbeh. Un guerrier du camp fut désigné pour suivre de loin les pèlerins et veiller sur eux jusqu'aux abords de la ville sainte. Il n'y avait rien à craindre pour nous : des sentinelles gardaient l'entrée de la gorge qui conduisait au camp, et tous les hommes restaient en armes.

Le premier jour se passa sans incident. Le surlendemain, je demandai au cheikh la permission de faire une promenade. On me donna un chameau; on me supplia d'être attentif et prudent, d'éviter surtout de trahir le lieu du campement. J'espérais qu'on me laisserait aller seul; mais, au moment où je montais sur ma bête, la fille du cheikh s'avança vers moi en me disant :

« Effendi, me permets-tu de t'accompagner? »

Impossible de refuser une si aimable proposition.

Lorsque nous fûmes sortis de l'étroit chemin, je me dirigeai machinalement du côté de la Mecque.

Mon amazone ne fit aucune observation, et continua de marcher à mes côtés sans m'adresser un seul mot. Au bout d'un quart de lieue environ, elle se retourna, puis me dit impérieusement :

« Suis-moi, Effendi.

— Où donc?

— Je veux voir si la sentinelle est à son poste. »

Au bout de cinq minutes, nous aperçûmes l'homme chargé de garder les environs du campement assis sur la pointe d'une roche; il avait la tête tournée vers le sud.

« Il ne peut nous voir, murmura l'Arabe; viens, Sidi, je te conduirai où tu veux aller. »

Que signifiaient ces mots? Elle me fit prendre un peu à gauche et me regarda en souriant. Laissant trotter nos montures, nous arrivâmes dans une étroite vallée; la fille du chef s'arrêta, s'assit à terre et m'invita à l'imiter.

« Viens, dit-elle, assieds-toi près de moi; causons! »

Je n'étais pas peu étonné de ce début; elle poursuivit :

« Effendi, crois-tu que ta foi soit la vraie foi?

— Certainement, je le crois de toute mon âme, répondis-je.

— Eh bien, moi aussi. »

Mon étonnement croissait; c'était la première fois que j'entendais une semblable parole sur des lèvres mulsumanes.

« Oui, Effendi, je sais que ta religion est la seule bonne.

— Comment sais-tu cela?

— Je le sais par mon propre cœur. La première demeure qui fut donnée à l'homme était le paradis; toutes les créatures y vivaient en paix les unes avec les autres, sans se nuire en aucune sorte. Allah le voulait ainsi, et c'était là la vraie religion. La foi qui commande cette paix est la vraie foi : telle est la religion chrétienne.

— La connais-tu?

— Non; mais un vieux Turc nous en a parlé autrefois; il nous a raconté que vous disiez dans votre prière : « Pardonne-nous nos péchés comme nous pardonnons à ceux qui nous ont offensés. » Est-ce vrai?

— Oui.

— Et que, dans votre Coran, il est écrit : « Dieu est amour, et qui demeure dans l'amour habite en Dieu, et Dieu en lui. » Dis-moi, est-ce ainsi?

— Oui, en vérité!

— Eh bien! votre foi est belle, elle est vraie.

« Est-ce qu'un chrétien ravirait une jeune fille à sa famille?

— Non; s'il le faisait, il ne serait plus un vrai chrétien.

— Tu vois bien que ta religion est meilleure que la nôtre! Chez vous, Abou Seïf ne m'aurait point enlevée pour me forcer à devenir sa femme. Connais-tu l'histoire de ce pays?

— Oui.

— Tu sais alors comment les Turcs et les Égyptiens nous ont traités, quoiqu'ils professent la même croyance que nous. Tu sais comme ils ont insulté nos mères et fait empaler nos pères par centaines et par milliers; comme ils ont brûlé les jambes et les bras de leurs victimes; comme ils leur coupaient le nez et les oreilles, leur crevaient les yeux, déchiraient les enfants en présence des pères et des mères! Je hais la religion de ces peuples, et pourtant il faut que je la pratique.

— Pourquoi le faut-il? Tu pourrais...

— Tais-toi! Je te dis ma pensée; mais ne cherche point à me donner des conseils : je sais ce que je dois faire. Je veux me venger... oh! oui, me venger de tous ceux qui m'ont offensée.

— Et tu admires la religion de la paix et de l'amour?

— Oui; mais puis-je ici être la seule qui aime et qui pardonne? Ils ne veulent pas que nous entrions à la Mecque; eh bien! je me vengerai parce qu'ils nous ont bannis! Devine comment?

— Je ne sais; parle.

— Ton grand désir, n'est-ce pas? serait de voir la ville sacrée.

— Qui te l'a dit?

— Moi seule. Réponds-moi!

— Je désire, en effet, connaître toutes les villes remarquables qui se trouvent sur ma route.

— L'entrée de la Mecque est périlleuse pour nous deux ; mais, afin d'accomplir ma vengeance, je la tenterai avec toi. Es-tu disposé à te soumettre aux formalités prescrites ?

— Je préfère les éviter.

— Tu ne veux pas pécher contre ta foi, tu as raison. Va donc seul à la Mecque, je t'attendrai ici. »

Tout cela me paraissait étrange, inexplicable. Elle voulait se venger de l'Islam en faisant fouler le sol de la ville sainte par les pieds d'un infidèle. Elle admirait une religion de pardon qu'elle comprenait si peu. Devais-je profiter de ses dispositions ? J'étais si près de la Mecque ! parviendrais-je jamais à y entrer ? Je demandai :

« Est-ce bien près d'ici ?

— Tu vois cette montagne ? au bas, de l'autre côté, est assise la ville sainte. Laisse-moi ton chameau, tu iras à pied.

— Pourquoi à pied ?

— Si tu arrivais sur un chameau, on te prendrait pour un pèlerin et on te fatiguerait de questions ; à pied tu passeras pour un promeneur qui rentre en ville.

— Tu m'attendras ici ?

— Oui.

— Combien de temps ?

— Le temps que les Francs compteraient comme quatre heures.

— C'est bien peu.

— Songe qu'un rien pourrait te faire reconnaître ; il ne faut point t'attarder ; tu n'as qu'à suivre la rue, tu visiteras la Kaaba, cela te suffit. »

Elle avait raison ; je me décidai tout d'un coup, me levai et voulus prendre mes armes. La fille du cheikh m'arrêta du geste.

« Tu ressembles à un Arabe, dit-elle, mais un Arabe ne porte pas de telles armes ; prends les miennes. »

J'hésitai de nouveau. Quel motif aurais-je eu de me défier? Je pris les armes de cette femme et gravis la montagne. Arrivé au sommet, la Mecque se dressa devant moi, à une demi-heure de chemin à peine. Elle s'étend sur un plateau entouré de montagnes chauves et arides. Je reconnus la citadelle du Djebel Chad aux descriptions qu'en ont faites quelques voyageurs ; j'aperçus les minarets des mosquées. La mosquée principale me parut située dans la partie sud de la cité.

Je me dirigeai de ce côté. Il me semblait être dans la situation d'un soldat qui n'a livré encore que quelques combats d'escarmouches, et qui s'avance au fort de la mêlée.

J'atteignis heureusement la ville; je m'avançai sans demander mon chemin dans la direction de la grande mosquée. Les maisons des principales rues sont bâties en pierres, les rues semées de sable. Je me trouvai bientôt en face du bâtiment rectangulaire qu'on appelle le Beit-Allah. Je fis lentement le tour de l'édifice. Les quatre côtés sont formés de rangées de colonnes au-dessus desquelles s'élèvent six minarets. Je comptai deux cent quarante pas en longueur et deux cent cinq en largeur. Après avoir examiné le dehors, j'essayai de pénétrer au dedans.

Près de la porte, un Arabe vendait des bouteilles de cuivre.

« Salam aleïkoum! dis-je d'un air grave et digne, combien coûtent tes *koulé?*

— Deux piastres.

— Qu'Allah bénisse tes fils et les fils de tes fils, car le prix est un juste prix. Voilà deux piastres, je prends un *koulé.* »

Je cachai le vase sous mes vêtements et je m'enfonçai sous la colonnade; arrivé près de la chaire, j'enlevai mes souliers, puis je pénétrai dans la sainte maison. Au milieu se trouve la Kaaba; entièrement recouverte d'une étoffe de soie noire qui la cache aux yeux profanes.

Sept voies couvertes y conduisent. Elles sont pavées, mais l'herbe croît entre les pierres. Plus loin j'aperçus la fontaine, devant laquelle les serviteurs du temple étaient occupés à remplir les vases tendus par les fidèles.

En somme, ce sanctuaire si fameux ne m'impressionnait nullement : il est rempli de gens affairés, de porteurs de palanquins et de paquets, etc. Sous les colonnades se tiennent des écrivains publics, des marchands de fruits, des pâtissiers.

Comme je passais au bout d'une de ces colonnades, je remarquai, à l'autre extrémité, un cavalier descendant de sa monture. Son chameau me parut extraordinairement élégant et fin. Pour lui, il me tournait le dos et parlait avec ses domestiques, leur ordonnant sans doute de rester à cette place.

L'aspect de cet homme me frappa d'une vague inquiétude et me fit hâter le pas. J'allai pour remplir ma bouteille à la sainte fontaine. Là je dus attendre mon tour assez longtemps. Je fis une petite aumône, bouchai mon vase et le glissai dans mes vêtements. Je revenais vers l'entrée, quand je reconnus cette fois l'étranger; il se trouvait à dix pas : c'était Abou Seïf.

Une sueur froide courut sur tous mes membres ; heureusement je ne perdis pas tout à fait la tête ; au lieu de m'enfuir, je continuai mon allure ordinaire, me dirigeant vers la troisième colonnade, au bout de laquelle se tenait le magnifique chameau de course qui avait amené le pirate ; m'en emparer était ma seule ressource.

Mes souliers restaient aux mains des gardiens ; je n'avais pas le temps de m'en inquiéter. Soudain on cria derrière moi :

« Un giaour, un giaour ! Gardiens du temple, empoignez-le ! »

Je ne pouvais me retourner ; mais j'entendis un bruit effroyable, de l'eau renversée, des vases se choquant, des gens courant et hurlant, des pas semblables à ceux d'un troupeau de buffles retentissant sur les parvis. Il n'était plus temps d'affecter la gravité ; je pris mes jambes à mon cou, je franchis l'enceinte, et, sautant d'un bond les trois degrés du temple, je m'élançai sur le chameau en repoussant avec le poing les deux ou trois serviteurs effarés qui gardaient la bête, dont heureusement les genoux n'étaient pas liés ; mais allait-elle m'obéir ?

« E-ô, ah-e, ô, âh ! »

A cet appel bien connu, le chameau se releva ; je l'excitai encore, il s'enfuit rapide comme le vent. Plusieurs coups de feu retentirent derrière moi. « En avant ! criai-je, en avant ! » Mon chameau fendait l'air. C'était un excellent coureur, un chameau pâle des montagnes du Djammar ; avec une bête laineuse, j'eusse été perdu.

En moins de cinq minutes je me trouvai hors de la ville ; on me suivait toujours. Les cavaliers s'étaient sans doute emparé des animaux qui campent aux environs du khan ou du sérail.

Où aller ?... Rejoindre la fille du chef ? Je trahirais ainsi mes hôtes. Il fallait pourtant que nous nous retrouvions. J'animais mon chameau par des cris incessants : il s'élançait avec une incomparable vitesse. Arrivé au sommet de la montagne, je me retournai ; quelques cavaliers continuaient à me poursuivre. Au premier rang je vis Abou Seïf ; il était à cheval ; son cheval semblait voler. Je le dépassai de beaucoup cependant.

Je me précipitai au bas de l'escarpement. La fille de Malek, en me voyant de loin sur ce chameau, devina tout à ma course folle. Elle se leva, sauta en selle, prit la corde du chameau qui m'avait amené et me cria en s'avançant à ma rencontre :

« Qui t'a reconnu ?

— Abou Seïf !

— Le scélérat ! Il te poursuit ?

— Oui, d'assez près.

— Est-il seul ?

— Non ; mais les autres ont de mauvaises montures.

— Ne viens pas me rejoindre ; fuis tout droit sur la montagne.

— Donne-moi seulement mes armes. »

Nous échangeâmes à la hâte notre équipement, puis la fille du désert s'éloigna ; je la vis se cacher dans une anfractuosité du rocher. Je devinai son dessein : elle voulait faire passer Abou Seïf entre elle et moi. Je ralentis le pas de ma bête. Le pirate était parvenu au sommet ; il m'apercevait de nouveau ; il lançait son cheval pour descendre à toute bride, sans prendre garde aux traces des pas qui m'avaient rejoint. Pour moi je remontai, suivant l'indication de la fille du cheikh. Lorsque j'eus regagné la hauteur, j'aperçus encore dans le lointain un ou deux cavaliers dont les montures s'épuisaient à ma poursuite.

Au bas des rochers, la vaillante amazone agissait avec une adroite tactique. Son but était atteint : Abou Seïf se trouvait entre nous deux ; elle laissa libre le second chameau, et se plaça de façon que le brigand pût la prendre pour un de ceux qui me poursuivaient.

Je redescendis alors vers la plaine, du côté opposé à celui du campement, et je lançai de nouveau ma bête au galop. Je courus ainsi environ trois quarts d'heure, jusqu'à ce que j'eus atteint le désert. Abou Seïf me suivait, mais de trop loin pour que ses balles pussent porter. Au pied de la chaîne de montagne, je retrouvai la fille du cheikh. En même temps reparut un de mes poursuivants ; il avait pris soudain une avance considérable ; son chameau dépassait le cheval d'Abou Seïf.

Je commençais à trembler, surtout pour mon intrépide compagne, lorsqu'à mon grand étonnement le cavalier fit un brusque détour et sembla vouloir nous dépasser en décrivant une courbe. Je retins un instant ma monture pour examiner ce singulier coureur.

Fallait-il en croire mes yeux! Sur ce léger chameau, un bel hedjn de la montagne, le petit cavalier, dont le vent soulevait le manteau, ressemblait tout à fait à mon Halef. Où avait-il pris cette bête? comment était-il ici? Je regardai avec plus d'insistance encore : c'était bien Halef. Il voulait sans doute se faire reconnaître, car il levait les bras en l'air avec une pantomime des plus expressives.

Encouragé par l'arrivée de cet auxiliaire, je me retournai vers Abou Seïf, et, le mettant en joue, je le menaçai de faire feu.

« Chien! je te prendrai vivant! criait le pirate. Je te reconduirai à la Mecque; tu seras puni, profanateur! »

Je visai le poitrail de son cheval; la bête s'abattit entraînant le cavalier, sur le corps duquel elle s'agita quelques instants dans les dernières convulsions.

Je pensai qu'Abou Seïf finirait par se relever. Il n'en fit rien. Je crus à une ruse et n'approchai qu'avec précaution. La fille du cheikh accourait en même temps. Le brigand gisait dans le sable, les yeux fermés.

« Effendi! cria l'Arabe, ta balle a devancé la mienne.

— Non, je n'ai visé que le cheval. Il n'est pas mort; il a peut-être quelque chose de brisé à l'intérieur, ou n'est qu'étourdi. »

Je sautai à bas de mon chameau pour examiner le corps : il ne présentait aucune trace de blessure. Le brigand semblait pourtant sans connaissance, mais il n'était pas mort. L'amazone brandissait son grand coutelas avec un geste féroce.

« Que veux-tu faire? m'écriai-je.

— Prendre sa tête.

— Tu n'en as pas le droit, cet homme m'appartient.

— Mon droit est plus ancien que le tien.

— Oui, mais le mien est le seul légitime aujourd'hui : c'est moi qui l'ai abattu.

— La coutume te donne raison, Sidi. Vas-tu le tuer?

— Que ferais-tu si je le laissais vivre?

— Si tu renonçais à ton droit, j'userais du mien.

— Je n'y renonce pas, et je veux le laisser vivre.

— Alors emmenons cet homme; on décidera entre toi et moi. »

Halef nous rejoignait au même moment, criant tout hors d'haleine :

« Merveille divine! Sidi, qu'as-tu fait?

Ce fut avec des cris de joie féroce qu'on reconnut le corps.

— Et toi, comment es-tu ici?

— Sidi, je me suis hâté.

— Je le vois bien; explique-toi!

— Tu sais, Effendi, que j'avais de l'argent; j'ai voulu acheter un chameau, je me suis rendu chez le marchand avec Hanneh. Tandis que nous examinions les animaux et que j'admirais celui-ci, qui est digne d'un pacha ou d'un émir, il s'éleva un grand bruit. Nous nous élançâmes dans la rue. On nous dit qu'un giaour venait de profaner le temple et qu'on le poursuivait. Je pensai aussitôt à toi, Sidi; d'ailleurs je t'aperçus qui fuyais.

« Tout le monde se pressa dans la cour du marchand; on s'empara de ses bêtes pour te donner la chasse. Je fis comme les autres; je me saisis de ce hedjn, en recommandant à Hanneh de retourner tout de suite au camp et d'avertir le cheikh. Je jetai au marchand tout l'argent qu'il voulut, puis je courus après toi.

« Beaucoup de gens m'accompagnaient; mais leurs montures étaient fatiguées, ils sont restés en arrière. Cependant quelques-uns te suivent encore; dépêchons-nous, Sidi! »

Nous liâmes le blessé sur le chameau libre; il continuait à ne donner aucun signe de vie.

« Où allons-nous? demanda Halef avec inquiétude.

— Je connais un abri sûr, reprit l'Ateïbeh.

— La caverne d'Atafrah?

— Oui, Hanneh te l'a montrée en passant? Cette caverne n'est connue que de nos gens. »

Nous prîmes vers le sud, en pressant nos montures. Halef ne m'épargnait point les reproches, malgré la gravité de la situation.

« Sidi, je te l'avais bien dit, nul infidèle ne doit pénétrer dans la ville sainte. Un peu plus tu y laissais ta vie!

— Pourquoi n'as-tu pas voulu me rapporter de l'eau du zem-zem?

— Parce que cela est défendu.

— J'ai donc été chercher moi-même l'eau sacrée.

— Tu as puisé à la fontaine sainte, Sidi?

— Regarde; n'est-ce pas une bouteille de l'eau merveilleuse du zem-zem?

— Allah Kerim! Dieu t'a permis de faire ce qu'un hadji seul

peut accomplir. Tu ne pouvais comme chrétien pénétrer dans le sanctuaire, mais te voilà devenu hadji. Qui a puisé dans le zemzem est regardé comme un parfait musulman. Ne t'ai-je pas toujours dit que tu te convertirais malgré toi. »

C'était prendre la chose d'une façon originale; mais Halef trouvait, en toute occasion, le moyen de se persuader qu'il était un croyant accompli, tout en servant un giaour. Je ne voulais pas blesser une conscience que je n'avais pu encore éclairer; d'ailleurs, l'endroit n'était guère propice aux controverses. Je le laissai dire sans répondre un seul mot.

Les environs de la Mecque sont presque entièrement dépourvus d'eau. La moindre fontaine est regardée comme un trésor par les indigènes, qui établissent toujours leurs villages ou leurs campements près des sources.

Il fallait, dans notre fuite, éviter ces lieux et faire plusieurs détours. Nous marchâmes d'un seul trait, malgré l'excessive chaleur, jusqu'à une contrée rocailleuse et toute hérissée de blocs granitiques. La fille du cheikh nous conduisit alors, à travers des débris de roches, des anfractuosités et des précipices sans nombre, jusqu'à un énorme pan de rocher fendu à la base par une ouverture à peine assez large pour laisser passer un chameau.

« C'est là, dit notre guide. Les bêtes entreront quand on leur aura enlevé leur selle.

— Et nous allons rester dans cet antre?

— Oui, jusqu'à ce que le cheikh vienne.

— Comment viendra-t-il?

— Il viendra certainement. Hanneh l'a prévenu, et d'ailleurs, quand quelqu'un ne peut rentrer au camp, c'est ici qu'on vient le chercher. »

Abou Seïf paraissait toujours évanoui; son chameau l'avait porté comme une masse inerte.

Nous le plaçâmes au fond de la caverne. Cette retraite était assez grande pour abriter une quinzaine d'hommes avec leurs montures; une citerne, ménagée dans l'intérieur, en faisait le principal avantage. Dès que le prisonnier et les chameaux furent en sûreté, nous allâmes cueillir quelques brassées d'une herbe appelée *r'tem*. Elle croît en buissons, entre les rochers, et sert de matelas aux indigènes quand les nattes leur manquent. Sèche, elle donne un feu clair; mais nous n'osions allumer du feu avant la nuit, même au fond de notre grotte, de peur d'être trahis par la fumée.

Il n'était pourtant guère probable qu'on vînt à nous découvrir; le chemin rocailleux que nous avions suivi ne gardait aucune empreinte, et le lieu du reste était absolument désert.

Nos pauvres chameaux se trouvaient épuisés; nous n'en pouvions plus nous-mêmes de fatigue; nous ne tardâmes point à nous endormir, Halef et moi, faisant le gué tour à tour. La nuit se passa ainsi.

Vers l'aube, comme je venais de relever Halef, j'entendis un bruit léger; un homme pénétrait avec précaution par l'étroite ouverture. Je reconnus un Ateïbeh.

« Loué soit Allah! murmura cet homme en me voyant. Le cheikh m'a dépêché pour savoir si tu étais ici. Je ne retournerai pas; il est convenu que, si on ne me voit point revenir, le cheikh se transportera lui-même en ce lieu.

— Qui crois-tu trouver avec moi?

— Ton serviteur Halef, la bent el Ateïbeh et peut-être Abou Seïf prisonnier.

— Comment sais-tu cela?

— Effendi, ce n'était pas difficile à deviner. Hanneh est revenue seule au camp avec deux chameaux; elle a raconté que tu avais été découvert à la Mecque et poursuivi par les croyants.

« Tu étais sorti avec la fille du chef; on pensait bien qu'elle ne t'abandonnerait pas, quoique tu aies commis un grand péché. Hanneh avait vu Halef courir pour te rejoindre, et, derrière la montagne, ceux qui te poursuivaient ont trouvé le cheval d'Abou Seïf tué. Le Djeheïne a disparu; on le cherche, la jeune fille l'a entendu dire en sortant de la Mecque; pour le reste, nous ne savions ce qui était arrivé.

— Quand viendra le cheikh?

— Dans une heure. »

L'Ateïbeh s'accroupit auprès de nous sans jeter un regard sur le prisonnier. Quelque temps après, Malek arriva avec une petite escorte. Je m'attendais à des reproches, il ne m'en adressa aucun. Son premier mot fut :

« Tu as fait prisonnier le Djeheïne?

— Oui.

— Il est ici?

— Oui; il vit, sa blessure est légère.

— Nous allons le juger. »

Avant que tout fût disposé pour le repas et le conseil des chefs, il était environ midi. Pendant qu'on s'agitait, nous avions eu avec Halef une conversation très intéressante.

« Sidi, permets-moi une question.

— Parle.

— Tu te souviens, n'est-ce pas, de tout ce que tu as écrit dans le contrat de mariage?

— Oui, vraiment.

— Dois-je donc rendre la jeune fille?

— Oui, puisque le voyage est terminé.

— Mais il ne l'est point.

— Comment cela?

— Est-ce que nous avons eu le temps d'accomplir toutes les cérémonies? Le départ a été si brusque! D'ailleurs, pour être véritablement hadji, il faut encore visiter Médine.

— C'est juste. Et Hanneh, qu'en pense-t-elle?

— Sidi, elle m'aime, crois-le; elle me l'a dit.

— Ah!

— Sidi, n'est-il pas écrit que Dieu, pour créer la femme, prit à Adam la côte sous laquelle battait son cœur, afin que l'homme s'attachât à sa femme et l'aimât? J'aime aussi Hanneh.

— Mais le cheikh, quel sera son avis là-dessus, Halef?

— Oh! cela ne m'inquiète pas, Sidi; il ne demandera pas mieux que de me la donner tout à fait.

— Et moi, Halef, tu ne me consultes pas?

— Toi! Pourquoi ne me permettrais-tu point de prendre une femme, si je reste avec toi tant que tu voudras me garder?

— Pouvons-nous emmener ta femme par le monde avec nous, Halef? Y songes-tu?

— Sidi, je la laisserai dans sa tribu jusqu'à ce que tu aies fini ton voyage.

— Halef, ce serait un sacrifice que je n'accepterai jamais. Enfin, puisque vous êtes d'accord, fais ton possible pour la garder; mais je ne saurais être de ton avis, je crains que le cheikh ne te la refuse.

— Sidi, je ne la rendrai point, quand je devrais fuir avec elle. Elle sait qui je suis, elle me suivrait au bout du monde. »

Le petit homme se redressa fièrement à ces mots et s'éloigna. Cependant Malek et ses compagnons s'étaient assis en cercle pour juger Abou Seïf, qu'on avait amené lié au milieu d'eux. Je fus invité à prendre part à la délibération; je me plaçai près du cheikh.

« Effendi, commença celui-ci, tu prétends avoir le droit principal sur cet homme, et je n'ignore pas que tu dis vrai. Veux-tu nous céder ton droit, ou bien désires-tu traiter de son sort avec nous?

— Je ne me désiste point. Halef et moi nous avons d'ailleurs notre part de vengeance à exercer sur le prisonnier.

— C'est bien; déliez cet homme! »

Le pirate fut délivré de ses liens; mais il resta à terre sans mouvement.

« Abou Seïf, lève-toi; réponds-nous! » ordonna le chef.

L'accusé ne bougea point; ses yeux étaient fermés : il semblait privé de vie.

« Il a perdu la parole, reprit Malek, pourquoi l'interroger? Il sait ce qu'il a fait, nous le savons aussi, à quoi bon lui parler? Il doit mourir; son corps servira de proie à l'hyène, au chacal, au vautour. Que celui d'entre vous qui a quelque chose à dire parle. »

Tout le monde garda le silence. J'allais prendre la parole pour essayer de faire au moins adoucir la sentence, quand tout à coup le prisonnier se releva, écarta les deux hommes qui se tenaient à ses côtés et s'élança hors de la caverne.

Ce furent des cris, une rumeur, un mouvement indescriptibles; toute l'assemblée s'élança sur ses traces, je restai seul. Cet homme était certainement coupable; suivant la loi du désert, il méritait plus que la mort; cependant j'étais presque soulagé en le voyant partir : cette exécution sommaire me répugnait.

D'un autre côté, je me disais que s'il parvenait à s'échapper, nous n'étions plus en sûreté dans la caverne. Je ne savais quel parti prendre. J'attendis assez longtemps dans une mortelle inquiétude. Enfin le cheikh rentra; son âge ne lui permettait point de continuer la chasse du forban.

« Effendi, me demanda-t-il, pourquoi ne cours-tu pas après lui avec les autres?

— Tes vaillants guerriers suffisent. N'ont-ils pas déjà rejoint le prisonnier?

— Je l'ignore; Abou Seïf est un hardi coureur. Lorsque nous sommes sortis, il avait disparu. Si on ne peut l'atteindre, il faudra décamper à l'instant. »

Quelques hommes revinrent bientôt sans nouvelles. La fille du cheikh les suivait, les narines dilatées, tout le corps frémissant de rage. Les guerriers se regardaient avec désappointement.

L'exiguïté du passage, pour sortir de la caverne, n'ayant permis aux Ateïbeh de n'avancer qu'un à un, Abou Seïf avait dû profiter de ce retard pour gagner la plaine, dans laquelle il se trouvait en pays de connaissance.

« Enfants! dit le chef, que décidez-vous? Levons-nous le camp tout de suite, ou bien sellez-vous vos chameaux pour courir sur les pas du fugitif? Si vous décriviez un cercle aux environs, il lui serait difficile d'échapper à nos recherches.

— Poursuivons-le! » s'écria aussitôt la fille du chef. Les autres furent du même avis.

« Bien! reprit Malek, sellez vos bêtes et suivez-moi; celui qui s'emparera du brigand, mort ou vif, sera largement récompensé. »

En ce moment Halef, qui rentrait tout haletant, s'avança vers le cheikh :

« C'est moi, dit-il, qui mérite la récompense. Là-bas gît le Père du Sabre; il est frappé à mort.

— Où l'as-tu rejoint?

— Seigneur cheikh, écoutez. Vous saurez que mon maître est fort savant en toutes sortes de combats; il connaît aussi l'art de lire les traces des fuyards, et me l'a appris. Je puis retrouver l'empreinte des pas sur le sable, sur la terre, même sur la roche. J'étais le premier derrière Abou Seïf quand il s'échappa d'ici. Il courut d'abord vers la gauche en montant, puis descendit à droite; après cela je ne le vis plus. Je pensai qu'il devait s'être caché derrière une pierre. Je me mis à sa recherche et le découvris. Nous luttâmes ensemble; mais il était épuisé déjà, ce ne fut pas long : mon couteau le frappa au cœur. Venez, je vais vous montrer son cadavre. »

Tout le monde se précipita sur les pas de Halef; ce fut avec des cris de joie féroce qu'on reconnut le corps.

Lorsqu'on rentra dans la caverne, le cheikh ordonna le silence et dit solennellement à Halef :

« Parle ; que veux-tu pour ta récompense, hadji Halef Omar ?

— Seigneur, j'ai quitté mon pays ; il est bien loin, je n'ai pas l'intention d'y retourner ; si tu m'en crois digne, reçois-moi parmi les tiens.

— Tu veux devenir un Ateïbeh ? Ton maître y consent-il ?

— Il y consent ; n'est-ce pas, Sidi ?

— Très volontiers, repris-je ; je joins même mes prières aux siennes, si cela est nécessaire près de toi, cheikh !

— J'accepterais tout de suite la proposition si je pouvais agir sans consulter les hommes du camp, dit gravement le vieux chef ; mais une pareille adoption est une chose sérieuse et demande du temps. Hadji Halef Omar, as-tu des parents dans le voisinage ?

— Non.

— As-tu sur toi du sang criant vengeance ?

— Non.

— Es-tu sunnite ou chiite ?

— J'appartiens aux sunnites.

— As-tu déjà femmes et enfants ?

— Non.

— Si cela est ainsi, nous pouvons procéder à ton admission parmi nous.

— Cheikh, avant de te décider, consulte mon maître ; il parlera pour moi. »

Je me levai ; prenant une attitude digne, j'improvisai un discours à l'orientale. Je dis :

« Accueille mes paroles, ô cheikh. Puisse Allah ouvrir ton cœur et incliner ta volonté suivant mon désir !

« Je suis Kara ben Nemsi, un émir au milieu des talebs et des héros du Frankistan.

« Je suis venu en Afrique, et jusque dans cette contrée, afin de connaître les mœurs des habitants et de m'informer de leurs vaillantes prouesses.

« Pour m'accompagner dans mon voyage, il me fallait un serviteur connaissant toutes les manières de parler de ce pays. Je le voulais sage et prudent, incapable de trembler devant les périls de la route, ni devant les panthères ou les lions, ni devant aucun homme. J'ai trouvé celui-ci : hadji Halef Omar, ben hadji Aboul

Abbas, ibn hadji Daoud al Gossarah, dont je suis extrêmement satisfait. Il est fort comme le sanglier, fidèle comme le lévrier, prudent comme le renard, prompt comme l'antilope.

« Nous avons défié ensemble les abîmes des chotts; nous les avons vus s'ouvrir sous nos pas et nous en sommes sortis triomphants.

« Nous avons vaincu les animaux du désert; nous nous sommes moqués du simoun.

« Nous avons pénétré jusqu'aux frontières de la Nubie. Nous avons arraché une fleur à la prison où un bourreau la tenait captive. Nous sommes parvenus jusqu'à Belad el Arab. Vous venez d'être témoins de la bravoure que nous y avons déployée.

« Halef est allé avec ta fille à la Mecque, il a été comme l'ombre de son époux. Dans le chemin Allah a disposé leurs cœurs à s'aimer. Ils voudraient ne plus se séparer.

« Tu es hadji Malek Iffandi, ibn Ahmed Khadid al Tini, ben Aboul Ali el Besami, Abou Khehab Abdolatif el Hanifi; tu es le sage, le brave, le vaillant chef des Ateïbeh; ton intelligence devine combien je sentirai de peine en me séparant d'un compagnon tel que Halef. Mais je souhaite son bonheur; c'est pour cela que je te supplie de l'admettre parmi ceux de la race des Ateïbeh, te conjurant en outre de déchirer le contrat par lequel il t'avait promis de te rendre la jeune épouse.

« Je suis persuadé que tu accueilleras ma prière; aussi, quand je retournerai dans mon pays, je ferai en sorte de publier ta renommée et celle de ton peuple, afin que personne n'ignore vos grandes actions. Salam! »

Tout le monde m'avait écouté dans un religieux silence; le vieux chef repartit :

« Effendi, je sais que tu es un des plus fameux émirs des Nemsi, quoique ton nom soit aussi court que la lame d'un couteau de femme. Tu es venu chez nous comme un sultan; tu y as accompli des choses merveilleuses, dont les enfants de nos enfants parleront encore. Hadji Halef Omar est près de toi tel qu'un vizir, dont la vie appartient à son sultan. Tous deux vous êtes assis sous notre tente, afin de la combler d'honneur.

« Nous vous aimons, toi et lui; nous nous unirons tous pour l'admettre parmi les fils de notre race. Je parlerai à celle qui a été regardée comme sa femme, et, si elle y consent, le contrat sera déchiré sur ta demande; car Halef Omar est un vaillant guerrier : il a tué le brigand, le scélérat dont le nom t'est connu. Maintenant permets qu'on prépare le festin par lequel tout le camp célébrera la mort de notre ennemi et l'entrée de Halef au milieu de nous. Pour toi, reste chez les Ateïbeh tel qu'un ami et tel qu'un frère, quoique tu ne partages pas notre foi. Salam, Effendi! »

IV

UNE BATAILLE AU DÉSERT

« Le Seigneur se montrera terrible envers eux. Il anéantira tous les faux dieux, et toutes les îles des païens l'adoreront.

« Il étendra la main dans les ténèbres de la nuit pour renverser Assur. Il rendra Ninive déserte, il changera ses rues en solitude. Il en fera l'asile et le repaire de toutes les bêtes de la Gentilité; le butor et le cormoran habiteront ses tours; ils construiront leurs nids sur les fenêtres; le corbeau croassera sur le linteau, car le désert s'étendra devant le seuil de ses portes.

« Ainsi sera transformée la ville du plaisir, la ville puissante et forte, qui disait en son cœur : Moi, je suis, et hors de moi il n'y en a pas d'autre! Comment est-elle devenue si déserte, que les bêtes sauvages puissent l'habiter?

« Le passant la regarde et siffle; il bat des mains en se moquant d'elle [1]. »

Cette terrible prédiction de Sophonie revenait à ma mémoire, lorsqu'aux dernières lueurs du jour nous abordâmes sur la rive droite du Tigre.

Les plaines qui s'étendaient à droite et à gauche, et que bai-

---

[1] Sophonie, II, 13-15.

gnent les flots du large fleuve, sont une véritable tombe, un immense cimetière, pour mieux dire. Les ruines de Rome et d'Athènes s'illuminent encore d'un rayon de splendeur ; les gigantesques débris des tombeaux égyptiens s'élèvent jusqu'au ciel. Les uns et les autres témoignent de la richesse et de la puissance de peuples disparus ; mais là, entre l'Euphrate et le Tigre, rien ne reste debout que des monceaux informes de pierres sur lesquelles passe le cheval du Bédouin, sans que celui-ci se demande jamais si des rires ou des plaintes ont retenti en ce lieu dans les siècles écoulés.

Où est la tour fameuse que les hommes de Sennaar avaient bâtie en se disant : « Venez ! construisons une ville et une tour dont le sommet touche aux cieux, et rendons notre nom célèbre par toute la terre ? »

Ils ont élevé ces fastueux monuments ; mais leur ville est dévastée. Ils ont voulu se faire un nom, et le nom des peuples qui se sont succédé dans ces murailles, qui ont consacré la gigantesque tour au culte des faux dieux, le nom des dynasties et des monarques qui ont régné, qui se sont gorgés ici de sang et d'or, ces noms ont disparu ; ce n'est qu'à grand'peine que les savants parviennent à en déchiffrer quelques-uns.

On me demandera peut-être comment j'étais parvenu sur les rivages du Tigre, et comment j'avais trouvé le bateau à vapeur qui me portait depuis Chelab.

Voici l'explication. Les Ateïbeh m'avaient accompagné jusqu'au désert d'El Naliman. Me trouvant proche de Mascate, j'eus la curiosité de visiter cette ville ; je m'y rendis seul ; j'admirais ses murailles célèbres, ses rues fortifiées, ses mosquées, son église portugaise ; je vis aussi les fameux gardes du corps de l'Imam, choisis parmi les hommes du Beloutchistan. Enfin j'allai m'asseoir dans un café pour prendre une tasse de kejreh. Cette boisson est tirée de la fève de café ; on y ajoute de la cannelle et des clous de girofle. A peine étais-je entré dans ce lieu, que mon attention fut attirée par un personnage fort original.

Il portait un chapeau à cylindre perché sur une tête absolument chauve. Un nez beaucoup trop envahissant semblait vouloir faire crochet sur des lèvres très minces d'une grande bouche pour rejoindre le menton. Un cou maigre et long sortait d'un faux-col irréprochable ; après quoi venaient un gilet à carreaux gris, une veste à carreaux gris, un pantalon à carreaux gris, enfin une paire de bottes grises de poussière.

L'homme aux carreaux gris tenait de la main droite une sorte d'instrument semblable aux hoyaux de mon pays, de la gauche un pistolet à deux coups.

Un journal plié en plusieurs doubles sortait de la poche placée sur le côté de la veste du singulier quidam.

« Ver bana kahvé (donnez-moi du café), » dit d'une voix glapissante mon inconnu, et il s'assit sur une *senïeb,* sorte de table qui ne servit jamais de chaise. Là il reçut imperturbablement sa tasse, dans laquelle je le vis plonger son long nez pour flairer l'odeur ; après quoi il jeta le contenu du vase dans la rue et posa la tasse à terre, en demandant du tabac.

On lui apporta une longue pipe, dont il tira un peu de fumée qu'il rendit par les narines, puis il se mit à cracher et plaça tranquillement la pipe près de la tasse.

« Ver bana..., » commença-t-il ; mais le mot turc ne lui revint pas, et il semblait très peu ferré sur l'arabe. Après avoir bredouillé quelques paroles inintelligibles, il se décida soudain à s'écrier : « Ver bana roastbeef ! »

Les employés du café ne le comprirent pas. Alors notre insulaire, imitant avec ses doigts et sa bouche l'action de manger, répéta très haut :

« Roastbeef !

— Il demande du *kébad,* » dis-je au maître d'hôtel arabe, lequel disparut aussitôt pour revenir avec un petit carré de viande rôti à la broche. Mon intervention avait étonné l'Anglais.

« Arabe ? me demanda-t-il sommairement.

— Non.

— Turc ?

— Non. »

Les minces sourcils du voyageur s'élevèrent en haut avec l'expression de la surprise ; il reprit :

« Anglais ?

— Non, Allemand.

— Ah ! oh ! que faites-vous ici ?

— Je prends du café.

— Ah ! vraiment ! Votre profession ?

— Écrivain.

— Mais pourquoi êtes-vous venu à Mascate?
— Pour voir la ville.
— Irez-vous plus loin?
— Je ne sais pas encore.
— Avez-vous de l'argent?
— Oui.
— Comment vous appelez-vous? »

Je lui dis mon nom. Sa grande bouche s'ouvrit de telle façon, qu'elle semblait figurer un carré au milieu duquel apparaissaient de longues dents découvertes jusqu'aux gencives; les sourcils montaient de plus en plus haut.

Il tira de la poche de son gilet un petit calepin, le feuilleta; puis, ôtant son chapeau, il me dit solennellement:

« Welcome sir! Je vous connais.
— Est-ce possible?
— Oui; mon ami, sir John Raffley, membre du Traveller-Club, Londres, Near-Street, 47, m'a parlé de vous.
— C'est trop d'honneur.
— Avez-vous du temps à dépenser?
— Hum? pourquoi cette question?
— J'ai lu beaucoup de choses curieuses sur Babylone, Ninive, les fouilles qu'on y fait, les adorateurs du diable, etc. etc. Je veux me rendre sur les lieux, tenter des fouilles, rapporter des antiquités et en faire présent au British muséum. Je ne sais pas l'arabe; mon ami, qui a beaucoup voyagé en votre compagnie, se loue de votre précieux concours. Venez avec moi, je reconnaîtrai largement vos services. Je me nomme Lindsay, David Lindsay, non titré; vous n'avez pas besoin de dire *sir* Lindsay.
— Et vous vous disposez à visiter les rives de l'Euphrate et du Tigre?
— Oui, j'ai un petit canot à vapeur. Je vais, je viens. Le canot m'attend, ou retourne à Bagdad. J'achète des chevaux, des chameaux; je voyage, je chasse. Je veux surtout m'occuper des fouilles pour enrichir le British muséum: je veux aussi avoir de quoi raconter au Traveller-Club. Venez-vous avec moi?
— Autant que possible je préfère mon indépendance.
— Naturellement; mais vous me quitterez quand vous voudrez; vous serez bien traité et richement payé; vous m'accompagnerez seulement; aucun service manuel, cela va sans dire.

— Avez-vous une suite?

— Nous prendrons des gens, si cela vous plaît ; je voyage ordinairement avec deux domestiques : est-ce assez?

Les longues jambes de l'Anglais dévoraient le chemin.

— Quand partez-vous?

— Après-demain, demain, aujourd'hui, tout de suite, si vous voulez. »

L'occasion, en somme, me servait à souhait; je n'hésitai pas longtemps; je mis pour condition que je serais tout à fait libre de reprendre mon propre itinéraire quand je le jugerais à propos.

Mon Anglais me conduisit immédiatement sur le port, où j'admirai son charmant petit yacht. Au bout d'une demi-heure, je demeurai convaincu que je ne pouvais trouver un compagnon de voyage plus utile à mes projets.

Il voulait absolument tuer des lions et toute sorte de bêtes féroces, visiter les adorateurs du diable, et surtout déterrer à Ninive un taureau ailé de dimension convenable, pour en faire cadeau au British muséum. Tout cela m'allait à merveille; de plus, cet Anglais me semblait un parfait original et m'amusait fort.

Lindsay désirant que je ne retournasse pas prendre congé de mes Ateïbeh, nous envoyâmes un courrier pour rapporter mes effets et prévenir Halef. Ce commissionnaire m'apprit, en revenant, que mon petit factotum était élevé à la dignité d'ambassadeur, et se disposait à partir afin de traiter de l'incorporation des Ateïbeh dans la tribu arabe des Chammar.

Nous ne tardâmes point à nous embarquer sur le golfe Persique; nous vîmes Bassora et Bagdad, nous atteignîmes l'embouchure du Tigre, puis nous remontâmes ce fleuve jusqu'à l'endroit où vous me retrouvez, cher lecteur.

Là le Tigre reçoit la rivière que les Arabes nomment le Zab-Asfal. Tout le rivage était couvert par une épaisse forêt de bambous; la nuit tombait, comme je l'ai déjà dit; malgré cela, Lindsay fut d'avis de descendre sans délai et de camper sur le rivage. Cette idée britannique ne m'allait pas du tout; cependant je ne pouvais décemment laisser mon compagnon débarquer seul.

Notre équipage se composait de quatre hommes, lesquels devaient, au point du jour, retourner à Bagdad avec le yacht.

Contre mon conseil, l'Anglais voulut faire porter immédiatement à terre nos bagages et même débarquer les quatre chevaux que nous avions achetés à la ville.

« Vous devriez les laisser sur le yacht, lui disais-je, nous les prendrions demain matin.

— Pourquoi pas ce soir? Je payerai les matelots. Je payerai..., je payerai!

— Oui; mais les chevaux et nous-mêmes serions plus en sûreté dans le yacht que sur la rive.

— Y a-t-il des voleurs, des brigands, des assassins dans ce pays?

— Il ne faut jamais se fier aux Arabes, et nous serons mal campés cette nuit.

— Pourquoi cela? Nous allons nous organiser; nous avons des armes... »

Il n'y avait pas moyen de le faire revenir sur sa résolution. En deux heures nos tentes furent dressées, nos précautions prises en cas d'attaque. Les chevaux devaient passer la nuit solidement attachés entre les tentes et le rivage. Après un repas confortable, master Lindsay se retira chez lui. Il fut convenu que je me chargerais du premier quart de veille; les deux domestiques me succéderaient, et l'Anglais nous relèverait en dernier.

La nuit était magnifique : devant nous coulait à grands flots le célèbre fleuve; derrière nos tentes s'élevaient les hauts sommets du Djebel Djehennem. Un beau ciel étoilé et transparent éclairait le paysage d'une demi-lueur pleine de charme. Je contemplais avec émotion cette terre mystérieuse, dont le passé s'était enfui, semblable aux vagues rapides du Tigre. Les noms d'Assyrie, de Chaldée, de Babylonie rappellent les souvenirs de grandes nations, de cités gigantesques; mais ces souvenirs sont comme ceux d'un rêve évanoui, dont les détails nous échappent.

Perdu que j'étais dans mes réflexions, les heures de ma faction me parurent bien vite écoulées; j'appelai un des domestiques et lui expliquai ce qu'il aurait à faire. Cet homme se nommait Bill; c'était un brave Irlandais, d'une force herculéenne, mais d'une intelligence assez bornée. Il sourit d'un air capable en écoutant mes recommandations, et je le laissai à son poste. Je dormais depuis longtemps déjà, lorsque je me sentis saisir par le bras. Lindsay se tenait devant moi, toujours avec son veston à carreaux gris, dont il ne sortait pas, même au désert; il me disait d'une voix un peu émue :

« Sir..., levez-vous ! »

Je fus bientôt sur pied.

« Qu'y a-t-il? m'écriai-je.

— Les chevaux ont disparu.

— Comment cela ?... N'avez-vous pas veillé?

— Si, mais au point du jour j'ai voulu visiter un peu ces ruines là-bas... Lorsque je suis rentré, j'ai trouvé un bout de corde pendant encore aux piquets, mais plus de chevaux. Ils ne se sont pas échappés, ils ont été volés; mais par qui?

— Le sais-je, moi !

— Oh ! quelle agréable chose, sir !... Une aventure..., une véritable aventure ! » répétait l'Anglais, la bouche fendue jusqu'aux oreilles et riant de tout son cœur.

Lorsque le soleil se fut complètement levé, je reconnus les traces de six hommes.

« Six hommes ! remarqua Lindsay ; combien faut-il que nous soyons pour les poursuivre ?

— Deux. Les deux domestiques garderont les tentes, et on fera dire aux hommes du yacht de ne pas lever l'ancre avant notre retour. Êtes-vous bon coureur ? Préférez-vous que je prenne Bill avec moi ?

— Non ; excellent coureur... Une aventure ! »

En deux minutes mon original fut prêt ; il jeta sur son épaule ce singulier hoyau dont il ne se séparait guère plus que de son fusil, et me suivit.

Il s'agissait d'atteindre les pillards avant qu'ils eussent pu rejoindre le gros de leur troupe, car ils ne devaient point être isolés. Nous courûmes de toutes nos forces ; les longues jambes de l'Anglais dévoraient le chemin.

Nous nous trouvions dans une saison qui transformait toute cette rive en prairie ; nous allions au milieu des fleurs et des touffes d'herbes : il était aisé de suivre une trace au milieu de cette végétation. Nous fûmes ainsi conduits sur les bords du petit fleuve qui descend impétueusement de Djebel Djehennem pour rejoindre le Tigre. Aux approches de ce cours d'eau, je remarquai une grande quantité de pas d'hommes et de chevaux, puis la trace bien marquée de dix chevaux. La chose devenait claire : nos voleurs avaient retrouvé près du rivage leurs propres montures, ils s'en étaient servis pour emmener les nôtres.

« Les misérables ! grommela Lindsay, ils vont nous échapper !

— Ces gens doivent être des pillards qui guettent les vaisseaux lorsqu'ils abordent, et qui assaillent les campements de nuit. Leurs pas semblaient se diriger vers l'ouest ; d'ailleurs ils n'auraient pu faire passer le fleuve à leurs chevaux en cet endroit. Il faut suivre encore un peu la trace, puis traverser l'eau pour essayer de les suivre de l'autre côté. Êtes-vous bon nageur ?

— Oh ! yes. »

Nous fîmes de nos vêtements un énorme paquet, et nous passâmes l'eau sans trop de peine; puis nous marchâmes encore environ pendant deux milles anglais, en allant toujours à l'ouest; enfin nous atteignîmes le sommet d'une petite montagne qui pouvait nous servir d'observatoire. De là nous ne découvrîmes aucun signe de vie ou d'habitation humaine : mon Anglais paraissait tout à fait désappointé.

« Nous les retrouverons, lui dis-je. Je n'abandonne pas ainsi la partie... Tenez, regardez !

— Ce sont eux, cria Lindsay en gambadant de joie. Ils viennent vers nous. Je les tue tous !

— Ce sont des hommes, sir.

— Des voleurs ! point de merci !

— Alors, sir, je ne vous accompagne pas davantage ; je défends ma peau quand on l'attaque, mais je ne tue personne de gaieté de cœur, même pour punir un vol.

— Eh bien ! reprenons-leur seulement les chevaux.

— Oui, ce sont eux, sans le moindre doute ; voici dix montures et six cavaliers. Il faut nous dissimuler, afin qu'ils ne nous aperçoivent pas tout de suite. Notre champ d'opération doit être entre la montagne et le fleuve ; marchons encore cinq minutes, et nous rencontrerons un passage si resserré, qu'il ne sera guère possible à nos voleurs de nous éviter. »

Nous redescendîmes en courant près de la rive ; nous eûmes de quoi nous cacher dans les bambous. Notre attente ne dura guère : la petite troupe passa près de nous. L'Anglais était trop bien caché pour que ces hommes pussent l'apercevoir ; quant à moi, je sortis tout à coup du milieu des herbes et des roseaux, me plaçai vis-à-vis d'eux; puis, sans quitter la gâchette de mon fusil, je les saluai à la manière arabe :

« Salam aleïkoum ! »

La bande de pillards s'arrêta tout étonnée.

« Aleïkoum ! répondit l'un d'eux. Que fais-tu ici ?

— J'attends mon frère, qui doit venir m'aider.

— Pourquoi as-tu besoin d'aide ?

— Tu le vois, je suis sans monture; comment pourrais-je parcourir le désert ? Tu as quatre chevaux de trop ; vends m'en un.

— Nous ne vendons point ces chevaux.

— Ah ! je comprends, tu es un favori d'Allah ! Tu ne vends

pas ces chevaux, parce que ton bon cœur te commande de m'en donner un.

— Allah guérisse ton intelligence ! je ne vends ni ne donne mes bêtes.

— O modèle de générosité, tu veux gagner quatre fois le paradis, car tu vas me donner les quatre chevaux : j'en ai besoin pour mon voyage.

Allah kérim ! cet homme est un *déli* (fou), il a perdu l'esprit.

— Songe, mon frère, que les fous prennent ce qu'on leur refuse. Regarde, nous sommes deux ; tu rendras peut-être à celui-ci les bêtes qui lui appartiennent ! »

Lindsay venait de sortir de sa cachette et se plaçait à mes côtés ; les Arabes comprenaient à présent ce que nous voulions. Le chef mit sa lance en arrêt, pendant que je lui criais :

« Rends-nous les chevaux volés ce matin par tes gens !

— Créature misérable ! tu es vraiment fou ! Si nous vous avions volé vos chevaux, auriez-vous pu nous rejoindre à pied ?

— Peut-être ! Écoute : tu sais bien que ces quatre chevaux appartiennent aux Francs débarqués hier au soir sur cette rive. Comment as-tu pu croire que les Francs laisseraient ce vol impuni ? Ne sais-tu pas qu'ils sont plus forts et plus habiles que toi ? Tu le vois, nous avons retrouvé ta trace. Cependant, comme je n'aime pas à répandre le sang, je te somme de me rendre les chevaux, puis nous te laisserons continuer ta route en paix.

— Vous n'êtes que deux et nous sommes six ! » reprit l'Arabe en ricanant.

Il brandit sa lance pour fondre sur moi. Je tirai en visant son cheval : la monture et le cavalier tombèrent. Un second coup atteignit un autre cheval; nous profitâmes de l'étonnement de la troupe pour nous élancer sur nos chevaux, dont les Arabes avaient abandonné la bride.

Nous lançâmes nos montures au galop ; les Arabes criaient et tiraient, mais nous étions déjà loin avant qu'ils eussent relevé leur chef.

Nous fîmes un long détour pour retrouver le gué, et nous arrivâmes heureusement à nos tentes. L'Anglais semblait radieux.

Il voulait écrire de suite la relation de ses prouesses pour le Traveller-Club ; je lui conseillai d'attendre son retour en Angleterre.

Nous renvoyâmes le yacht, et nous restâmes seuls au désert. Lindsay aurait désiré prendre beaucoup de bagages et de provisions. Je lui fis remarquer combien cela deviendrait embarrassant. Il ne fallait pas surcharger nos bêtes ; d'ailleurs, pour bien connaître un pays, il vaut mieux vivre à l'aventure.

« Eh bien ! comme vous voudrez, s'écria mon brave Anglais ; partons, allons commencer nos fouilles ! »

Lindsay avait lu beaucoup de relations et de commentaires sur les fouilles de Khorsabad-Nimrod, El Hather et autres lieux ; le désir de se faire un nom, en enrichissant le British muséum de nouvelles découvertes, était devenu chez lui une idée fixe. Je lui fis remarquer que nous ne pouvions entreprendre nos travaux souterrains sans une permission du gouvernement turc.

« Bah ! repartit l'Anglais, qui ne comprenait pas qu'on pût l'arrêter dans son ardeur, Ninive n'appartient point à la Turquie.

— Ses ruines se trouvent sur un sol dont le Grand Seigneur est suzerain, répondis-je. Il est vrai que le sultan n'exerce ici qu'un pouvoir à peu près nominal ; ce sont les Arabes nomades qui restent les maîtres du terrain, et si vous voulez vous passer du gouvernement turc, il faut au moins vous assurer de bons rapports avec les tribus que nous allons rencontrer ; sans quoi ni vos trouvailles ni votre vie même ne seront en sûreté. C'est pourquoi, tout en vous conseillant de diminuer les bagages, je vous ai engagé à ne point négliger les présents pour les chefs.

— Les étoffes de soie ?

— Oui ; elles ont, dans ce pays, une très grande valeur et tiennent peu de place pour le transport.

— Très bien ! j'ai ce qu'il faut ; mais à quels chefs nous adresserons-nous ?

— La tribu la plus puissante est celle des El Chammar. Elle campe dans les pâturages du sud, sur la pente des montagnes, vers la rive droite du Thathar, assez loin d'ici ; plus près, nous rencontrerons les Obeïd, les Abou Salmoun, les Abou Ferhan, qui émigrent un peu partout, affectionnent une place, puis la quittent, quand leurs troupeaux l'ont épuisée, pour porter leurs tentes ailleurs. Toutes ces tribus vivent dans des querelles per-

« Salam aléïkoum ! Que faites-vous ici ? nous demanda l'un des cavaliers.

— De quelle tribu es-tu ? repartis-je.

— De la tribu des Haddedîn, qui appartient à la race illustre des Chammar.

— Comment se nomme ton cheikh ?

— Son nom est Mohammed Emin.

— Se trouve-t-il loin d'ici ?

— Non ; veux-tu le voir ? Viens avec nous. »

Les Bédouins firent un long détour en s'écartant, pour arriver à nous rejoindre ; décrivant une courbe, ils mirent une véritable coquetterie à nous montrer leur art suprême : l'art de monter à cheval. Le grand point de l'équitation pour eux est d'arrêter court sa monture au milieu d'une course effrénée. Mais, par là même, les chevaux arabes deviennent aisément ombrageux et vicieux.

Je ne crois pas d'ailleurs que ces peuples puissent se vanter d'être les premiers cavaliers du monde, comme ils se l'imaginent : les Indiens les surpassent de beaucoup. Cependant mon compagnon de voyage semblait enchanté de cette voltige ; il criait :

« Admirable ! admirable ! Ah ! je n'en ferais pas autant... Non ! je me casserais le cou.

— J'ai vu mieux ! lui dis-je.

— Oh ! et où donc ?

— En Amérique, dans les forêts vierges, sur les fleuves gelés, dans les *cagnons* (défilés de montagnes), quand on les traverse avec des chevaux non ferrés.

— J'irai en Amérique, master ! J'aime beaucoup les aventures, moi ! Mais que disent ces gens ?

— Ils nous saluent, ils s'informent du but de notre voyage, offrent de nous conduire vers leur chef Mohammed Emin, le cheikh des vaillants Haddedîn.

— Ces hommes sont vaillants ?

— Tous les Arabes se disent très braves et le sont dans une certaine mesure, ce qui n'a rien de surprenant : ils ne s'occupent d'aucune industrie, d'aucune agriculture, d'aucun commerce, d'aucun art. Ils laissent aux femmes tous les travaux de campement ; du matin au soir ils ne font autre chose que de chevau-

cher, fumer, piller, se battre et se surprendre les uns les autres par des ruses de guerre.

— Très agréable ! Je voudrais être cheikh...; mais les fouilles avant tout ! »

Cependant, en suivant nos guides, nous arrivions dans une partie plus animée de la plaine; bientôt nous aperçûmes la tribu entière se préparant à une halte. Il n'est pas facile de peindre le coup d'œil offert par ces peuplades nomades, au moment où elles changent de place et se dirigent en longues files vers de nouveaux pâturages.

J'avais traversé le Sahara et parcouru une partie de l'Arabie, où j'avais étudié beaucoup de tribus des Arabes de l'occident; mais celles-ci offraient un aspect tout différent. Entre les peuplades des oasis du Sahara et celles de la plaine des Sennaar, comme l'appelle la sainte Écriture, le contraste est frappant à l'extérieur; il l'est aussi dans les habitudes de la vie et les mœurs intimes.

Nous nous trouvions dans une prairie presque sans limite, n'ayant aucune ressemblance avec les oasis de l'ouest et rappelant plutôt une savane immense, couverte de fleurs, riante et parfumée.

Là on dirait que le brûlant simoun n'a jamais soufflé sur la plaine. Point de dunes sablonneuses, point de ruisseaux au lit desséché, point de fée Morgane épiant le voyageur fatigué pour lui faire sentir sa maligne influence et l'éblouir de son mirage.

Toute cette plaine présente l'image d'une vie heureuse, facile, fleurie; les hommes qui l'habitent ne sont ni sauvages ni sanguinaires, comme du côté ouest du Nil; la lumière même de ce vaste horizon a des reflets plus doux, plus calmes que ceux du soleil brûlant du désert.

Plus nous avancions, plus nous nous étonnions de l'immense quantité de troupeaux rassemblés dans la prairie : chevaux, brebis, chameaux, formaient une innombrable multitude; nous en avions maintenant devant et derrière nous, à droite, à gauche, aussi loin que le regard pouvait porter; on eût dit une mer onduleuse dont chaque tête de bétail représentait une vague. Bientôt nous aperçûmes de longues files de bœufs et d'ânes chargés des tentes repliées, des bagages, des ustensiles, etc. Les uns étaient couverts de tapis aux riches couleurs; les autres portaient de monstrueux chaudrons dominant une montagne d'effets empilés sur le dos de ces pauvres bêtes ; on avait lié les vieillards, les malades, quelques femmes incapables de marcher ou de se tenir en selle. Je remarquai un âne dans le bât duquel, — ou plutôt dans le sac pendu à la selle, — se montraient les petites têtes curieuses de deux enfants qui regardaient par une étroite ouverture. Comme contrepoids on avait mis de l'autre côté des agneaux et des chevreaux bêlant d'une façon lamentable à chaque pas du pauvre baudet.

Les gens valides du camp suivaient à pied : jeunes filles vêtues seulement de l'étroite chemise arabe, femmes portant leurs enfants sur l'épaule, petits garçons poussant joyeusement devant eux un troupeau de moutons.

Après eux venaient les conducteurs de dromadaires, gravement assis sur leurs bêtes et tenant en main, au bout de longues cordes, les plus beaux chevaux de la tribu ; enfin les cavaliers, munis de longues lances garnies de plumes et courant comme le vent dans la plaine pour mettre de l'ordre dans la marche du convoi, pour ramener les bêtes qui s'en écartaient.

Rien de singulier comme l'aspect et le harnachement des chameaux qui servent de montures aux femmes des chefs. J'avais vu souvent, en traversant le Sahara, des chameaux portant des paniers semblables à de longs berceaux, où se tiennent les voyageuses de distinction. Ici deux perches, longues de dix mètres au moins, sont placées devant et derrière la bosse du chameau, en travers du dos de l'animal, puis réunies à leurs extrémités par des cordes ou des lanières de cuir ; on les garnit, ainsi que la selle et les brides, de franges, de houppes de toutes couleurs, de coquillages, de grains de verroterie, etc. Le cadre ovale formé par les perches s'étend à plusieurs mètres à droite et à gauche de la bête ; sur la bosse du chameau se trouve un filet ou une pièce d'étoffe, maintenue en hauteur par une sorte de carcasse et affectant à peu près la forme d'une guérite, laquelle est également agrémentée de pompons, de houppettes, de bouffettes de toutes sortes. Au milieu de ce belvédère s'assied la dame, comme sur un trône orné de son dais.

Les proportions de cet équipage sont tellement exagérées et singulières, que l'ensemble présente de loin un peu l'effet d'un papillon monstre ou d'une gigantesque libellule aux ailes tombantes. La marche presque cadencée du chameau et ses grandes jambes sous cet appareil contribuent à la bizarrerie de la silhouette.

Notre apparition au milieu de la caravane causa tout d'abord une surprise extrême. Le costume européen de sir Lindsay et de ses domestiques, l'habit à carreaux gris de l'Anglais surtout, étaient bien faits pour cela. Ces gens nous regardaient comme on regarderait un Arabe s'il traversait dans son pittoresque et majestueux costume les rues de Paris ou de Vienne.

Nos guides nous firent fendre la presse pour nous conduire devant une tente nouvellement dressée, autour de laquelle des lances étaient fichées en terre, signe distinctif de la demeure du chef. De nombreux esclaves étaient occupés à construire d'autres tentes environnant celle-là ; ils avaient soin de donner au camp la forme d'un grand cercle.

Les cavaliers qui nous amenaient sautèrent à bas de leurs montures, pénétrèrent dans la demeure principale et en sortirent bientôt accompagnés du chef, dont l'aspect me fit songer aux patriarches. Je croyais, en vérité, voir Abraham sortant de sa tente dans la vallée de Membré pour saluer ses hôtes. Le chef arabe portait une longue barbe blanche comme la neige, descendant jusqu'au bas de la poitrine ; mais il semblait encore plein de vigueur ; ses yeux noirs et perçants se fixèrent sur nous d'une façon assez peu bienveillante ; il leva les mains à hauteur du cœur, puis nous salua lentement par ce mot :

« Salam ! »

C'est le salut qu'un vrai croyant adresse à l'infidèle, tandis qu'il prononce toujours le *Salam aléïkoum* lorsqu'il aborde un frère.

« Aléïkoum ! » répondis-je en descendant de cheval.

Le vieillard me regarda plus fixement encore, et me demanda :

« Es-tu mahométan ou giaour ?

— Depuis quand un fils de la noble race des Chammar adresse-t-il à son hôte une pareille question ? Le Coran ne dit-il pas : « Nourris l'étranger et désaltère-le ; laisse-le reposer près de toi sans lui demander ni d'où il vient ni où il va ? » Qu'Allah te pardonne de recevoir tes hôtes comme des cabassers turcs ! »

Notre Arabe fit un geste d'impatience ; il reprit en regardant l'Anglais :

« Les Chammar et les Haddedîn reçoivent tout le monde avec honneur, excepté les traîtres et les fourbes !

— Que veux-tu dire ?

— Je parle des hommes qui viennent du couchant pour exciter les pachas contre les fils du désert. A quoi sert-il à la reine *des Iles*[1] d'avoir un consul à Mossoul ?

— Ces trois hommes n'appartiennent pas au consulat. Nous sommes des voyageurs fatigués ; nous ne réclamons de toi qu'un peu d'eau et quelque nourriture pour nos chevaux.

— Si vous ne venez pas du consulat, vous aurez ce que vous demandez. Entrez, soyez les bienvenus. »

Nous attachâmes nos bêtes aux faisceaux de lances et nous pénétrâmes dans la tente. Là on nous offrit du lait de chamelle avec quelques galettes d'orge à moitié desséchées. Décidément le cheikh se refusait à nous traiter comme des hôtes.

Pendant tout le repas, il nous regarda d'un air sombre sans prononcer un seul mot. L'Arabe devait avoir un motif grave pour se défier des étrangers, et je m'aperçus bien qu'il eût été fort curieux d'obtenir sur notre compte des renseignements précis, seulement il ne savait pas comment y parvenir.

Lindsay de son côté inspectait la tente avec défiance ; il me dit assez bas en anglais :

« Mauvaises gens, hein ?

— Ils n'ont pas l'air trop tendres à notre endroit, en effet.

— On dirait qu'ils veulent nous manger tout crus, hein ?

— Ils nous ont reçus comme des infidèles, nous ne sommes point admis en qualité d'hôtes ; tenons-nous sur nos gardes.

— Nous ne sommes pas les hôtes du cheikh ? Mais nous mangeons et buvons dans sa tente !

— Il ne nous a point offert le pain de sa propre main, il ne nous a pas donné le sel. Il vous reconnaît pour un Anglais, et il paraît qu'il hait les Anglais.

— Pourquoi cela ?

— Je n'en sais rien.

— Demandez-le-lui.

— Ce serait contre les convenances ; mais je pense que nous finirons par l'apprendre. »

---

[1] La reine d'Angleterre.

Notre chétif repas terminé, je me levai et dis d'un ton solennel :

« Tu nous as donné de quoi apaiser notre faim et notre soif, Mohammed Emin, nous te remercions; nous vanterons ton hospitalité dans tous les lieux où nous passerons. Adieu! qu'Allah te bénisse, toi et les tiens! »

L'Arabe ne s'attendait pas à ce salut d'adieu; il répondit avec une sorte de remords :

« Pourquoi partir si vite? Restez, reposez-vous chez moi.

— Nous voulons partir, car le soleil de ta faveur ne luit point sur nous.

— Vous avez été reçus en paix dans ma tente, vous y êtes en sûreté.

— Le penses-tu? Je ne me crois point en sûreté dans le *beit* (tente noire) d'un Arabe de la race des Chammar. »

Le vieillard mit la main sur son coutelas.

« Tu m'offenses! s'écria-t-il.

— Non, je dis seulement ma pensée. La tente des Chammar n'est sûre pour personne, et bien moins encore pour celui auquel on n'a point offert l'hospitalité suivant les usages.

— Faut-il te frapper, étranger? Quand est-ce que les lois de l'hospitalité ont été violées parmi nous?

— Elles ont été violées non seulement envers des étrangers, mais même envers des hommes de votre race. »

C'était là un reproche terriblement sanglant vis-à-vis d'un Arabe; mais pourquoi aurais-je ménagé un homme qui venait de nous traiter comme des mendiants et nous nourrir de croûtes sèches? Je continuai hardiment :

« Non, tu ne me frapperas pas, cheikh, d'abord parce que je te dis la vérité, ensuite parce que je saurais me défendre!

— Prouve-moi que tu as dit vrai!

— Écoute, je vais te raconter une histoire :

« Il y avait une tribu nombreuse et puissante qui se prit de querelle avec une ferka (tribu, clan) plus faible. La grande tribu était gouvernée par un chef valeureux, mais dans le cœur duquel habitaient la malice et la ruse. Les siens devinrent mécontents de lui et se tournèrent petit à petit vers le cheikh de la ferka ennemie. Le chef l'apprit; il fit inviter le cheikh à une conférence; celui-ci ne s'y rendit point. Le chef alors envoya son fils près du cheikh. Ce fils était brave, généreux, il aimait la vérité; il dit au cheikh de la ferka :

« Suis-moi. Je jure, par Allah, que tu seras en sûreté dans la tente de mon père. » L'autre répondit : « Je ne voulais point aller vers ton père, malgré tous ses serments et toutes ses promesses; mais je crois en toi; pour te témoigner ma confiance, je t'accompagnerai sans aucune suite. »

« Ils montèrent à cheval, chevauchèrent ensemble, et arrivèrent au camp. Lorsqu'ils entrèrent dans la tente, ils la trouvèrent pleine de guerriers. On fit asseoir le cheikh près du grand chef; il prit part au repas, on le combla de paroles d'amitié. Mais après le festin on se saisit de lui pour le tuer. Le fils du chef voulut s'interposer; on lia le fils du chef. L'oncle du chef prit la tête du cheikh entre ses genoux pour l'égorger comme on égorge un mouton. Alors le jeune homme, qui avait donné sa parole à la malheureuse victime, se débattit entre les mains de ceux qui le retenaient, déchira ses habits et fit de sanglants reproches à son père. Son père l'eût tué si des amis ne l'eussent entraîné dehors. Connais-tu cette histoire, cheikh Mohammed Emin?

— Je ne la connais pas; c'est une histoire qui n'est jamais arrivée.

— Elle est arrivée, et dans ta propre tribu. Faut-il te dire les noms? Le traître s'appelait Nedjris, son fils Ferhan, son oncle Hadjar, et le cheikh assassiné était le fameux cheikh Sofak, de la race des Chammar.

— Comment as-tu connu ces noms? Tu n'es point un Chammar, ni un Obeïd, ni un Abou Salmoun. Tu parles le langage des Arabes de l'ouest; tes armes ne sont pas celles des guerriers d'Al Djezirah[1]. Qui a pu te raconter cette histoire?

— La honte d'une tribu s'étend au loin, les peuples se la racontent. Tu le vois, je t'ai dit la vérité. Comment pourrais-je me fier à toi? Tu es un Haddedîn; les Haddedîn appartiennent à la race des Chammar. De plus, tu nous as refusé l'hospitalité. Nous partons. »

Le vieillard leva les bras et fit un geste de mécontentement en disant :

---

[1] Mot à mot : *de l'île*. Les Arabes désignent ainsi la contrée qui s'étend entre l'Euphrate et le Tigre.

« Tu es un hadji, et tu fais ta société des giaours!

— Comment vois-tu que je sois un hadji?

— A ton hamaïl [1]; je dois t'héberger gratuitement; quant à l'infidèle, il payera le djyzet (l'impôt sur les étrangers) avant de partir.

— Il ne doit rien payer, ni pour lui ni pour ses gens, car il voyage sous ma protection.

— Il n'a pas besoin de ta protection, il a celle de son consul, qu'Allah maudisse!

— Ce consul est ton ennemi?

— Oui, il est mon ennemi; il a obtenu du gouverneur de Mossoul l'arrestation de mon fils, il a excité contre moi les Obeïd, les Abou Hamed et les Djouari, qui me volent maintenant mes troupeaux et cherchent à perdre ma tribu.

— Unis-toi à d'autres tribus et défends-toi.

— Il le faudra bien; mais le gouverneur a rassemblé une armée pour porter la guerre dans les pâturages, et j'ai peu d'appui. Qu'Allah me protège!

— Mohammed Emin, j'ai entendu dire que les Obeïd, les Abou Hamed et les Djouari sont des brigands. Je ne les aime pas; je suis l'ami des Chammar, car je les tiens pour les plus braves et les plus nobles d'entre les Arabes; je souhaite donc que tu triomphes de tes ennemis. »

En disant ces mots, j'exprimais ma pensée plutôt que je ne faisais un compliment banal; malgré le trait que je venais de citer au vieux chef afin de le rappeler à la politesse, j'avais une certaine estime pour cette tribu, dont les Ateïbeh parlaient avec éloge. Le ton avec lequel je prononçai mon souhait parut impressionner le cheikh.

« Es-tu réellement l'ami des Chammar? me demanda-t-il.

— Oui, et je déplore la division survenue entre eux, car elle les affaiblit.

— Elle les affaiblit, dis-tu? Allah est grand et les Chammar sont assez braves pour lutter seuls contre leurs adversaires. Qui donc t'a parlé de nous?

— Il y a longtemps que j'ai lu votre histoire; d'ailleurs je viens

---

[1] Étui garni d'or dans lequel se place un exemplaire du Coran, et que les hadji seuls ont le droit de porter suspendu au cou.

de faire quelque séjour là-bas, dans le Belad Arab, chez les fils des Ateïbeh; ils m'ont donné de vos nouvelles.

— Tu viens de voir les Ateïbeh? s'écria le cheikh étonné.

— Oui.

— Ils sont nombreux et puissants, mais la malédiction pèse sur eux.

— Tu veux parler du bannissement qui a frappé le cheikh Malek. »

Le vieillard se leva vivement.

« Par Allah! tu connais Malek, mon ami, mon frère!

— Je le connais, lui et ses gens.

— Où les as-tu rencontrés?

— Près de Djeddah; j'ai voyagé avec eux en traversant le Belad Arab, du côté d'El Nahman, puis nous avons atteint le désert de Mascate.

— Et tu les connais tous?

— Tous.

— Tu connais aussi, — pardonne si je te parle d'une femme, — tu connais Amcha, la fille de Malek?

— Oui, je la connais; Abou Seïf en avait fait sa femme, mais elle s'est vengée.

— En vérité! La vengeance est accomplie?

— Oui, il est mort. Hadji Halef Omar, mon serviteur, l'a frappé; pour récompense Amcha lui a donné sa fille Hanneh.

— Ton serviteur? Tu n'es donc pas un simple guerrier?

— Je suis un fils des Oulad Djerman, et je parcours ces contrées pour chercher des aventures.

— Oh! maintenant je comprends, tu fais comme Haroun al Raschid; tu es un cheikh, un émir, tu veux combattre en tout lieu et te rendre célèbre. Ton serviteur a tué le puissant « Père du Sabre »; puisque tu es le maître, tu dois être encore un bien plus grand héros que ton compagnon. Mais où se trouve ce vaillant hadji Halef Omar? »

Je n'avais nulle envie de diminuer la haute opinion que le vieillard commençait à professer pour ma personne et pour celle de Halef; je repris avec un peu d'emphase :

« Tu verras bientôt Halef Omar; le cheikh Malek te l'envoie comme ambassadeur, car il voudrait obtenir l'incorporation de sa tribu avec la tienne, afin de demeurer en paix près de toi.

— Il sera le bienvenu, le *très bienvenu*. Raconte-moi, ô émir, raconte-moi tout ce que tu sais de mes frères les Ateïbeh. »

Il se rassit; je l'imitai; puis je lui fis le récit de ma rencontre et de mes voyages avec la tribu, du moins dans les détails qui pouvaient l'intéresser.

« Pardonne, émir, me dit-il affectueusement, je ne pouvais deviner ces choses. Tu marchais à côté de ces Anglais, et je hais les Anglais! N'importe; ils seront mes hôtes avec toi. Permets que j'aille faire préparer le repas. »

Il m'avait touché la main, j'étais désormais en sûreté dans sa tente; je tirai de ma poche le flacon de l'eau du Zem-Zem, et lui dis :

« Tu vas près de la bent amoun [1] pour faire préparer le repas?

— Oui.

— Eh bien! salue-la de ma part et bénis-la avec quelques gouttes de cette eau. J'ai rempli ce flacon à la fontaine du Zem-Zem; qu'Allah soit avec elle!

— Sidi, tu es un vaillant héros et de plus un grand saint! Viens, tu verseras toi-même l'eau sur elle. Les femmes des Chammar laissent voir leur visage. »

Je connaissais cette particularité de mœurs chez les Chammar, et j'avais rencontré sur ma route beaucoup de femmes non voilées; mais ce qui m'intéressait le plus était de pénétrer dans l'endroit réservé à la population féminine de la tente. Nous nous levâmes; le trajet ne fut pas long; tout près de la tente du vieux cheikh, celle des femmes venait d'être dressée. Quand nous y pénétrâmes, cinq femmes étaient diversement occupées. Deux d'entre elles pilaient l'orge entre des pierres; une troisième surveillait l'opération assise dans un endroit élevé. C'était sans doute la femme en titre, la maîtresse de céans. Les deux autres appartenaient à la race nègre et servaient comme esclaves.

Dans un coin de la tente, je remarquai de nombreux sacs de riz, de dattes, de café, d'orge, de fèves, sur lesquels on avait étendu de précieux tapis; c'est sur ce singulier trône que nous reçut la femme du cheikh.

---

[1] *Bent amoun* signifie proprement *la cousine*. C'est une des formes sous lesquelles les Arabes déguisent le nom de leurs femmes quand ils sont contraints d'en parler.

Jeune encore, d'une taille élancée, l'Arabe avait un beau teint, des traits réguliers, des yeux noirs et brillants qui ne manquaient point d'expression. Ses lèvres étaient peintes en rouge, ses sourcils noircis de manière à ne former qu'une ligne au-dessus du nez; des points noirs couvraient son nez et ses joues en guise de grains de beauté; sur ses bras et ses pieds nus ressortaient les lignes d'un tatouage rougeâtre. La femme de Mohammed portait aux oreilles d'énormes anneaux descendant jusqu'aux épaules; son nez était également traversé par un anneau autour duquel brillaient plusieurs pierres précieuses d'une grosseur remarquable.

Cet ornement devait être peu commode pendant les repas. Plusieurs rangées de perles de corail, de grains d'Assyrie, de pierres précieuses entouraient le cou de la noble Arabe; ses chevilles, ses poignets, le haut de ses bras avaient pour ornements de larges cercles d'argent.

Les autres femmes, moins parées, ne manquaient pourtant point de bijoux.

« Salam! dit le cheikh en entrant, je vous amène un guerrier de la race des Djerman, un grand saint qui vous apporte la bénédiction du Zem-Zem. »

Aussitôt toutes les femmes se prosternèrent contre terre; la reine de la tente elle-même descendit de son piédestal et s'agenouilla pieusement. Je fis couler quelques gouttes d'eau dans le creux de sa main, puis elle en aspergea ses compagnes.

« Acceptez cette eau, avais-je dit en m'approchant de la femme du cheikh, et que Dieu le père de tous les peuples vous bénisse, ô fleurs du désert! Qu'il vous garde en santé et en joie, que votre parfum rafraîchisse le cœur de votre seigneur et maître! » Lorsque j'eus replacé mon flacon dans mes vêtements, les femmes se levèrent; elles s'empressèrent de me remercier, ce qu'elles firent en me tendant la main, absolument comme des Européennes.

« Maintenant, leur dit le chef, hâtez-vous de préparer un repas digne de cet homme. Je l'ai invité, il devient mon hôte, et tout le monde doit se réjouir de l'honneur qu'il fait aujourd'hui à notre tente. »

Mohammed me reconduisit ensuite près de mes compagnons et s'éloigna pour donner des ordres à ses Bédouins.

« D'où venez-vous ? me demanda Lindsay.

— De la tente des femmes.

— Pas possible !

— Ces femmes se laissent voir sans voiles.

— Conduisez-moi près d'elles, je vous prie.

— Ce serait contre l'usage ; je n'y ai pénétré que parce qu'ils me prennent pour un pèlerin ; j'ai sur moi de l'eau de la Mecque, dont les effets, vous le voyez, sont merveilleux.

— Ah ! misérable que je suis ! Il me faudrait de cette eau.

— Cela vous servirait peu, vous ne savez pas l'arabe.

— Les ruines sont-elles ici ?

— Ici, non ; mais nous devons en approcher.

— Informez-vous donc ! Je voudrais déjà commencer mes fouilles. D'ailleurs ces gens nous donnent une nourriture détestable.

— Patience ! on va vous servir un grand festin arabe.

— Ah ! Ce cheikh n'a pourtant pas l'air trop hospitalier, hein ?

— Ses manières vont changer, vous verrez ; je connais des Arabes qu'il nomme ses frères ; je suis très bien vu de lui maintenant, il nous traitera en hôtes ; seulement il faudra faire retirer les domestiques. Ces gens se regarderaient comme offensés si vous vouliez faire manger vos serviteurs avec eux. »

Le cheikh ne tarda guère à reparaître ; puis après lui tous ses invités entrèrent dans la tente, qui put contenir à peine l'assemblée. Chacun s'assit suivant son rang, en formant un grand cercle. Le chef nous fit placer, l'Anglais et moi, à ses côtés.

Bientôt les esclaves noires, aidées de quelques Bédouins, apportèrent les mets.

On avait étendu devant nous la *soufra*, sorte de nappe en cuir tanné, dont les bords sont ornés de franges et de broderies de différentes couleurs. Cette nappe est munie d'une quantité de poches ou sacs ; repliée, elle sert pour transporter ou conserver les menues provisions.

On commença par le café, versé à chaque convive dans une petite tasse ; après quoi on nous présenta une marmite de *salata*, mets très rafraîchissant, consistant en lait caillé dans lequel on coupe des tranches de concombre assaisonnées légèrement avec du poivre et du sel.

Les esclaves placèrent devant le chef un large vase plein d'eau, où baignaient trois flacons : deux de ces bouteilles étaient remplies *d'araki;* la troisième contenait une eau de senteur avec laquelle le cheikh devait nous asperger à la fin de chaque service.

On apporta ensuite du beurre liquide, contenu dans une immense soucoupe. Les Arabes nomment ce mets *zamou;* ils le servent à la fois comme entrée et comme dessert; ils l'aiment beaucoup. Des corbeilles de dattes furent entassées sur la nappe; elles contenaient les dattes exquises nommées *el chelebi,* qui se conservent et s'aplatissent dans des caisses, comme chez nous les figues ou certains pruneaux. Ces dattes ont environ deux pouces de long et renferment très peu de pépins; leur odeur et leur goût sont également agréables. J'aperçus aussi ces fameuses *adjoua,* qu'on ne trouve jamais dans le commerce; car les mahométans les regardent comme sacrées, leur prophète en ayant parlé ainsi : « Celui qui rompt le jeûne chaque jour avec cinq ou six adjoua ne craindra ni le poison ni les enchantements. »

Enfin nous pûmes comparer les *hiloua,* les douces *djouseiriye,* etc., etc., toutes les espèces de dattes réputées les plus précieuses. Les convives d'un rang moins élevé se contentaient de dattes ordinaires séchées sur l'arbre. Je remarquai encore les *cravates de Syrie,* dattes cueillies toutes vertes et passées dans l'eau bouillante, ce qui leur fait prendre une teinte jaunâtre; on les enfile à un cordon, puis on les fait sécher au soleil. On servit de plus un grand vase rempli de *kounafa,* sorte de pâte sucrée; après quoi notre hôte, levant les mains en l'air, donna le signal du repas.

Tous les plats et toutes les corbeilles restaient, autant que possible, à sa portée; il en vida le contenu en y plongeant les mains et nous présenta, à moi d'abord, puis à l'Anglais, les meilleurs morceaux, les portant complaisamment à notre bouche. Je l'aurais bien volontiers dispensé de cette politesse; mais il fallait se conformer aux usages, si on ne voulait s'attirer mille désagréments. Master Lindsay, à demi suffoqué, ne pouvait avaler; il tenait sa bouche en carré, tout prêt à retirer la poignée de pâtée que le cheikh venait de lui entonner. Je remarquai cette grimace et lui criai en anglais :

« Mangez, sir! ou vous allez offenser mortellement ces Arabes! »

L'Anglais ferma la bouche, en s'efforçant d'avaler.

« Brrrou ! murmura-t-il. J'ai un couteau, une fourchette et une cuiller dans ma petite valise, je vais...

— Gardez-vous en bien ! Il faut suivre les usages du lieu, autrement...

— Horreur ! reprit mon malheureux compagnon.

— Que dit cet homme ? me demanda le chef.

— Il se félicite de ton bon accueil.

— Oh ! je veux le traiter dignement à cause de toi ! »

Là-dessus le vieillard plongea sa main dans la marmite de lait caillé, et soumit de nouveau l'honorable insulaire au régime de la pâtée ; le long nez de Lindsay devint tout blanc. Incapable d'apprécier ce procédé, l'Anglais souffla une fois ou deux comme s'il allait étouffer, puis essaya de se débarrasser de la moitié de la portion tout en introduisant le reste dans son gosier rebelle.

« Affreux ! balbutia-t-il. Faut-il donc endurer cela ?

— Oui.

— C'est indispensable ?

— Tout à fait indispensable ; seulement vengez-vous.

— Comment faire ?

— Faites comme moi. »

Je plongeai la main dans la pâtée sucrée, et je remplis la bouche du chef d'une bonne poignée ; à peine avait-il avalé, que Lindsay lui présentait gravement une autre poignée de beurre à demi liquide.

Notre Arabe ne sourcilla point ; il fit ce que je n'aurais jamais cru un musulman capable de faire : il mangea de la main des infidèles, quitte à se purifier sans doute par des ablutions ou par un jeûne plus ou moins long.

Après avoir ainsi rendu la politesse au cheikh, je partageai mes faveurs entre mes plus proches voisins, ce qui parut les combler d'honneur, car ils me tenaient pour un héros, et il n'était pas bien établi que je fusse un giaour.

Il ne resta bientôt plus rien des mets qu'on nous avait servis. Le chef frappa bruyamment dans ses mains, et on apporta le *sini*. C'est une grande marmite qui mesure souvent six pieds de tour : elle est peinte et ornée d'inscriptions ; elle contient le *birgani*, mélange de riz et de viande de mouton, le tout flottant sur une mer de beurre chaud ; puis le *ouarah-machi*, ragoût de tranches de mouton fortement épicées; puis les *kabah*, petits morceaux de rôtis présentés sur des brochettes de bois; puis le *kima*, viande cuite et entourée de grenades, de pommes, de coings; enfin le *raha*, plat sucré accompagné d'une quantité de friandises du même genre.

Était-ce tout? Non pas! Au moment où je croyais le festin terminé, apparut justement la pièce principale : un mouton tout entier rôti à la broche!

Je n'en pouvais plus.

« El hamdouillah! » m'écriai-je en plongeant mes mains dans le vase rempli d'eau et en les essuyant convenablement à mes vêtements.

C'était dire que j'en avais assez; l'Oriental ne connaît pas les instances fatigantes de notre politesse; ces mots prononcés, tout est fini; mon Anglais le remarqua, non sans quelque satisfaction.

« El hamdillah! » balbutia-t-il à son tour avec empressement, puis il lava ses mains dans le vase commun. Mais où les essuyer? Le vieux cheikh vit l'embarras de l'homme aux carreaux gris; il tendit son haïk en me disant :

« Que ton ami essuie ses mains à mon vêtement. Les Anglais ne connaissent guère la propreté, car ils portent des habits qui ne peuvent leur servir quand ils ont les mains sales. »

Je transmis à Lindsay l'offre gracieuse du cheikh; il s'exécuta sans broncher.

Pour achever le festin, on nous donna encore du café, et nous dûmes goûter l'araki; enfin on apporta des pipes; alors le cheikh commença à me présenter aux autorités rassemblées.

« Hommes de la tribu des Haddedîn el Chammar, dit-il, cet homme que vous voyez est un grand émir et un hadji du pays des Oulad Djerman; son nom est...

— Hadji Kara ben Nemsi, me hâtai-je d'ajouter.

— Oui, son nom est Hadji Kara ben Nemsi. C'est le plus grand guerrier de son pays et le plus savant taleb parmi son peuple. Il possède de l'eau du Zem-Zem et va par toute la terre pour chercher des aventures. Savez-vous comment on peut l'appeler? On peut l'appeler un *djehad*[1]. Il faut essayer de l'engager à combattre avec nous contre nos ennemis. »

---

[1] *Djehad*, sorte de chevalier errant du mahométisme, combattant pour sa foi.

Tout le monde se tournait vers moi; je comprenais que cette périphrase attendait une réponse, et j'étais fort embarrassé. Que dire? Après quelques moments de réflexion, je tournai ainsi mon discours :

« Je combats pour tout ce qui est bon et juste, contre tout ce qui est faux et déloyal. Mon bras vous appartient; mais auparavant je dois conduire cet homme, qui est mon ami, là où il veut aller, car je le lui ai promis.

— Et où veut-il aller?

— Je vais vous l'expliquer. Il y a plusieurs milliers d'années, vivait dans ce pays un peuple qui avait construit de grandes villes, de beaux palais. Le peuple a péri, ses villes et ses palais gisent sous la terre, car Dieu les a renversés. Celui qui creuse aux lieux où furent ces villes retrouve leurs assises et peut s'instruire de ce que faisaient autrefois ces peuples. Voilà pourquoi mon ami est venu ici; il veut creuser cette terre pour y chercher d'anciennes pierres, d'anciennes écritures et s'efforcer de lire l'histoire des peuples disparus.

— Il voudrait bien aussi trouver de l'or sous cette terre! interrompit le chef avec défiance.

— Non, cheikh, il est riche; il a de l'or et de l'argent autant qu'il en a besoin. Il ne cherche que les écritures et les images de pierres; le reste il le laisse volontiers aux habitants de ces contrées.

— Et toi, en quoi veux-tu l'aider?

— J'ai promis de le conduire à un endroit où il puisse trouver ce qu'il désire.

— Ne t'inquiète pas pour lui; suis-nous à la guerre, et nous lui fournirons des guides; le pays est plein de ruines et de vieilles pierres.

— Mais il ne connaît pas votre langue, vous ne connaissez pas la sienne, comment pourrait-il aller sans moi?

— Eh bien! qu'il nous accompagne à la guerre; nous vous montrerons en passant beaucoup d'endroits où vous trouverez des écritures et des images de pierre. »

Lindsay remarqua qu'il était question de lui; il me demanda :
« De quoi parlent-ils?

— Ils s'informent de ce que vous venez faire chez eux.

— Le leur avez-vous dit?

— Oui.

— Vous leur expliquez, n'est-ce pas, que je veux déterrer un fowling-bull?

— Oui, oui.

— Eh bien!

— Eh bien, ils voudraient que je vous laissasse aller seul.

— Mais que feriez-vous?

— Je les accompagnerais dans la guerre qu'ils vont soutenir. Ils me prennent pour un héros sans pareil!

— Hum!... Et comment pourrai-je trouver mon fowling-bull?

— Ils offrent de vous en faire découvrir un.

— Ah! très bien! mais je ne les comprends pas.

— C'est ce que je leur ai dit.

— Que répondent-ils?

— Que vous devez venir avec nous au combat; chemin faisant, on vous montrera la place du fowling-bull.

— Bien, partons avec eux!

— Comme vous y allez!

— Pourquoi pas?

— Que nous importent les querelles de ces gens et pourquoi nous exposer au danger?

— Pouvons-nous choisir? Où trouver des guides pour nos fouilles au milieu de ce conflit?

— C'est très vrai; comment faire?

— Avez-vous peur de marcher avec ces hommes, sir? Je ne le crois pas.

— Non!

— Allons donc avec eux; dites-leur que nous sommes prêts.

— Avez-vous bien réfléchi?

— Oui. »

Il se tourna d'un autre côté, ce qui pour moi signifiait une inébranlable résolution de sa part. Je traduisis donc au cheikh la réponse affirmative, en ajoutant :

« Je t'ai dit, Mohammed, que je ne combattais que pour les bonnes et justes causes. La tienne est-elle vraiment juste?

— Faut-il te raconter notre querelle?

— Oui.

— As-tu entendu parler de la tribu des Djeherji?

— Oui, c'est une tribu traîtresse et sans foi; je sais qu'elle s'est alliée aux Abou Salmoun et aux Taï Araber pour piller et rançonner les tribus voisines.

— Tu l'as dit. Ils sont tombés sur nous et nous ont volé plusieurs troupeaux; mais nous les avons poursuivis, nous leur avons enlevé leur proie. Alors leur cheikh s'est plaint au gouverneur de Mossoul et l'a corrompu par des présents. Celui-ci m'a fait inviter à l'aller trouver à Mossoul accompagné des principaux guerriers de ma tribu.

« Je souffrais alors d'une blessure qui m'empêchait de me tenir à cheval, je lui ai dépêché mon fils avec quinze guerriers; il a été assez traître pour le retenir prisonnier, ainsi que tous mes hommes. Il a envoyé ses victimes dans un pays inconnu; malgré de nombreuses démarches, nous n'avons pu encore découvrir le lieu de leur captivité.

— Pourquoi ne pas te plaindre hautement? pourquoi ne pas menacer ce gouverneur?

— Je l'ai fait sans succès. Mes gens n'osent plus s'aventurer à Mossoul; car pour nous venger nous avons tué plusieurs soldats du gouvernement, de sorte qu'on arme à présent contre nous. Le pacha excite aussi tant qu'il peut les Obeïd, les Abou Hamed, les Djouari à nous nuire, quoique ces tribus relèvent non de lui, mais de Bagdad.

— Où campent tes ennemis?

— En ce moment ils se rassemblent pour la guerre.

— N'essayes-tu pas de t'unir aussi à quelque tribu de ta race?

— Nous ne saurions quitter les pâturages; il nous faudrait des alliés agissant séparément.

— Tu as raison; vous voudriez diviser vos ennemis, puis attirer le gouverneur au désert afin de l'affamer et de le perdre.

— C'est cela même. Le pacha ne peut pas nous faire beaucoup de mal avec son armée; mais les autres sont des Arabes, il faut les empêcher de venir sur nos pâturages.

— Combien de guerriers avez-vous?

— Onze cents.

— Et vos adversaires?

— Trois fois autant pour le moins.

— Combien te faut-il de temps pour réunir les hommes de ta tribu?

— Un jour.

— Où se trouve le camp des Obeïd?

— Sur la rive du Zab Asfal, de ce côté.

— Et celui des Abou Hamed?

— Dans les environs d'El Fatka, à l'endroit où le Tigre passe entre les monts Hamrin.

— De quel côté?

— Des deux côtés.

— Et les Djouari?

— Entre le Djebel Kermina et la rive droite du Tigre.

— As-tu envoyé des éclaireurs?

— Non.

— Tu aurais dû le faire.

— Impossible! Nos hommes sont trop facilement reconnus; mais... »

Le vieux cheikh me regardait en hésitant. Je ne sourcillai point; il continua :

— Émir, es-tu vraiment l'ami de Malek l'Ateïbeh?

— Oui.

— Es-tu aussi le nôtre?

— Oui.

— Viens donc; je te montrerai quelque chose. »

Il se leva, je le suivis avec l'Anglais et tous les assistants. Je remarquai qu'une petite tente avait été dressée près de celle du festin; les deux domestiques anglais y étaient assis et on leur servait un copieux repas. Un peu plus loin, nous trouvâmes les chevaux du cheikh; il me conduisit près d'eux; toutes ces bêtes me parurent admirables, mais deux surtout me ravirent. Il y avait une jument blanche, la plus jolie bête que j'aie de ma vie rencontrée. Ses oreilles étaient longues, fines, d'une coupe élégante; ses naseaux grands, profonds et d'un rouge vif; sa crinière et sa queue fines, souples, douces comme de la soie.

« Magnifique! m'écriai-je.

— Oh! dis bien vite : Mach'Allah! » supplia le chef. Les Arabes, particulièrement ceux de ces contrées, sont très superstitieux; ils croient que si l'exclamation qui échappe devant un objet agréable n'était point accompagnée de cette invocation, l'objet courrait grand risque d'être perdu pour le propriétaire.

« Mach'Allah! répétai-je en souriant.

— Croirais-tu, reprit le chef, qu'avec cette jument j'aie chassé l'âne sauvage au point de le fatiguer et de le forcer?

— Est-il possible?

— Par Allah, je dis la vérité. Ceux-ci peuvent l'attester.

— Nous l'attestons! crièrent gravement tous les Arabes.

— Cette jument ne me quittera qu'avec la vie! affirma le vieux cheikh; quel autre cheval te plaît le mieux après celui-ci?

— Ce bel étalon. Regarde quelles formes superbes, quelle symétrie dans tous ses membres, quelle noble tête! Et cette couleur admirable, bleue tant elle est noire!

— Tu n'as pas tout dit : il a trois qualités essentielles pour un cheval; il les possède au plus haut degré.

— Lesquelles?

— La rapidité, le courage et une haleine inépuisable.

— A quels signes reconnais-tu cela?

— Les poils tournent sur la croupe, signe de sa vitesse; ils sont tournés aussi à la naissance de la crinière, signe de la longue haleine; puis regarde comme ils sont tournés et tordus au milieu du front, signe d'un courage et d'un feu que la noble bête ne démentira pas.

— C'est un bon cheval, il ne laissera jamais son cavalier dans la bataille; il l'emporterait à travers mille ennemis! T'es-tu jamais assis sur un tel cheval?

— Oui.

— Ah! En ce cas tu es un homme bien riche!

— Il ne me coûtait rien; c'était un *mustang*.

— Qu'est-ce qu'un mustang?

— Un cheval sauvage dont on s'empare pour le dresser.

— Voudrais-tu acheter mon bel étalon noir, si j'y consentais et que tu le pusses?

— Oui certes; si je le pouvais, je l'achèterais à l'instant et sans marchander.

— Eh bien! tu peux, si tu veux, l'obtenir.

— Comment cela?

— Oui, le recevoir en cadeau.

— A quelle condition?

— Si tu nous dis en quel lieu les Obeïd, les Abou Hamed et les Djouari se réunissent, le cheval est à toi! »

Je laissai presque échapper un cri de joie. Certes, ce qu'on me demandait n'était pas facile, mais le cheval méritait un plus grand prix encore. Je n'hésitai point.

« Combien de temps me donnes-tu pour mon information? demandai-je.

— Le temps qu'il te faudra.

— Et quand remettras-tu le cheval entre mes mains?

— Quand tu seras de retour.

— C'est juste, je ne puis l'exiger auparavant, et pourtant sans lui je n'obtiendrai peut-être pas les renseignements que tu désires.

— Pourquoi cela?

— Parce que tout dépend du cheval; je ne saurais affronter le péril qu'avec une excellente monture. »

Mohammed ne répondit pas tout de suite; son regard restait fixé sur la terre; enfin il reprit :

« Sais-tu que dans une pareille entreprise le cheval peut facilement être perdu?

— Je le sais, et le cavalier aussi, cheikh; mais, monté sur une telle bête, il me semble que je défierais tout l'univers de me la prendre, comme de me prendre moi-même.

— Montes-tu bien à cheval?

— Je monte comme vous. Un cheval des Chammar sera bientôt habitué à moi.

— Bien; nous réfléchirons.

— Écoute, savez-vous tirer ?

— Nous tirons, sur un cheval au galop, les pigeons qui volent au-dessus des tentes.

— Prête-moi l'étalon. Tu enverras dix guerriers à mes trousses, je ne m'éloignerai pas à plus de mille longueurs de lance de ton camp. Tes guerriers tireront sur moi tant qu'il leur plaira, je parie qu'ils ne pourront ni m'atteindre ni m'arrêter.

— Tu parles en plaisantant, émir !

— Je parle sérieusement.

— Et si je te prenais au mot?

— Tant mieux ! »

Les yeux du vieux chef brillèrent de plaisir. Tous ceux qui l'entouraient devaient être d'excellents cavaliers; leurs gestes prouvaient qu'ils attendaient avec impatience un signe du cheikh pour tenir le pari.

Le chef restait indécis. Je repris la parole :

« Cheikh, je devine l'agitation de ton cœur; eh bien! regarde, crois-tu qu'un homme se sépare volontiers de ses armes, et surtout d'armes comme celles que je porte?

— Non, je crois qu'il ne s'en sépare jamais. »

Je me débarrassai de mes armes et les posai à terre.

« Vois, je les mets à tes pieds; elles seront ma caution, et, si cela ne te suffit pas, mon ami l'Anglais reste près de toi comme otage. »

Le chef sourit; il semblait rassuré.

« C'est convenu, s'écria-t-il; allons, dix hommes!

— Oui, douze, quinze, si tu veux.

— Ils tireront sur toi?

— Oui; s'ils m'atteignent, je ne me plaindrai pas. Choisis tes meilleurs tireurs, tes plus habiles cavaliers.

— Tu es brave à la folie, émir!

— Tu crois?

— Ils se tiendront derrière toi?

— Ils peuvent prendre de l'avance, s'ils le préfèrent, et me poursuivre par les flancs.

— Allah kérim! tu veux donc mourir?

— Pas du tout; je demande seulement que, dès que je serai de retour à cette place, la poursuite cesse.

— Certainement. Je vais monter sur ma jument pour être juge de la lutte.

— Permets-moi auparavant d'éprouver le cheval.

— A ton aise. »

Je sautai sur l'animal et sentis tout de suite que je pouvais me fier à lui.

Je descendis alors pour enlever la selle. On eût dit que la noble bête comprenait qu'il s'agissait d'une course extraordinaire. Ses yeux brillaient, sa crinière se dressait, ses pieds si fins s'agitaient comme ceux d'une danseuse qui essaye le parquet du théâtre. J'attachai une corde autour du cou de l'étalon, puis une courroie à un des côtés de la sangle, dont la solidité me parut certaine.

« Tu ne prends pas la selle? Et pourquoi cette courroie et cette corde?

— Tu le sauras plus tard. Tes hommes sont-ils prêts?

— Oui, tu les vois sur leurs chevaux. »

Presque tous les Arabes étaient montés à cheval; je leur désignai une tente située à six cents pas; il fut convenu que dès que j'aurais atteint cette tente, ils commenceraient à tirer.

Je sautai de nouveau sur le cheval; il partit comme la flèche.

Je m'étais jeté de côté sur les flancs du cheval.

Les Arabes le suivirent d'abord de fort près ; mais nous n'avions pas fait la moitié du chemin indiqué que tous les cavaliers étaient loin en arrière ; le plus rapproché se trouvait à cinquante pas au moins. J'avais une bête merveilleuse.

Je me courbai alors pour passer le bras dans la corde et la jambe dans la courroie. Un peu avant d'arriver à la tente, je regardai autour de moi. Dix de mes poursuivants tenaient leurs armes toutes prêtes ; je fis faire alors un détour à mon cheval et le jetai dans l'angle de droite. L'Arabe le plus rapproché arrêta sa monture raide devant moi, avec une sûreté de main que ces hommes seuls peuvent acquérir ; le cheval et le cavalier semblaient fondus en bronze ; il souleva son fusil, le coup partit.

« Allah il Allah ya Allah, ou Allah talo ! criait cet homme.

Il me croyait frappé, car il ne pouvait plus me voir. Je m'étais jeté de côté, sur les flancs de mon cheval, en me retenant par les petites cordes, à la manière indienne.

Après m'être assuré par un coup d'œil que personne ne me visait plus, je me redressai sur ma monture et fis partir le cheval de plus belle vers la droite.

« Allah akbar ! mach'Allah ! Allah il Allah ! » criaient toujours les Arabes, ne s'expliquant rien à ma disparition ni à ma réapparition.

Ils redoublèrent de vitesse tout en préparant leurs armes. Je repris vers la gauche et fis un angle aigu ; je m'étais de nouveau abrité derrière le cheval. Ils n'osaient tirer, de peur d'atteindre la bête. Quoique cette chasse parût périlleuse, elle devenait un vrai jeu d'enfant, à cause de l'excellence du cheval, auprès de ce que j'avais vu exécuter par les Indiens.

Nous continuâmes la course hors du camp, puis je revins au grand galop, toujours pendu aux côtés de ma bête et traversant tout le groupe de ceux qui me poursuivaient.

Lorsque je sautai à terre, le cheval ne portait sur sa robe luisante nulle trace d'écume ou de sueur. Cette bête n'eût pas été assez payée à son poids d'or !

Bientôt les dix hommes me rejoignirent les uns après les autres ; cinq coups avaient été tirés sans m'atteindre ni même effleurer mes vêtements. Le vieux cheikh me tendit la main en disant :

« Hamdoul illah, loué soit Allah ! tu n'es pas blessé ! J'ai eu tant d'angoisse pour toi ! Il n'y a pas, dans toute la race des Chammar, un cavalier qui te vaille.

— Tu te trompes, Mohammed ; il y a parmi vous beaucoup d'hommes qui montent bien mieux à cheval que moi ; seulement ils ne connaissent pas ma ruse, ils ne savent pas se faire un rempart de leur monture. D'ailleurs, si je n'ai pas été atteint, c'est au cheval que je le dois. Mais veux-tu que nous changions de jeu ? Je reprendrai mes armes et ce sera moi qui tirerai sur tes hommes courant en avant.

— Allah kérim ! puissions-nous éviter le malheur ! Tu me tuerais tous les miens !

— Tu es donc persuadé maintenant qu'avec ce cheval je ne craindrai ni les Obeïd, ni les Abou Hamed, ni les Djouari ?

— Émir, je le crois. »

Et cependant le vieux chef luttait encore intérieurement. Abandonner son cheval, un tel cheval ! Il ajouta enfin avec un soupir :

« Tu es Hadji Kara ben Nemsi, l'ami de mon ami Malek, j'ai confiance en toi. Prends l'étalon et pars demain matin. Si tu me rapportes des nouvelles, la bête te restera ; sinon tu me la rendras. Écoute : je vais t'apprendre un secret ; chaque cheval arabe, surtout quand c'est un bon cheval, a son secret, c'est-à-dire qu'on le dresse de manière à lui faire déployer toute sa vitesse et toutes ses forces sur un certain signe, et quand une fois ce signe est donné, l'animal va dans un suprême effort, jusqu'à ce qu'il tombe épuisé, à moins que son cavalier ne l'arrête. Ce secret, un cavalier ne le confie jamais : il ne le dit pas à son ami, à son père, à son frère, à sa femme ; il ne le dirait pas à son fils ; il ne s'en sert que dans le cas du plus pressant danger et quand la mort plane au-dessus de sa tête.

— Alors je ne devrai m'en servir qu'à la dernière extrémité, pour me sauver ou pour sauver le cheval ; mais enfin, en ce cas, je m'en servirai, tu me le permets ?

— Oui... ; seulement le cheval ne t'appartient pas encore..., et...

— Il m'appartiendra ; d'ailleurs, devrais-je te le rendre, je te promets que le secret sera enseveli dans mon âme comme dans une tombe.

— Viens donc ! »

Il me conduisit à l'écart et me dit bien bas, en s'approchant de mon oreille :

« S'il fallait lancer ton cheval comme le faucon qui fend l'air, pose-lui doucement la main entre les oreilles, et prononce très distinctement le mot : « Rih ! »

— Rih ! cela veut dire vent ?

— Oui, Rih, c'est le nom du cheval; mais il est plus vite que le vent, il va comme la tempête.

— Je te remercie, cheikh; je m'acquitterai de ma mission comme si j'étais un fils des Haddedîn, comme si j'étais toi-même ! Quand partirai-je?

— Demain, à la pointe du jour, si cela te plaît.

— Quelle sorte de dattes emporterai-je pour le cheval?

— Il ne mange que des *balahat*. Je n'ai pas besoin de te dire comment il faut agir avec une telle bête?

— Dis toujours.

— Couche-toi ce soir près de lui, en t'appuyant sur son dos, et récite-lui dans les narines la centième sourate du Coran qui traite de la rapidité des coursiers; il t'aimera et t'obéira jusqu'à son dernier souffle. Connais-tu cette sourate?

— Oui.

— Récite-la-moi. »

Le vieux chef était terriblement précautionneux et attentif pour moi et pour son cheval, pour son cheval surtout. Je ne voulus pas le contrarier et répétai ainsi le passage :

« Au nom d'Allah très miséricordieux ! L'homme est vraiment ingrat envers son Seigneur et il doit l'avouer lui-même, quand il se compare au coursier rapide, au coursier au souffle bruyant, à celui qui combat en faisant jaillir l'étincelle, à celui qui rivalise avec l'aurore pour fondre sur l'ennemi, à celui qui fait voler la poussière pour traverser les bataillons. L'homme s'attache avec dérèglement aux biens de la terre; il ne sait donc pas que tout viendra à découvert, même ce qui est caché dans la tombe, que la lumière fera connaître ce que le cœur humain voudrait enfouir, et qu'au jour du Seigneur tous les secrets seront parfaitement dévoilés. »

— Oui, tu connais la sourate... Je l'ai mille fois murmurée pendant la nuit à l'oreille du cheval; fais de même, il comprendra que tu es devenu son maître. Maintenant il faut retourner dans la tente. »

Je retrouvai mon Anglais assez étourdi de tout ce qui venait de se passer; il me demanda avec une certaine inquiétude :

« Pourquoi ces hommes ont-ils tiré sur vous pendant que vous étiez à cheval ?

— C'était un jeu; je voulais leur montrer une ruse de guerre qu'ils ne connaissaient point.

— Ah !... Leurs chevaux sont magnifiques : ce noir surtout.
— Savez-vous à qui la bête appartient maintenant?
— Au cheikh.
— Non.
— A qui donc?
— A moi.
— Bah !
— A moi, en vérité.
— Sir, mon nom est David Lindsay; on ne m'en fait point accroire, je vous prie de vous en souvenir.
— Je ne vous en fais point accroire non plus en vous disant que je pars demain matin ; ces gens s'en rapportent à moi pour explorer le terrain et sonder les dispositions de l'ennemi.
— Heureux mortel! Emmenez-moi.
— Je ne le puis, vous m'embarrasseriez. D'ailleurs, votre habit gris est trop compromettant.
— Procurez-moi des vêtements de Bédouins.
— Vous ne savez pas un mot d'arabe.
— C'est vrai ; combien de temps vous faudra-t-il ?
— Je ne sais trop : quelques jours ; c'est assez loin d'ici.
— Mauvaise route et méchantes gens dans ce pays ! Voulez-vous me faire un plaisir ?
— Lequel ?
— Tout en cherchant la trace de vos Bédouins, tâchez de me découvrir quelques ruines ; n'oubliez pas mon fowling-bull.
— Soyez tranquille ! »

Nous avions repris nos places dans la tente, où nous dûmes manger encore quelques restes du festin en écoutant de longs récits, comme les aiment ces peuples. Le soir nous eûmes de la musique et même des chants. Les Arabes ne font guère usage que de deux instruments : la *roubaba*, sorte de cithare à une corde, et la *tabl*, petite timbale qui, comparée au son faible, monotone et léger de la roubaba, produit un bruit assourdissant. Après ce concert, on récita la prière du soir; puis nous allâmes nous coucher. L'Anglais dormit sous la tente du chef; je dus me rendre près des chevaux, en plein air.

Je m'étendis à côté de ma nouvelle monture et lui murmurai avec ferveur dans les narines la centième sourate, sans me lasser de la répétition; non pas que j'y attachasse la moindre idée superstitieuse, mais parce que je savais qu'il fallait habituer ainsi les chevaux du désert à la voix de leur maître. Je dormis ensuite entre les pieds de l'animal, avec autant de confiance que l'enfant couché entre les pattes soyeuses d'un terre-neuve.

Au moment où le jour commençait à se lever dans le fond de l'horizon, la tente du cheikh s'ouvrit et je vis l'Anglais venir vers moi.

« Dormez-vous? me demanda Lindsay.

— J'ai dormi.

— Moi non.

— Pourquoi donc?

— Il y a trop de population dans cette tente.

— Les Arabes?

— Non, les *fleas*, les *lice*, les *gnat*[1]. »

Ceux qui connaissent l'anglais savent ce que mon compagnon désignait ainsi. Je me mis à rire.

« N'êtes-vous pas encore habitué à ces misères, sir Lindsay? demandai-je.

— Non, jamais! D'ailleurs, je pensais à vous; je voudrais savoir si vous seriez parti sans me parler.

— Certes, non; je comptais bien prendre congé de vous tout à l'heure.

— Oui, mais nous n'aurions pas eu le temps de nous entendre; j'ai beaucoup de choses à vous dire. »

Il tira son carnet de notes, quoiqu'on vît à peine clair, et continua gravement :

« Si je me fais conduire à la place de quelque ruine en votre absence, je serai obligé de parler à ces Arabes; donnez-moi différents renseignements. D'abord, comment dit-on *ami*?

— Ahbab.

— Ennemi?

— Kiman.

— La monnaie, le dollar?

— Riyal frank.

— Une bourse?

— Sourra.

---

[1] Les puces, les poux, les moustiques.

— Et si je veux faire enlever une pierre, comment dit-on une pierre ?

— Hadjra. »

Lindsay s'informa ainsi d'une centaine de mots qu'il écrivit avec soin. Nous finissions à peine, qu'on s'éveillait dans la tente du cheikh ; nous fûmes invités à prendre le repas du matin.

Le vieux chef me donna de minutieuses instructions ; enfin, après avoir fait mes adieux aux assistants, je montai à cheval et je quittai le camp, me disant que peut-être je n'y pourrais rentrer.

Je me proposai de visiter d'abord au sud la tribu des Djouari. La meilleure voie pour arriver à mon but était de suivre le fleuve Thathar, qui coule presque toujours d'une façon parallèle à celle du Tigre ; malheureusement il était présumable que les Obeïd faisaient paître leurs troupeaux sur la rive de ce fleuve, et par prudence je dus appuyer vers l'ouest. Je me dirigeai de manière à trouver le Tigre à un mille environ plus haut que Tékrit ; là certainement je devais rencontrer ceux que je cherchais.

J'étais bien pourvu de provisions. Pour mon cheval je n'avais pas besoin d'eau, car nous devions rencontrer partout des herbes rafraîchissantes. Je n'avais donc d'autre souci que celui de ne pas me tromper de chemin et d'éviter les mauvaises rencontres. Quant au premier de ces soins, je gardais le tracé des lieux assez exactement dans ma mémoire, puis j'avais le soleil et ma boussole ; pour le second, je me fiais à ma longue-vue, avec laquelle j'explorais à chaque instant l'horizon.

La journée se passa sans incident ; le soir je m'abritai pour dormir derrière une roche isolée.

Avant de me préparer au sommeil, il me vint à l'esprit que je devrais plutôt continuer ma route jusqu'à Tékrit, où je pourrais sans doute apprendre ce que je désirais savoir sans trop attirer l'attention. Mais cela devint fort inutile, comme je le vis le lendemain.

Malgré cette préoccupation je dormis tant bien que mal jusqu'au jour ; le hennissement du cheval m'éveilla au moment où le soleil se levait.

Cinq cavaliers, arrivant du côté nord, s'avançaient vers moi : ils étaient si près, que je ne pouvais douter qu'ils me vissent, ni les éviter ; je ne voulais pas, du reste, avoir l'air de les fuir. Je me levai et pris seulement la bride de ma monture, affectant une pleine sécurité.

Ils s'approchèrent au galop, puis arrêtèrent leurs chevaux devant moi. Ils ne me parurent point hostiles ; l'un d'eux me salua de la manière accoutumée :

« Salam aléïkoum !

— Aléïkoum.

— Tu as passé la nuit ici ?

— Oui.

— N'as-tu point de tente pour abriter ta tête ?

— Non. Allah distribue ses dons comme il lui plaît ! Aux uns il donne un abri tissé de fils, aux autres la voûte du ciel pour couverture.

— Tu pourrais posséder une tente, si tu voulais, car ton cheval vaut mille tentes et plus.

— C'est mon seul bien.

— Veux-tu le vendre ?

— Non.

— Tu dois appartenir à une tribu qui campe non loin d'ici ?

— Pourquoi ?

— Parce que ton cheval est tout frais.

— Cependant mon peuple vit à bien des journées de marche de ce lieu, bien loin, bien loin, derrière la Mecque, vers l'ouest.

— Comment s'appelle ta race ?

— Oulad Djerman.

— Ah ! oui, je sais que là-bas, dans le Moghred, on dit Oulad au lieu de Beni. Pourquoi as-tu quitté ton pays ?

— Je suis allé visiter la Mecque et je voudrais voir encore quelques villes, quelques douars, en tirant du côté de la Perse, pour avoir beaucoup de choses à raconter aux miens quand je serai de retour.

— Où vas-tu en ce moment ?

— Toujours vers l'endroit où se lève le soleil, Allah me conduit.

— Veux-tu chevaucher avec nous ?

— Où allez-vous ?

— Derrière les hauteurs du Kernina, où paissent nos troupeaux. »

Ces gens étaient-ils des Djouari ?

Ils m'avaient interrogé, je pouvais donc leur rendre la pareille sans manquer à la politesse d'usage.

Je leur demandai :

« A quelle tribu appartiennent ces troupeaux ?

— A la tribu des Abou Mohammed.

— Et dans les environs, ne se trouve-t-il pas d'autres races ?

— Si; en aval du fleuve sont les Alabeïde, qui payent un droit au chef de Kernina ; en amont, les Djouari.

— A qui ceux-ci payent-ils le tribut ?

— On voit que tu viens de loin ! Les Djouari ne payent le tribut à personne ; ce sont eux qui lèvent l'impôt sur qui ils peuvent, car ils sont voleurs et pillards. Nos troupeaux doivent être bien gardés, sans quoi ils ne nous en laisseraient pas une seule tête. Si tu veux te battre, viens avec nous, car nous leur faisons la guerre.

— Vous leur faites la guerre ?

— Oui, nous nous sommes joints aux Alabeïde. Si tu désires combattre, l'occasion est bonne, tu apprendras la guerre chez nous. Mais pourquoi as-tu dormi ici, sur la colline du lion ?

— Je ne connaissais pas ce lieu; j'étais fatigué, je me suis reposé là, et j'ai dormi.

— Allah kérim ! tu es un favori d'Allah, autrement le *dévastateur des troupeaux* t'aurait mis en pièces. Aucun homme du pays ne s'arrête en cet endroit la nuit, car les lions tiennent leur assemblée autour de cette pierre.

— Est-ce qu'il y a des lions dans la contrée ?

— Oui, en aval du fleuve ; plus haut on ne trouve que des léopards. Viens-tu avec nous ?

— Me traiterez-vous en hôte ?

— Tu l'es ; tends-nous la main, échangeons les dattes. »

Nous plaçâmes nos mains l'une sur l'autre, de manière que les paumes se touchassent, puis ils me donnèrent chacun une datte ; je leur en remis cinq, et nous les mangeâmes en tenant nos mains unies; cette cérémonie dut se répéter cinq fois avec beaucoup de gravité; après quoi nous nous mîmes en route. Nous dépassâmes bientôt le Thathar, et le pays commença à devenir montueux.

Je reconnus sans peine dans mes compagnons de braves gens des tribus nomades; ils me parurent d'une candeur toute primitive et vraiment incapables de tromperie. Ils venaient de visiter une tribu voisine et amie, où s'était célébrée une noce; ils s'en retournaient enthousiasmés de la bonne réception qu'on leur avait faite, aussi bien que des divertissements auxquels ils avaient pris part.

Cependant le terrain s'accidentait de plus en plus, et nous gravissions une hauteur assez escarpée; puis, parvenus au sommet, nous dûmes redescendre une pente fort raide. A droite, les ruines de l'ancienne Tékrit se montraient dans le lointain. A gauche, au fond de l'horizon, nous pouvions apercevoir le sommet du Djebel Kernina; devant nous s'étendait la large vallée du Tigre. Encore une demi-heure de chemin et nous atteignions le fleuve. En cet endroit, l'eau devait présenter environ un mille anglais de largeur; elle se divisait en deux bras pour entourer une île verdoyante, sur les prairies de laquelle je remarquai plusieurs tentes.

« Veux-tu passer le fleuve avec nous? me demandèrent mes compagnons; tu seras bien accueilli par notre cheikh.

— Et comment passerons-nous l'eau?

— Tu vas le voir tout de suite, car on nous a reconnus de l'autre côté. Viens à l'endroit où aborde le *kelleh*. »

Un kelleh est une barque, ordinairement deux fois plus longue que large. Il est construit en peaux de chèvres tendues sur une carcasse de bois et cousues au moyen de petites cordes faites de boyaux. Des planches, placées en travers de l'embarcation, soutiennent le chargement et permettent aux rameurs de s'asseoir. Ce petit bateau marche avec deux rames en bambous, reliées par des lanières de cuir; cinq ou six hommes peuvent aisément se tenir dans cette sorte d'embarcation.

Je montai, en compagnie de mes cinq conducteurs, sur le kelleh; nous abordâmes bientôt sur l'autre rive, où une foule d'enfants, quelques chiens et un vieil Arabe d'un aspect fort vénérable vinrent au-devant de nous. Le vieil homme était le père de mes guides; il me reçut bien.

« Permets que je te conduise au cheikh, » me dit celui des jeunes gens qui jusque-là avait presque toujours porté la parole.

Sur notre route nous rencontrâmes plusieurs Arabes qui se tinrent modestement en arrière, sans m'adresser la parole; tous semblaient regarder mon cheval avec admiration. Nous n'allâmes pas bien loin; la demeure du chef, établie près du rivage, était assez spacieuse et couverte en bambous; à l'intérieur des nattes tapissaient les murailles. Lorsque nous entrâmes, un homme grand et bien bâti se leva pour nous saluer. Il s'occupait à aiguiser son *charay*[1] sur une pierre, mais il cessa aussitôt sa besogne.

« Salam aléïkoum ! lui dis-je.

— Aléïk ! répondit-il en m'examinant avec une sorte de défiance.

— Permets, ô cheikh, que je te présente cet homme, reprit alors mon conducteur; c'est un guerrier trop distingué pour que j'ose lui offrir l'hospitalité dans ma propre tente.

— Celui que tu amènes sera toujours le bienvenu. »

Le jeune Arabe salua et s'éloigna; le cheikh me prit alors la main en disant :

« Assieds-toi, étranger; tu es fatigué, tu as faim; tu te reposeras et tu mangeras, mais laisse-moi d'abord soigner ton cheval. »

C'était bien la politesse arabe : le cheval d'abord, puis l'homme. Lorsqu'il rentra, je m'aperçus que mon coursier avait fait sur lui une impression des plus favorables.

« Tu possèdes une noble bête! s'écria-t-il. Mach'Allah ! puisses-tu la conserver ! Je la connais ! »

Ce dernier mot m'effraya. Après tout, cette rencontre pouvait aussi me servir, il fallait m'assurer de la disposition de mon hôte; je repris :

« Comment connais-tu ce cheval ?

— C'est le meilleur cheval des Haddedîn.

— Tu connais les Haddedîn ?

— Je connais tous les hommes de cette tribu; mais toi, je ne te connais pas.

— Tu connais leur cheikh?

— Mohammed Emin? certainement.

— Je suis envoyé par lui.

— Et où donc?

— Vers toi; peut-être...

— Il t'a dit de venir me parler?

— Non; mais je me présente devant toi comme son messager.

[1] Couteau très effilé de l'Afghanistan.

— Repose-toi, tu parleras ensuite.

— Je ne suis pas fatigué; ce que j'ai à te communiquer est important, permets que je commence sans délai.

— Explique-toi!

— On dit que les Djouari sont tes ennemis.

— Ils le sont! affirma mon hôte en fronçant le sourcil d'un air sombre.

— Ils sont aussi les miens et ceux des Haddedîn.

— Je le sais.

— Sais-tu qu'ils se sont unis aux Abou Hamed et aux Obeïd pour enlever les troupeaux des Haddedîn?

— Je le sais.

— On dit que tu as fait alliance avec les Alabeïde pour te venger de ces brigands?

— Oui.

— Si je te proposais un rapprochement avec les gens de Mohammed à ce sujet?

— Je te l'ai dit, tu es le bienvenu; tu vas te reposer et manger; tu ne nous quitteras pas avant que j'aie fait rassembler les anciens. »

Une demi-heure plus tard, le conseil siégeait dans la demeure du cheikh. Il se composait de huit hommes; mais, avant de délibérer, on prit part à un festin donné en mon honneur.

Nous nous assîmes en cercle pour dévorer un gros morceau de mouton rôti. Ces huit hommes étaient les chefs des Abou Mohammed. Je leur racontai comment le cheikh m'avait confié ses messages de guerre.

« Quelle proposition nous fais-tu? me dirent-ils.

— Aucune; plus d'années ont passé sur vos têtes que sur la mienne, ce n'est point aux jeunes de frayer la voie aux anciens.

— Tu parles le langage de la prudence. Ta tête est jeune, mais ton intelligence surpasse celle des anciens; autrement Mohammed Emin ne t'eût point chargé d'une mission. Parle, nous t'écoutons; après cela nous verrons à nous décider.

— Combien de guerriers compte votre tribu?

— Neuf cents.

— Et celle des Alabeïde?

— Huit cents.

— Cela fait dix-sept cents : la moitié du nombre des ennemis.

— Mais dis-nous combien en peuvent rassembler les Haddedîn?

— Onze cents, peut-être un peu moins. Savez-vous dans quel temps se réuniront les Djouari et les Abou Hamed?

— Le lendemain du prochain Yaoum el Djema[1].

— Vous en êtes certains?

— Oui; nous avons un espion éprouvé chez les Djouari.

— Où aura lieu la jonction?

— Près des ruines du khan Kernina.

— Et ensuite?

— Ensuite ils se joindront encore aux Obeïd.

— Où?

— Au bas du mont Kaouza.

— Quand?

— Le troisième jour après le Yaoum el Djema.

— Vous êtes exactement informés. Puis où iront-ils?

— Attaquer les Haddedîn dans leur pâturage.

— Et vous, quel est votre plan?

— Nous tomberons sur le camp des alliés pendant que les femmes et les enfants y seront restés seuls; nous leur enlèverons leurs troupeaux.

— Avez-vous consulté la justice et la sagesse?

— Oui; nous ne ferons que leur reprendre ce qu'ils nous ont volé.

— C'est vrai, mais vos ennemis auront une armée de plus de trois mille hommes; s'ils sont vainqueurs, ils retourneront vers leurs tentes, ils vous poursuivront et se vengeront sans merci. Si j'ai mal parlé, dites-le!

— Non, tu as bien parlé; mais nous espérons que les Chammar ne combattront pas seuls.

— Ils ont contre eux le gouverneur de Mossoul.

— Que nous conseilles-tu? Vaut-il mieux attaquer l'ennemi en face?

— Il faudrait vaincre une tribu, et par là effrayer les autres. Suivez les alliés aussitôt leur réunion à el Kelab. Mohammed Emin se tiendra prêt à les recevoir le troisième jour, au moment où ils descendront du Kaouza, pendant que vous leur fermerez la route

---

[1] Assemblée (pour la prière). Vendredi.

du côté sud. Ainsi on pourra les acculer dans le Kelab, où le fleuve est infranchissable. »

Ce plan, longuement discuté par le conseil, fut enfin adopté. Tout l'après-midi se passa en délibérations, démonstrations et discours. Il était presque nuit avant que j'eusse obtenu une conclusion. Je me décidai à coucher sous la tente du cheikh.

Le lendemain matin, on me reconduisit à la rive opposée; puis je repris le chemin de la veille.

Ma commission, qui paraissait si difficile, si périlleuse, se trouvait terminée de la façon la plus simple et la plus prompte.

J'avais honte de retourner ainsi près de Mohammed; il me semblait peu consciencieux de garder le cheval comme prix d'une expédition si aisément accomplie, et pourtant je m'en serais séparé avec un véritable chagrin; que faire?

Je me demandai s'il ne conviendrait pas de tenter l'exploration du futur champ de bataille. Cette idée me poursuivant, je dus y céder. Au lieu de continuer ma route jusqu'au Thathar, comme j'en avais l'intention, je me mis à longer la rive gauche vers le nord, de manière à me rapprocher des flancs du Kaouza.

Il était plus de midi, quand, à force de méditer sur la route à parcourir, j'en vins à me persuader que l'Oued Djehenne, où nous avions repris les chevaux de l'Anglais, devait faire partie de la contrée appelée Kaouza. N'ayant ni cartes ni indications précises pour élucider ce point géographique, je chevauchai un peu au hasard et finis par arriver assez près du Djebel Hamrin, qui se dessine fièrement sur la droite.

Le soleil commençait à s'incliner au couchant, lorsque j'aperçus, au fond de l'horizon, vers l'ouest, deux cavaliers, véritables points noirs d'abord, qui grandirent et se rapprochèrent rapidement.

Ils m'avaient vu, s'étaient arrêtés un moment; maintenant ils accouraient au galop.

Devais-je fuir devant deux hommes, mal armés sans doute? C'eût été faire acte de poltronnerie; j'arrêtai mon cheval et les attendis.

Ces cavaliers étaient âgés déjà, mais encore vigoureux; ils s'arrêtèrent aussi dès qu'ils furent à portée de la voix; l'un d'eux, jetant sur mon coursier noir un regard de convoitise, me demanda :

« Qui es-tu?

— Étranger, répondis-je laconiquement.

— D'où viens-tu?

— De l'ouest, comme vous voyez.

— Où vas-tu?

— Où le Kismet[1] me conduit.

— Viens avec nous, tu seras notre hôte.

— Je te remercie; j'ai un ami qui s'occupe de mon campement et me prépare partout un abri.

— Qui est-il?

— Allah!... Adieu! »

J'avais trop négligé la prudence, car à peine ces mots s'achevaient-ils, qu'un des brigands portait la main à sa ceinture, puis, saisissant une sorte de casse-tête pendu à une lanière, m'étourdissait par un coup violent sur le crâne.

— Je perdis un moment connaissance; quand je revins à moi, presque aussitôt du reste, j'étais solidement garrotté.

« Salam aleïkoum! me dit ironiquement celui qui portait la parole, nous voyons bien que nous n'avons pas été assez polis envers toi tout à l'heure, c'est pourquoi tu as refusé notre hospitalité. Réponds-moi : Qui es-tu? »

Comme on le pense bien, je gardai le silence.

Il reprit avec colère, en me lançant un coup de pied :

« Qui es-tu? »

Comme je me taisais, son compagnon lui dit :

« Laisse-le! Allah fera un miracle pour lui ouvrir la bouche. Le mettrons-nous à cheval, ou nous suivra-t-il à pied?

— A pied. »

Ils relâchèrent les cordes qui retenaient mes jambes et me lièrent à l'étrier d'un de leurs chevaux; après quoi ils prirent mon bel étalon noir par la bride et se mirent en route du côté de l'orient.

Ainsi j'étais prisonnier, malgré mon coursier rapide et mes belles promesses. Ah! que l'homme est une vaine, présomptueuse et faible créature!

Nous gravîmes d'abord une montagne escarpée; puis je vis, dans une vallée, plusieurs feux allumés.

---

[1] La destinée.

La nuit était venue; nous marchions en silence; je me sentais fort las. Enfin nous parvînmes près des tentes; nous passâmes devant quelques-unes, qui étaient fermées; un peu plus loin, sur le seuil de l'une d'elles, se trouvait un jeune homme; il m'aperçut, moi-même je le reconnus dans la demi-obscurité.

« Allah il allah! s'écria-t-il; quel est ce prisonnier?

— Nous l'avons trouvé là-bas dans la plaine, reprirent mes persécuteurs. C'est un étranger, il n'y a point de *thar* (de vendetta) entre lui et nous. Mais regarde quelle jolie bête le portait!

— Allah akbar! c'est le cheval de Mohammed Emin, le Haddedîn! Conduis cet homme à mon père le cheikh, il doit être interrogé, je vais prévenir les chefs.

— Que ferons-nous du cheval?

— Conduisez-le sous la tente du cheikh.

— Et les armes?

— Mettez-les aussi dans la tente. »

Une heure plus tard, je comparaissais devant une assemblée, cette fois une assemblée de juges assez hostiles. Le plus âgé me demanda :

« Me connais-tu?

— Non.

— Sais-tu où tu te trouves?

— Non.

— Connais-tu ce jeune Arabe?

— Oui.

— Où l'as-tu vu?

— Au Djebel Djehenne; il m'avait volé quatre chevaux. Je l'ai forcé à me les rendre.

— Ne mens pas!

— Qui es-tu pour me parler ainsi?

— Je suis Zédar ben Houli, le cheikh des Abou Hamed.

— Zédar ben Houli, le cheikh des voleurs de chevaux.

— Tais-toi, homme! Ce jeune guerrier est mon fils.

— Tu peux être fier de lui, ô cheikh!

— Tais-toi, te dis-je encore une fois, ou tu pourrais te repentir d'avoir parlé. Un voleur de chevaux, c'est toi! A qui appartient le cheval que tu montais tout à l'heure?

— A moi.

— Ne mens pas.

— Zédar ben Houli, remercie Allah de ce que mes mains sont liées, autrement tu ne m'aurais pas appelé deux fois menteur!

— Serrez les liens! ordonna le chef.

— Lequel de vous osera porter la main sur un hadji, qui garde dans ses vêtements une bouteille de l'eau sacrée du Zem-Zem?

— Je vois bien que tu es un hadji, puisque le hamail pend à ton cou; mais possèdes-tu véritablement de l'eau du Zem-Zem?

— Oui.

— Donne-nous-en.

— Non.

— Pourquoi non?

— Je n'en donne qu'à mes amis.

— Sommes-nous tes ennemis?

— Oui.

— Non! nous ne t'avons fait aucun mal, nous n'avons d'autre intention que de rendre à son légitime propriétaire le cheval volé par toi.

— Je suis le légitime propriétaire de ce cheval.

— Tu es hadji, tu possèdes l'eau du Zem-Zem, et tu ne dis pas la vérité! Je connais cet étalon noir: il appartient au cheikh Mohammed Emin; comment se trouve-t-il entre tes mains?

— Mohammed m'en a fait cadeau.

— Tu mens; aucun Arabe ne ferait un tel présent.

— Je te le répète, remercie Allah de ce que mes mains ne peuvent me venger!

— Pourquoi t'aurait-il donné un pareil cheval?

— Cela est une affaire entre lui et moi, elle ne vous regarde pas.

— Tu es vraiment un hadji fort poli! Il faut que tu aies rendu au cheikh un bien grand service, s'il t'a fait un pareil présent! Enfin laissons cette question. Quand as-tu quitté les Haddedîn?

— Avant-hier matin.

— Où pâturaient leurs troupeaux?

— Je ne sais; les Arabes conduisent leur bétail tantôt ici et tantôt là.

— Pourrais-tu nous conduire à peu près où ils sont?

— Non.

— Et si nous te rendions ton cheval et tes armes ?

— Non.

— Où as-tu été depuis hier ?

— Partout, aux environs.

— Bien ! tu ne veux pas répondre, tu t'en repentiras. Emmenez-le. »

Je fus conduit dans une petite tente très basse ; on me fit étroitement garder par deux Bédouins. Rien n'avait été décidé sur mon sort, le conseil me paraissait indécis. Épuisé de fatigue, encore un peu étourdi du coup que j'avais reçu, je m'endormis assez profondément malgré le péril de la situation. Des rêves étranges agitaient cependant mon cerveau : je me croyais dans une oasis du Sahara, montant la garde autour du campement, buvant du jus de palme, écoutant les légendes de mes compagnons arabes. Puis tout à coup retentissait cette voix, que nul ne peut oublier quand une fois il l'a entendue, la voix du lion, le rugissement de *l'Assad-bey*, de *l'étrangleur des troupeaux*. Et cette voix, se rapprochant toujours, devenait de plus en plus formidable.

Je m'éveillai. Était-ce bien un songe ? A mes côtés, les deux Bédouins récitaient la sainte fatha, la prière du danger suprême, et le tonnerre que j'avais cru entendre retentissait pour la troisième fois à mes oreilles.

Un lion rôdait autour du camp.

« Vous ne dormez pas ? demandai-je à mes gardiens.

— Non.

— Entendez-vous le lion ?

— Oui. Voilà quatre jours qu'il vient ici chercher une proie.

— Vous ne le tuez point ?

— Qui oserait le tuer, lui le puissant, le redoutable *Seigneur de la mort !*

— Poltrons ! Est-ce qu'il pénètre dans l'intérieur du camp ?

— Non, mais les hommes n'osent sortir des tentes ; ils sont rassemblés pour écouter sa voix.

— Le cheikh veille-t-il parmi eux ?

— Oui.

— Que l'un de vous aille vers lui, qu'il lui dise : Le prisonnier s'engage à tuer le lion si on lui rend ses armes.

— Tu es fou !

— Je suis dans mon bon sens. Va, te dis-je. »

L'homme se leva en branlant la tête ; il revint au bout de quelques minutes, me débarrassa de mes liens et me fit signe de le suivre. Je trouvai un grand nombre d'hommes rassemblés dans la tente du cheikh ; tous tenaient leurs armes à la main, mais pas un n'osait faire deux pas vers l'ennemi.

« Tu as demandé à me parler? dit le cheikh ; que veux-tu ?

— Permets-moi de donner la chasse à ce lion.

— Tu ne pourrais tuer un lion. Vingt des plus braves d'entre nous n'y réussiraient pas ; essayer cette chasse serait exposer la vie de cent hommes.

— Je le tuerai à moi tout seul, et ce ne sera pas le premier.

— Parles-tu selon la vérité ?

— Oui, cheikh, je te l'affirme !

— Si tu veux tenter l'aventure, je ne m'y oppose pas. Allah donne la vie et la reprend ; tout est écrit dans le livre de la destinée.

— Rends-moi mes armes.

— Lesquelles?

— La plus lourde et mon couteau.

— Apportez-lui ce qu'il réclame. »

Le brave homme se disait que j'étais *un enfant de la mort*, que, par conséquent, il hériterait sans conteste de mon beau cheval.

Pour moi, je me promettais bien de conquérir, avec mon fusil, trois choses : la peau du lion, mon noir coursier et ma liberté. Cet espoir surexcitait mon courage.

Lorsqu'on m'eut restitué mon fusil et mon long poignard, je fis remarquer au chef que je ne pouvais agir les mains liées.

« Promets que tu ne tireras que sur le lion.

— Je le promets.

— Jure-le, tu es un hadji ; jure-le par l'eau du Zem-Zem que tu gardes sur toi.

— Je le jure.

— Déliez ses mains ! »

Je me sentais libre déjà. Mes autres armes étaient dans la tente du chef, mon cheval se trouvait aussi tout près. J'avais bon espoir.

L'heure venait où le lion aime surtout à rôder autour des troupeaux : l'aube allait bientôt se lever. Je tâtai ma ceinture pour m'assurer que la boîte à poudre y restait encore, puis je sortis de la tente. Je m'arrêtai d'abord, afin d'accoutumer mes yeux aux ténèbres. Je vis autour de moi des chameaux avec un grand nombre de chèvres rassemblés, tout tremblants, les uns serrés contre les autres ; les chiens, gardiens ordinaires du troupeau, s'étaient enfuis et blottis derrière la tente.

Je me mis à quatre pattes, puis m'avançai en rampant lentement. Je savais que j'atteindrais mieux le fauve par la ruse qu'en cherchant à le rencontrer face à face dans cette obscurité.

Soudain le sol trembla ; un rugissement terrible ébranla tout le camp ; j'entendis comme un corps lourd tombant sur un autre, un gémissement étouffé, le craquement d'os broyés. A vingt pas de moi brillaient les yeux enflammés de l'animal féroce.

Je connaissais bien l'éclat fauve de ces yeux mobiles ! Je m'agenouillai, ajustant mon arme ; je visai aussi exactement que possible dans les ténèbres et tirai.

Un cri épouvantable fit trembler l'air.

La lumière de mon fusil avait montré au lion sa proie. Je le voyais aussi, enfonçant ses dents formidables dans le cou d'un chameau. Ma balle l'avait-elle frappé ? Un objet volumineux bondit en trébuchant et s'affaissa à trois pas devant moi. Les yeux brillaient toujours. Mais la bête avait mal dirigé son attaque ou elle était blessée. Je m'agenouillai de nouveau et tirai un second coup, visant non entre les deux yeux, mais à un œil seulement, puis je saisis mon couteau ; l'animal était si près, qu'il pouvait instantanément se retourner contre moi.

Rien ne bougea. Je rechargeai mon fusil en reculant de quelques pas. Le silence le plus complet régnait partout. Personne ne s'aventurait hors de la tente ; on me croyait bien mort. J'attendis encore quelques instants ; l'aube commençait à se lever. Dès qu'il fit un peu jour, je m'approchai du lion ; il avait été tué au second coup. Je me mis en devoir de le dépouiller ; je tenais à emporter ce trophée. Ma besogne s'avançait, quand le jour vint m'éclairer complètement. Je pris bientôt la peau sanglante sur mes épaules pour retourner vers les tentes.

Le camp des Abou Amed me parut pauvre et peu considérable ; il ne devait abriter qu'une partie de la tribu. C'était un vrai campement de pillards.

Au moment où j'y rentrai, hommes, femmes et enfants, rassemblés devant les portes, attendaient avec inquiétude, n'osant encore bouger de peur du lion ; lorsque je fus aperçu, il s'éleva des clameurs assourdissantes ; le nom d'Allah fut répété sur tous les tons, des centaines de mains se levèrent me montrant, ainsi que la dépouille de la bête.

« Tu l'as tué ? s'écria le cheikh, qui s'avança vers moi. En vérité, et tout seul ?

— Tout seul.

— Le Cheïtan a dû te venir en aide !

— Le Cheïtan oserait-il s'approcher d'un hadji ?

— Tu as raison ; mais tu possèdes sans doute un charme, une amulette, un talisman qui te permet d'accomplir beaucoup de choses ?

— Oui.

— Montre-le-moi ?

— Le voilà ! »

Je lui mis mon fusil sous les yeux.

« Ce n'est pas cela ; mais tu ne nous diras pas ton secret ; où est le cadavre du lion ?

— Là-bas, tout près du camp ; allez le chercher. »

La plupart des assistants se mirent à courir dans la direction que j'indiquais. C'était ce que je voulais.

« A qui doit appartenir la peau ? interrogea le cheikh, dont les yeux se fixaient avidement sur cette riche fourrure.

— Viens dans ta tente, on délibérera, » répondis-je.

Il ne restait plus qu'une douzaine d'hommes près du vieux chef ; ils nous suivirent. En entrant, je vis mes armes suspendues à une cheville ; je fis deux pas en avant et me saisis de mon bien. Je jetai mon fusil sur mon épaule et gardai ma carabine à la main ; la peau du lion me gênait beaucoup à cause de son poids. J'étais résolu cependant à la garder. Je me hâtai de retourner sur le devant de la tente ; là je dis au cheikh :

« Zédar ben Houli, je t'ai promis de ne pas tirer sur toi ni sur tes gens avec mon fusil, mais je n'ai pas parlé des autres armes.

— Elles ne t'appartiennent plus ; rends-les-moi !

— Comment ! elles ne m'appartiennent plus ! Eh bien, viens les prendre !

— Cet homme veut fuir. Arrêtez-le ! »

Je les menaçai de ma carabine, en criant :

« Celui qui met la main sur moi est un homme mort ! Merci, Zébar ben Houli, pour ta bonne hospitalité ; nous nous reverrons. »

Profitant de l'hésitation, je m'élançai dehors. Les Bédouins ne me suivirent pas sur-le-champ ; je pus détacher le cheval de Mohammed, jeter la peau du lion devant ma selle et m'enfuir au galop. En passant près du groupe qui ramenait le lion dépecé, je fus reconnus et salué par des cris affreux : les hommes coururent à leurs chevaux et à leurs armes. Je fuyais toujours. Quand j'eus dépassé les dernières tentes, je remis la bête au trot. Le cheval sentait la peau du lion, cette odeur le faisait frémir, il dressait les oreilles avec inquiétude. Fallait-il donc abandonner mon butin ? En me retournant, je vis tout le camp s'ébranler pour me poursuivre.

Quand le plus avancé de mes Arabes se trouva à une portée de fusil derrière moi, je fis volte-face brusquement. Je visai son cheval, suivant mon habitude ; il roula dans la poussière ; alors je lançai ma monture au grand galop.

Bientôt mes poursuivants se rapprochèrent, mais leurs armes étaient mauvaises, elles ne m'atteignirent pas. Je me retournai de nouveau, visai encore deux chevaux. Ils tombèrent avec leurs cavaliers. Ces gens durent croire à la puissance de mes amulettes ; ils s'arrêtèrent, je fus bientôt hors de leur atteinte.

De peur qu'ils continuassent leur chasse, je pris vers l'ouest pour leur donner le change. Après avoir suivi ce chemin pendant une heure environ, je fis un coude du côté nord, choisissant un terrain pierreux où les pas ne laissaient point d'empreinte.

J'étais vers midi sur la rive du Tigre, près des rapides du Kelab. Ils se trouvent en aval de l'endroit où le Zab el Asfal, l'affluent du Tigre, rejoint ce fleuve ; vingt minutes plus loin se rencontrent les deux chaînes de montagne du Kanouza et d'Hamrin ; de hauts sommets isolés et séparés par deux vallées étroites marquent cet endroit.

La vallée la moins resserrée avait dû être choisie pour le passage des alliés. J'examinai soigneusement les lieux, cherchant à graver dans ma mémoire tous les accidents du terrain ; après quoi je me hâtai de reprendre ma course vers le Thathar. Je l'atteignis et le dépassai même avant la chute du jour. Je devais me rapprocher beaucoup du campement ami, mais je voulais ménager mon cheval.

Le lendemain seulement, après midi, j'aperçus les premiers troupeaux des Haddedîn.

Je pris le galop et traversai le camp, sans m'inquiéter des cris de joie qui m'accueillaient de tous côtés. Le cheikh, attiré par ces exclamations, parut devant sa tente; j'allai droit à lui.

« Hamdou illah! s'écria-t-il, te voilà de retour! Comment ton voyage s'est-il passé?

— Bien!

— Sais-tu quelque chose?

— Oui, tout!

— Quoi donc?

— Fais appeler les anciens, je vous mettrai au courant. »

En ce moment il remarqua la peau du lion.

« Merveille divine! reprit-il, un lion! Qui t'a donné cette peau?

— Je l'ai moi-même retirée à son propriétaire.

— A lui! au seigneur du désert! Combien étiez-vous de chasseurs?

— J'étais seul.

— Allah soit avec toi! ta mémoire se perd.

— Non, j'étais seul, te dis-je.

— Où?

— Près du camp des Abou Hamed.

— Ils t'avaient pris?

— Oui; mais, tu le vois, ils m'ont laissé partir.

— As-tu vu Zédar ben Houli?

— Oui.

— Oh! raconte...

— Pas tout de suite, il me faudrait recommencer trop de fois; convoque tes gens, vous entendrez des choses intéressantes. »

Le chef s'éloigna; j'allais entrer dans la tente, lorsque mon Anglais accourut à toutes jambes.

« J'apprends votre retour, me criait-il de loin tout essoufflé; les avez-vous trouvés?

— Oui, les ennemis, le champ de bataille, tout enfin!

— Il s'agit bien de cela! Je parle des ruines, des fowling-bulls.

— J'ai aussi trouvé des ruines.

— Ah! bravo! nous allons commencer nos fouilles, puis je ferai mon envoi à Londres. Mais il faudra peut-être se battre auparavant, hein?

— Oui, certes.

— Bien, nous nous battrons comme des Bayard! Moi aussi j'ai découvert quelque chose.

— Quoi donc?

— Oh! des inscriptions rares.

— Où?

— Dans un trou, ici, tout proche : une brique.

— Une inscription sur une brique?

— Yes, une inscription cunéiforme; savez-vous les lire?

— Un peu.

— Moi, non. Venez voir. »

Nous pénétrâmes dans la tente, et l'Anglais s'empressa de m'apporter sa précieuse trouvaille.

« Voilà, lisez! » dit-il avec impatience.

La pierre était dégradée de toutes parts, et les quelques signes cunéiformes qui y avaient été tracés se trouvaient en partie effacés ou enlevés.

« Eh bien? demandait master Lindsay, trépignant de curiosité.

— Attendez donc! Croyez-vous que ce soit facile de déchiffrer cela? Je lis à peine trois mots : « Tetouda, Babrout, ésis. »

— C'est-à-dire?

— *Élevé à la gloire de Babylone.* »

Le brave master Lindsay ouvrit la bouche en parallélogramme jusqu'à ses oreilles, et me demanda d'un air inquiet :

« Lisez-vous bien, master?

— Je le pense.

— Mais qu'est-ce que cela signifierait?

— Tout et rien.

— Hum! mais c'est que nous ne sommes point ici sur le territoire de Babylone.

— Ah bah!

— Nous sommes à Ninive! »

— Soit, reprenez votre pierre, nous verrons plus tard. Je suis pressé.

— Mais pourquoi vous ai-je emmené avec moi, sir?

— C'est bon, emportez toujours votre brique jusqu'à ce que j'aie le temps de m'en occuper.

— Qu'avez-vous à faire?

— Il faut que j'aille rendre compte de ma mission à ces gens.

— J'irai avec vous.

— D'ailleurs, il est nécessaire que je mange, j'ai une faim de loup.

— Je mangerai avec vous. »

Nous nous assîmes; on me servit quelques mets apprêtés dans la tente; mon compagnon m'aida largement à y faire honneur. Je lui demandai, tout en déjeunant, comment il s'était tiré de sa conversation avec les Arabes; il répondit avec un grand soupir :

« Oh! misérablement! quand je demandais du pain, ils m'apportaient mes bottes. Si je parlais de sel, on me présentait un fusil, et ainsi de suite. C'était agaçant. C'était même effrayant; je ne vous laisserai plus partir seul. »

Le cheikh arriva bientôt avec les anciens; on prit du café, on alluma les pipes; les Arabes attendirent patiemment et en silence que je fusse prêt.

Je commençai ma narration, leur expliquant de mon mieux tout ce que j'avais appris sur les projets de leurs adversaires, le lieu de leur rassemblement, etc. Je leur racontai aussi comment j'avais déterminé le cheikh des Abou Mohammed à les aider par une diversion opérée avec les Alabeïde.

Là-dessus ce furent des cris de joie et un enthousiasme sans pareil. Les braves gens m'étouffèrent presque dans leur reconnaissance. L'histoire de ma chasse au lion sembla beaucoup les émerveiller; ils n'attaquent jamais ce redoutable fauve pendant la nuit, ni seuls, mais en grandes troupes. Je leur présentai la peau de l'animal. Ils remarquèrent qu'elle n'était pas déchirée : cela les étonnait encore davantage. Quand les Arabes chassent le lion, la peau se trouve ordinairement criblée de trous, à cause du grand nombre de tireurs. Mais ici, ma première balle, ayant porté trop haut, parce que les ténèbres m'empêchaient de viser exactement, n'avait blessé que l'oreille; la seconde, tirée à trois pas de la bête féroce, s'était logée dans l'œil gauche; la fourrure restait donc presque intacte.

« Allah akbar! c'est vrai! crièrent les assistants en chœur, tu t'es approché de si près de la redoutable bête, que ta poudre lui a brûlé la crinière. Et si elle t'avait mangé?

— Allah m'a gardé, comme vous le voyez. Cheikh, j'ai rapporté cette peau pour toi, fais-en l'ornement de ta tente.

— Dis-tu cela sérieusement? me demanda le cheikh, dont les yeux brillaient de plaisir.

— Très sérieusement.

— Je te rends grâce, Émir, hadji Kara ben Nemsi! Je dormirai sur cette peau, pour que le courage du lion vienne jusqu'à mon cœur.

— Tu n'as pas besoin de dormir sur la peau du lion pour être courageux, ô cheikh, et je suis sûr que tes ennemis vont bientôt reconnaître ta bravoure.

— Tu combattras avec nous, vaillant Émir?

— Oui, certes; car tes ennemis sont des voleurs, des brigands qu'il faut punir; moi et mon ami nous nous rangeons sous tes ordres.

— Tu ne dois pas obéir, mais commander; je te remettrai la conduite d'une partie de mes hommes.

— Nous discuterons cela plus tard; pour le moment, permets-moi de prendre part à votre conseil.

— Tu as raison, nous devons délibérer; mais nous avons encore cinq jours devant nous.

— Ne me disais-tu pas qu'un jour te suffisait pour rassembler tes guerriers?

— C'est vrai.

— Eh bien, à ta place je les convoquerais dès aujourd'hui.

— Pourquoi?

— Pour les exercer d'avance au combat et les distribuer en troupes, suivant leur valeur.

— Crois-tu donc que les Haddedîn soient si peu aguerris? Ils combattent dès leur bas âge. Nous vaincrons nos ennemis, quoiqu'ils soient nombreux.

— Cela n'est pas certain.

— Mach'Allah! tu as tué le lion et tu crains les Arabes!

— Non, je vous sais intrépides, mais je crois que le courage et la valeur comptent double quand la prudence y est unie. Si les Alabeïde et les Abou Mohammed ne réussissent pas dans leur attaque, vous vous trouverez onze cents contre trois mille. D'ailleurs l'ennemi peut aisément connaître vos plans et ne pas se laisser surprendre. A quoi vous servirait une bravoure désespérée si vos fautes vous privaient de la victoire? Il faut abattre ces brigands et les forcer à te payer le tribut. Il faut combattre comme les Francs, non comme les Arabes.

— Comment combattent-ils? »

Je commençai alors un discours, que j'essayai de rendre aussi clair que possible, sur l'art de la guerre en Europe. J'y étais, je l'avoue, assez novice, mais ces Haddedîn m'intéressaient. Je ne pensais pas commettre une faute contre l'humanité en les aidant contre un ennemi injuste. Il serait peut-être en mon pouvoir d'adoucir après la bataille la férocité de cette peuplade, je voulais assurer mon influence par d'utiles conseils. Je leur peignis donc le désavantage de leur manière de combattre, et je leur expliquai la nôtre. Ils m'écoutèrent attentivement, puis un profond silence succéda à mes paroles; enfin le chef me dit :

« Ton discours est bon et pourrait, en ménageant la vie des nôtres, nous procurer la victoire; mais le temps nous manque.

— Vous avez assez de temps.

— Ne viens-tu pas de dire qu'il fallait des années pour former de bonnes troupes?

— Je le maintiens; seulement ce n'est pas une armée qu'il faut former, il ne s'agit que de mettre vos ennemis en déroute. Fais rassembler tes hommes; demain je leur enseignerai l'attaque à cheval et aussi le combat à pied avec des armes à feu. »

Prenant alors un bâton à conduire les chameaux, je traçai sur le sol une sorte de plan. « Voyez : ici, leur dis-je, coule le Tigre; là est le Harim, tout près le Kanouza. Les ennemis se rejoignent à cette place. Deux des tribus arrivent par la rive droite. Derrière eux marchent secrètement nos alliés. A gauche s'avancent les Obeïd. Pour nous atteindre, les fédérés doivent passer entre ces deux montagnes; ils arrivent dans la vallée du Deradji, qui se nomme la *vallée des Degrés*, parce que les roches escarpées dont elle est entourée forment comme les marches d'un gigantesque escalier. Cette vallée n'a qu'une issue. C'est là que nous attendrons les confédérés. Nous garnirons les hauteurs avec de bons tireurs, qui foudroyeront l'ennemi sans aucun risque.

« La sortie sera défendue par ceux de tes hommes qui combattent au pistolet ; du reste, nos tireurs protégeront les hommes de pied. Des cavaliers seront cachés sur les flancs et sur les sommets des monts ; ils se montreront aussitôt que l'ennemi aura débouché dans la vallée ; nos alliés, venant sur ses derrières, lui couperont toute retraite.

« Si ces auxiliaires savent bien prendre leur temps, il ne s'échappera guère d'Obeïd, ni de Djouari, ni d'Abou Hammed.

— Mach'Allah ! ton discours est comme le discours du Prophète, qui a conquis le monde ! Nous suivrons ton conseil, » s'écria le cheikh ; et, se tournant vers les autres chefs, il leur demanda leur approbation, qu'ils donnèrent tacitement de la tête.

Je recommandai encore à Mohammed d'agir avec prudence, de s'assurer de la discrétion des messagers qu'il allait envoyer, etc. ; enfin tout le monde se sépara.

Mais bientôt le cheikh entra tout inquiet.

« As-tu parlé au cheikh des Abou Mohammed de la part du butin ? me dit-il.

— Non.

— Tu ne sais pas combien les Alabeïde demandent ?

— Je n'en sais rien du tout.

— Tu aurais dû t'en informer.

— Est-ce que le cheikh des Addedîn a besoin de songer au butin ?

— Mach'Allah ! qui m'indemnisera de mes pertes ?

— L'ennemi vaincu.

— Faudra-t-il le poursuivre jusque sur ses pâturages, prendre ses femmes, ses enfants, ses troupeaux ?

— Tu ne fais la guerre ni aux femmes ni aux enfants ; garde les hommes qui tomberont entre tes mains, jusqu'à ce que tu aies obtenu un dédommagement convenable ; impose un tribut annuel, et retiens quelques otages marquants. »

Le chef parut réfléchir ; je repris :

« Écoute : il est nécessaire d'être informé des moindres mouvements des confédérés ; fais donc établir une ligne d'observation d'ici à el Deradji.

— Et comment ?

— Envoie à Deradji deux espions sûrs qui puissent examiner ce qui s'y passe entre eux et le camp ; place de distance en distance quelques guerriers éprouvés : quatre hommes à chaque poste. L'un d'eux servira de courrier pour relier un poste à l'autre.

« Il faut aussi établir une ligne semblable pour communiquer avec les Mohammed, non afin de les surveiller, mais de manière à être averti de leur marche ; j'en ai parlé au cheikh, il enverra des hommes de son côté jusqu'aux ruines d'el Farh. Maintenant assemble les hommes que tu as déjà sous la main ; combien en comptes-tu dans le camp ?

— Quatre cents ; je vais les faire avertir tout de suite. »

Un grand mouvement ne tarda pas à régner parmi les tentes ; au bout d'une demi-heure, les quatre cents guerriers étaient en armes au milieu du camp. Le vieux chef leur adressa un discours des plus entraînants, puis tous jurèrent, par la barbe du Prophète, de se battre comme des lions et de garder les secrets de l'attaque ; après quoi le cheikh les fit mettre en ligne.

Tous étaient à cheval, tous portaient pour armes un couteau, un sabre, une longue lance, qui, entre leurs mains, est souvent terrible. Plusieurs faisaient usage du redoutable *nibat* (massue), ou d'une lance courte. Les boucliers laissent un peu à désirer. Quelques guerriers gardent encore le primitif bouclier de cuir. Beaucoup aussi étaient armés de flèches ; le carquois et l'arc leur donnaient un aspect tout à fait antique ; ceux qui possédaient des fusils avaient en général des armes si vieilles et en si mauvais état, qu'elles paraissaient plus dangereuses pour eux que pour l'ennemi ; le petit nombre enfin se servait d'armes à percussion d'une portée assez longue. Je mis ceux-là à part, leur recommandant de se présenter le lendemain matin ; puis je fis faire une sorte d'exercice aux autres. Ils s'en tirèrent assez bien. Je les divisai en bataillons ; j'essayai de leur inculquer quelque idée des évolutions militaires. Ces hommes sont tellement accoutumés à combattre à cheval en harcelant l'ennemi, qu'une fois démontés ils perdent la tête et ne savent plus se défendre. J'aurais voulu parer à cet inconvénient par mes instructions, mais ce n'était pas aisé en si peu de temps.

Le lendemain, j'eus à m'occuper de ceux qui possédaient des armes plus modernes ; ils comprirent vite et exécutèrent mes ordres avec adresse ; en somme, je fus étonné de l'intelligence de ces guerriers à demi sauvages.

Le soir du même jour arrivèrent des nouvelles des Abou Mohammed, qui décidément se joignaient à nous.

Il était presque nuit lorsque je voulus faire une petite chevauchée dans les plaines avec mon noir étalon. J'étais à peu de distance du camp, lorsque je vis s'avancer vers moi deux cavaliers, dont l'un me parut d'une stature ordinaire et l'autre extrêmement petit. Ce dernier était en conversation très animée avec son compagnon ; il levait les bras et les jambes en l'air et gesticulait de tout son corps. Ce ne pouvait être que mon Halef.

J'allai au galop au-devant de lui ; du plus loin qu'il m'aperçut, le petit hadji Halef Omar me cria joyeusement :

« Mach'Allah, Sidi, est-ce vraiment toi ?

— Oui, c'est moi ! Je t'ai reconnu de là-bas. »

Halef sauta au bas de son cheval ; il vint baiser mes vêtements avec une effusion sans pareille.

« Dieu soit loué ! Sidi, je te revois ! criait-il ; j'ai soupiré après toi comme la nuit après le jour !

— Comment va le digne cheikh Malek ?

— Il va très bien.

— Et Amcha ?

— Aussi.

— Et Hanneh, ton amie ?

— O Sidi, elle ressemble à une houri du paradis !

— Et les autres, et tout le monde ?

— Tous m'ont chargé de te saluer, Sidi.

— Où sont-ils ?

— Ils sont restés sur les pentes des montagnes, et m'envoient en avant pour négocier leur incorporation avec le cheikh des Chammar.

— Avec lequel ? les Chammar ont plusieurs tribus.

— N'importe ! avec le premier que je rencontrerai.

— Eh bien ! viens avec moi, je suis chez les Haddedîn. J'ai parlé de vous au cheikh Mohammed, il te recevra bien.

— En vérité, Sidi ? Tu le connais, tu es sûr de lui ?

— Regarde ce cheval, c'est un présent de Mohammed Emin.

— Seigneur, j'ai déjà admiré l'animal ; il descend certainement d'une cavale de Kohéli.

— Tu vois combien ce chef m'est favorable.

— Qu'Allah le récompense en lui donnant une longue vie! Tu crois qu'il nous accueillera bien?

— Oui, je n'en doute pas; suis-moi. »

Nous nous mîmes en marche vers le camp; Halef parlait avec son entrain ordinaire.

« Sidi, me disait le brave petit homme, les voies d'Allah sont impénétrables. Je me demandais comment je ferais pour te retrouver, et te voilà venu à moi tout d'abord; tu es le premier que je rencontre ici! Comment se fait-il que tu sois chez les Haddedîn? »

Je lui racontai rapidement les incidents de mon voyage, et je terminai en lui faisant deviner quel titre m'avaient conféré mes nouveaux amis.

« Oui, Halef, lui dis-je, me voici général!

— Général! Sidi; ils sont donc en guerre? Et contre qui?

— Contre les Obeïd, les Abou Hamed, les Djouari...

— De vrais voleurs tous, Effendi! Ils habitent entre le Zab et le Tigre; j'ai beaucoup entendu parler d'eux, mais on ne m'en a jamais rien conté de bon!

— Nous allons les châtier d'importance, Halef, tu verras; ne me crois-tu pas capable de faire un bon général?

— Oh! Sidi, je sais que tu t'entends à tout, que tu n'ignores aucune science! C'est vraiment bien heureux que tu ne sois plus un giaour.

— Comment dis-tu?

— Je dis que tu as embrassé la vraie croyance.

— Et quand cela?

— Tu as été à la Mecque, tu as de l'eau du Zem-Zem sur toi, en sorte que te voilà un excellent musulman. Je t'avais bien dit que tu te convertirais malgré toi!

— Halef, toute l'eau du Zem-Zem ne vaut pas celle de mon baptême! »

Mais mon petit Halef ne pouvait me comprendre. Nous venions de pénétrer dans le camp; j'accompagnai le nouveau venu sous la tente du cheikh, où le conseil des chefs était rassemblé.

« Salam aleïkoum! » dit Halef.

Son compagnon répéta le salut consacré; prenant la parole, je m'adressai solennellement à Mohammed,

« Permets, ô cheikh, que je te présente ces deux hommes : ils veulent te parler. Celui-là se nomme Nasar ibn Mathalleh, et celui-ci est le hadji Halef Omar, ben hadji Aboul Abbas, ibn hadji Daoud al Gossarah, dont je t'ai raconté les hauts faits.

— C'est lui ?

— Oui ; je ne t'avais point encore dit tous ces noms, l'appelant simplement hadji Halef Omar.

— Ton serviteur et ton ami ?

— Oui.

— Celui qui a tué le Père du Sabre ?

— Oui ; il appartient désormais à la tribu des Ateïbeh, dont le cheikh est ton ami Malek.

— Ah ! qu'ils soient les bienvenus, les hommes de la race des Ateïbeh ! Sois le bienvenu aussi, hadji Halef Omar ! Ta stature est courte, mais grand est ton courage ; ta vaillance est haute et renommée ; puissent tous mes hommes te ressembler ! Tu m'apportes des nouvelles de Malek, mon ami ?

— Je t'en apporte, reprit gravement Halef. Le cheikh te salue ; il te fait demander si tu veux le recevoir, lui et les siens, dans ta tribu.

— Je connais la sentence qui pèse sur lui ; cependant je l'accueillerai. Qu'ils soient tous les bienvenus ! Où se trouvent-ils maintenant ?

— Sur les pentes des montagnes du Chammar, à une demi-journée d'ici. On assure que tu as besoin de guerriers ?

— Oui ; la guerre est déclarée entre nous et ceux qui habitent notre voisinage.

— Je t'amènerai soixante braves combattants.

— Soixante ? mon ami Kara ben Nemsi m'a dit pourtant que vous étiez peu nombreux.

— Nous avons recueilli sur notre route les restes de la race d'Al Hariël.

— Quelles armes portez-vous ?

— Des sabres, des poignards, de bons fusils ; plusieurs d'entre nous ont aussi des pistolets. Mon Sidi a pu t'apprendre que je m'entends au combat.

— Je le sais ; mais cet homme n'est point seulement un Sidi, c'est un Émir, je te prie de le remarquer.

— Je ne l'oublie point, seigneur ; seulement mon maître m'a

permis de le nommer Sidi. Dois-je aller moi-même ou envoyer mon compagnon prévenir le cheikh que tu l'attends?

— Vous êtes fatigués?

Je leur criai d'une voix terrible : « Récitez-la donc! »

— Non, nous sommes très dispos; je monte à cheval à l'instant, je vais chercher Malek.

— Comment! s'écria celui qui jusqu'alors avait laissé la parole à Halef, tu viens de retrouver ton Sidi et tu le quitterais! Non, reste près de lui, c'est moi qui retournerai près des nôtres.

— Accepte d'abord de la nourriture, mange et bois, interrompit le cheikh.

— Seigneur, j'ai une outre et des dattes sur mon cheval, laisse-moi partir. »

Je repris, en me tournant de son côté :

« Ton cheval est fatigué, prends le mien, il se repose depuis deux jours ; il te portera à ton campement avec la rapidité du vent. Tu salueras Malek de ma part. »

Le lendemain se passa en exercices guerriers ; j'étais de plus en plus satisfait de mes troupes ; nos postes d'observation fonctionnaient admirablement ; nous fûmes avertis d'abord de l'approche des deux principaux alliés, et on nous assura que nos auxiliaires, les Abou Mohammed, les suivaient à peu de distance. Un peu plus tard, on vint nous annoncer que les Obeïd commençaient à s'ébranler, et qu'ils avaient envoyé des espions dans la vallée de Deradji afin de nous surprendre. Je résolus d'aller moi-même m'emparer de ces espions. Le cheikh, n'ayant pas permis que je me séparasse de mon coursier noir, avait fourni à l'Arabe un autre cheval ; il en prêta un tout frais à mon petit Halef, et nous partîmes ensemble, vers la tombée du jour. Nous ne fûmes pas longtemps sans atteindre notre poste avancé. Je demandai à Ibn Nazar, la plus intelligente de nos sentinelles, où se tenaient les espions qu'il avait signalés.

« Là-bas, me dit-il ; tout près d'eux mon compagnon se cache et les épie. Nous avons suivi leurs pas.

— Bien ; vous aurez une part double dans le butin ; conduis-moi près des Obeïd. »

La nuit n'était pas tout à fait noire ; il est bien rare qu'elle le soit dans ces contrées ; nous arrivâmes sans trop de difficultés au défilé qui donne entrée dans la vallée. Notre guide fit alors un détour pour nous conduire au milieu d'énormes quartiers de roche qui rendaient le chemin fort pénible, jusqu'à l'entrée d'une étroite caverne, où nous cachâmes nos chevaux. Ils étaient en parfaite sûreté ; nous grimpâmes alors au sommet de la montagne, d'où nous pouvions apercevoir la vallée s'étendant à nos pieds.

« Prends garde, me dit mon conducteur ; si tes pas dérangeaient une seule pierre, nous serions trahis, car on nous épie. »

Nous continuâmes à gravir les rochers qui se dressaient devant nous. Je marchais dans les traces de notre guide, Halef dans les miennes ; nous prenions les plus grandes précautions. Enfin une ombre, se détachant lentement d'un pied de rocher, vint à notre rencontre.

« Nazar ! murmura cette ombre.
— C'est moi ! répondit le guide. Où sont-ils ?
— Là-bas ! »

Je m'avançai et me fis reconnaître ; la sentinelle me désigna du doigt un angle formé par le rocher, en me disant tout bas :

« Tu vois ce pan de granit ; ils sont là, derrière.
— Et leurs chevaux ?
— Ils les ont attachés un peu plus bas.
— Restez, ordonnai-je aux deux hommes ; toi, Halef, suis-moi. »

Nous nous mîmes à ramper sur nos genoux jusqu'à ce que nous eussions atteint l'angle désigné, puis nous nous dissimulâmes de notre mieux entre les aspérités de la montagne. Une forte odeur de tabac ne tarda pas à nous être apportée par la brise ; j'entendis les Obeïd causant à demi-voix ; en m'appuyant contre le bord de la pierre, je percevais presque distinctement chaque mot.

« Deux contre six ! disait l'un des espions.
— Oui, reprenait l'autre, le premier était tout en gris, long et mince comme une lance ; il avait comme la moitié du cylindre d'un canon sur la tête, et c'était aussi tout gris.
— Le Cheïtan, sans doute ?
— Je ne crois pas ; c'était plutôt un mauvais esprit inférieur, un djin.
— Et l'autre ?
— L'autre ressemblait au Cheïtan ; mais sous les traits d'un homme il avait un air terrible ; ses yeux lançaient des flammes ; il a étendu la main, et nos six chevaux sont tombés morts tous à la fois ; puis ces deux démons (qu'Allah maudisse !) ont repris les quatre chevaux et se sont enfuis avec eux par les airs.
— En plein jour ?
— Oui, en plein jour.
— Abomination ! que Dieu nous préserve de rencontrer le diable trois fois lapidé ! Et tu crois qu'il est allé au camp des Abou Hamed ?
— Allé, non ; ils l'y ont apporté, les imprudents !
— Comment cela ?

— Ils l'ont pris pour un homme, et son cheval leur a paru avoir la forme du beau cheval noir du cheikh Mohammed Emin. Ils voulaient s'emparer du cheval, et ils ont fait l'homme prisonnier. Mais, comme ils le conduisaient dans le camp, le fils du cheikh l'a bien reconnu.

— Il aurait dû le remettre en liberté.

— Il ne savait pas au juste ce que c'était.

— On l'a lié?

— Oui ; mais il est venu un lion autour des tentes, et l'étranger a dit qu'il le tuerait bien tout seul, si on voulait lui rendre son fusil : on le lui a rendu pour essayer. Il faisait tout à fait nuit ; il est sorti ; aussitôt le ciel a parlé par le tonnerre et les éclairs. Au matin, l'inconnu est rentré avec la peau du lion ; il a pris son cheval et s'est enfui par les airs. On a couru après ; mais en s'éloignant il a tué deux des meilleurs chevaux de leurs gens.

— Comment as-tu su tout cela?

— Par le courrier que Zédar ben Houli a envoyé à notre cheikh. Et maintenant, qu'en dis-tu?

— C'était le Cheïtan.

— Que ferais-tu s'il t'apparaissait?

— Je tirerais sur lui en récitant la sainte fatha. »

Je jugeai le moment favorable ; me présentant soudain devant ces hommes, je leur criai d'une voix terrible :

« Récitez-la donc !

— Allah kérim !

— Allah il allah, Mohammed rasoul Allah ! » crièrent en même temps mes deux Bédouins, incapables de se mouvoir, tant la peur les paralysait. Je profitai de leur terreur superstitieuse, et, forçant toujours ma voix, je repris :

« Je suis celui dont vous parliez tout à l'heure. Toi, qui m'appelles le Cheïtan, malheur à toi, si tu bouges ! Halef, prends-lui ses armes ; arrête aussi son compagnon. »

Les malheureux n'opposèrent aucune résistance. J'étais convaincu qu'ils ne chercheraient même pas à fuir. Lorsqu'ils furent désarmés, je leur dis sévèrement :

« Si vous tenez à votre peau, répondez à mes questions. De quelle tribu êtes-vous?

— Nous sommes Obeïd.

— Votre tribu passera demain le Tigre?

— Oui.

— Combien avez-vous de guerriers?

— Douze cents.

— Comment sont-ils armés?

— De flèches et de fusils à mèche.

— Avez-vous d'autres fusils et des pistolets?

— Très peu.

— Comment passez-vous l'eau? avec des canots?

— Sur des radeaux; nous n'avons point de canots.

— Combien de guerriers doivent amener les Abou Hamed?

— Autant que nous.

— Comment sont-ils armés?

— De flèches surtout.

— Combien d'hommes vous fournissent les Djouari?

— Mille.

— Ont-ils des flèches ou des fusils?

— Tous les deux.

— N'y a-t-il que vos guerriers qui s'avancent jusqu'ici, ou comptez-vous y amener aussi vos troupeaux?

— Nos guerriers viennent seuls.

— Pourquoi voulez-vous combattre les Haddedîn?

— Parce que le gouverneur nous l'a ordonné.

— Vous n'avez point d'ordre à recevoir de lui, vous ne relevez que des autorités de Bagdad. Où sont vos chevaux?

— Là-bas.

— Bien! vous êtes mes prisonniers, au moindre mouvement que vous feriez pour m'échapper, je vous viserai; prenez garde! »

Je sifflai, les deux sentinelles accoururent; je leur commandai de lier les prisonniers sur leurs chevaux.

Les Bédouins se résignèrent sans murmurer à leur sort; ils voyaient la fuite impossible et se consolaient sans doute en songeant à leur maxime : C'était écrit!

« Maintenant, dis-je à mes compagnons, nous allons reprendre nos chevaux. Ibn Nazar restera ici pour garder le poste, l'autre sentinelle accompagnera Halef afin de veiller sur les prisonniers; pour moi, je retourne au camp le plus vite possible. »

J'avais deux motifs d'agir ainsi : d'abord je croyais ma présence nécessaire près du cheikh, ensuite je voulais essayer sur

mon coursier noir l'effet du secret de l'Arabe. Le cheval de Mohammed me portait en dévorant l'espace; il semblait joyeux de sa course folle, il hennissait de plaisir, lorsque je plaçai ma main entre ses deux oreilles et lui dis, me courbant sur son front :
« Rih ! »

A cet appel, la noble bête frémit; on eût cru voir son corps s'amincir et s'allonger comme pour mieux fendre l'air. Jusqu'alors le brave animal avait pris un galop qui eût laissé en arrière cent des meilleurs chevaux; à cette heure, il allait comme le vent; il se surpassait lui-même comme le vol de l'hirondelle surpasse celui de la sarcelle. La vitesse d'une locomotive lancée à toute vapeur, celle du chameau de course le plus rapide, ne sont rien à côté de cet élan, auquel je ne saurais que comparer. Mohammed Emin ne disait pas trop quand il me répétait : « Fusses-tu environné de mille ennemis, ton cheval te ferait passer à travers. »

Je ne me sentais pas de joie et d'orgueil en me laissant aller à la course de cet incomparable animal. Cependant je ne voulais point épuiser inutilement ses forces; je le caressai doucement sur le cou pour le modérer. Le bon cheval hennit sous cette caresse; il tourna vers moi sa belle tête, comme pour me dire qu'il comprenait ma satisfaction. Nous entrâmes au camp; il m'avait fallu, pour revenir, le tiers du temps que j'avais mis à aller.

J'aperçus, près de la tente du cheikh, une quantité de chevaux et de chameaux montés par des formes noires que l'obscurité m'empêchait de distinguer. En pénétrant près du cheikh, je fus agréablement surpris de trouver mon ami Malek, auquel on faisait une réception très cordiale.

L'Ateïbeh me reconnut avec joie; me tendant les deux mains, il s'écria :

« Salam ! mes yeux sont heureux de te revoir; mes oreilles entendent ton pas avec ravissement...

— Allah bénisse ta venue ! Il a fait une merveille en t'amenant sitôt ici, répondis-je.

— Tu dis vrai; mais le courrier que tu nous avais envoyé nous a trouvés à mi-chemin; presque aussitôt le départ de Halef j'ai su, par un berger à la recherche de ses troupeaux, que le cheikh dont le campement était le plus proche se nommait

Mohammed Emin. C'est mon meilleur ami ; je ne doutais point de son accueil ni du succès de la démarche de Halef ; nous nous mîmes en route sans l'attendre, et nous voilà. Apprends-moi où est Halef, le fils de mon honneur et de mon amour ?

— Il sera ici dans un instant. Il ramène deux prisonniers que j'ai confiés à ses soins.

— Tu as réussi ? me demanda Mohammed.

— Oui, les espions sont tombés entre nos mains.

— On m'a dit que vous aviez déclaré la guerre aux brigands du Tigre, reprit Malek.

— On t'a dit vrai. Demain, quand le soleil luira dans son plein, nos armes parleront et nos sabres lanceront des éclairs.

— Les Ateïbeh peuvent-ils vous offrir le secours de leurs sabres ?

— Je sais, cheikh, que ton sabre est comme le Djoulfekar[1], auquel personne ne peut résister ; tu seras le bienvenu parmi nous, ainsi que tous ceux qui t'accompagnent. Combien d'hommes êtes-vous ?

— Un peu plus de cinquante.

— Sont-ils fatigués ?

— Quel est l'Arabe qui se sent fatigué quand il entend le cliquetis des armes, quand le bruit du combat éveille son oreille ? Donne-nous des chevaux frais, et nous te suivrons partout où tu voudras. »

Pendant cette conversation, les gens de Malek s'étaient installés devant la tente, et on leur servait un repas abondant. On nous apporta de même notre dîner. Nous commencions à peine, quand Halef rentra avec les prisonniers, qui furent amenés devant le cheikh. Mohammed les regarda d'un air méprisant ; il procéda aussitôt à leur interrogatoire :

« Vous êtes de la tribu des Obeïd ?

— Nous en sommes, ô cheikh !

— Les Obeïd sont des lâches, ils tremblent devant les braves guerriers des Haddedîn ; c'est pour cela qu'ils se sont alliés aux autres tribus, mais toutes leurs forces et toutes leurs précautions ne leur serviront de rien ; demain nous les renverserons, nous les dévorerons, nous les mettrons en pièces !

---

[1] Nom de l'épée de Mahomet ; mot à mot : l'*Éclair*. Cette épée est conservée encore aujourd'hui.

« Savez-vous quel est le devoir d'un brave guerrier quand il veut faire la guerre ? »

Les malheureux baissaient la tête sans répondre ; le cheikh continua avec véhémence :

« Un vaillant ben Arabe ne vient pas comme un assassin surprendre son adversaire ; il fait déclarer la guerre par ses envoyés, afin que le combat soit loyal. Vos chefs ont-ils fait cela ?

— Nous n'en savons rien, ô cheikh !

— Vous n'en savez rien ! Qu'Allah raccourcisse votre langue ! Votre bouche est pleine de mensonge et de fausseté. Vous ne savez pas ce que font vos chefs, et ils vous avaient confié la garde du défilé de Deradji ! Ne deviez-vous pas dénoncer nos mouvements ? Je traiterai les vôtres comme ils le méritent, et je vais commencer par vous. Qu'on appelle Abou el Mansour, le *Père du Couteau*. »

Quelques-uns des assistants s'éloignèrent et revinrent aussitôt avec un homme portant une cassette.

« Liez ces espions ! ordonna le cheikh ; enlevez leur *marameh* (morceau de linge enroulé sur la tête en guise de turban). »

Lorsque l'opération fut finie, le chef, se tournant vers l'homme à la cassette, lui demanda :

« Dis-moi, ô Abou el Mansour, quel est le plus précieux ornement de l'homme et du guerrier ?

— La barbe qui protège sa figure.

— Que faut-il faire à un homme lorsqu'il se montre lâche comme une femme, lorsqu'il ne dit pas la vérité, lorsqu'il ment comme la fille de la femme ?

— Il faut le traiter comme une femme, comme la fille d'une femme !

— Eh bien, ces deux hommes portent barbe ! mais en réalité ils sont femmes ; aie donc soin, Aboul el Mansour, qu'on les reconnaisse pour ce qu'ils sont.

— Faut-il leur enlever la barbe, ô cheikh ?

— Je te l'ordonne.

— Qu'Allah te bénisse ! car tu es vaillant et sage entre tous les fils des Haddedîn ; tu es bon et plein de douceur envers les tiens, mais sévère et juste envers les ennemis de ta race ! Je vais obéir à ton commandement. »

Sur ce, l'orateur ouvrit sa cassette, en tira divers instruments,

Puis il recueillit les quelques gouttes du sang qui s'échappait
dans un petit gobelet de fer.

parmi lesquels il choisit un *chambiych*, sorte de large couteau recourbé dont la lame lança des éclairs en reflétant les feux de la tente. Cet homme était le barbier de la tribu.

« Pourquoi ne prends-tu pas un rasoir? demanda le cheikh.

— Couperais-je avec un rasoir les barbes de ces lâches? Je ne pourrais plus me servir de mon instrument pour toucher la tête des vaillants Haddedîn.

— Tu as raison ; achève ta besogne ! »

Les Obeïd s'agitaient beaucoup ; ils se défendaient de toutes leurs forces pour échapper à l'opération, car rien ne pouvait être plus honteux pour des hommes de ces contrées ; mais ils furent solidement liés, et Abou el Mansour leur trancha la barbe avec son grand couteau, aussi promptement, aussi soigneusement que le plus habile de nos Figaros l'eût pu faire avec un excellent rasoir.

« Maintenant, ordonna le cheikh, puisqu'ils sont des femmes, qu'on les fasse garder par des femmes ! On leur donnera des dattes, du pain et de l'eau ; mais s'ils font un pas pour s'éloigner on leur enverra une balle dans la tête ; emmenez-les ! »

La sentence du chef concernant l'enlèvement des barbes n'avait pas seulement pour but de dégrader les prisonniers, mais de les empêcher de prendre la fuite. Ces hommes n'eussent jamais osé retourner sans barbe dans leur tribu.

Lorsqu'on les eut fait sortir, le cheikh se leva et tira son poignard. Il avait l'air grave et solennel; je supposai que quelque chose d'extraordinaire allait se passer. En effet, Mohammed Emin, ayant ordonné le silence, commença son discours en ces termes :

« Allah il Allah! Il n'y a d'autre Dieu qu'Allah; tout ce qui vit il l'a fait, et nous sommes ses enfants. Pourquoi ceux qui devraient s'aimer se haïssent-ils? Pourquoi ceux qui devraient être unis se séparent-ils? Beaucoup de branches s'agitent dans la forêt, beaucoup d'épis ou de fleurs s'élèvent dans la prairie; elles sont toutes égales entre elles; elles se connaissent et ne se séparent point. Cheikh Malek, tu es un grand guerrier, et je t'ait dit *manou malihin;* nous avons mangé le sel ensemble. Hadji Kara ben Nemsi, toi aussi tu es un grand guerrier; je t'ai dit de même le manou malihin. Vous habitez tous deux dans ma tente, vous êtes mes amis et mes compagnons! J'agis pour vous, vous agissez pour moi. Ai-je dit la vérité? ai-je bien parlé? »

Nous fîmes gravement un signe approbatif; il continua :

« Le sel se dissout et disparaît. Le sel est le signe de l'amitié; quand il s'est dissous, quand il ne se fait plus sentir dans notre corps, l'amitié aussi prend fin, et il la faut renouveler. Cela est-il bon? cela est-il suffisant? Je dis non! Hommes vaillants, ne lions point amitié par le sel! Il y a une substance qui ne quitte jamais notre corps. Sais-tu, cheikh Malek, ce que j'entends par là?

— Je le sais.

— Dis-le.

— C'est le sang.

— Tu as bien parlé. Le sang demeure jusqu'à la mort. L'amitié conclue par le sang ne finit qu'avec la vie. Cheikh Malek, donne-moi ton bras. »

Malek, qui savait comme moi où en venait le préambule oratoire, découvrit son avant-bras et le tendit à Mohammed Emin. Celui-ci appuya légèrement avec le bout de son poignard et déchira la peau; puis il recueillit les quelques gouttes du sang qui s'échappait dans un petit gobelet de fer contenant déjà un peu d'eau; alors, se tournant vers moi, il reprit :

« Émir hadji Kara ben Nemsi, veux-tu être mon ami et l'ami de cet homme, qui se nomme le cheikh Malek el Ateïbeh?

— Je le veux.

— Veux-tu l'être jusqu'à la mort?

— Je le veux.

— De manière que tes amis soient les nôtres, et tes ennemis nos ennemis; que nos amis soient les tiens, et nos ennemis tes ennemis?

— Oui, je le veux aussi.

— Bien! donne-moi ton bras. »

Mohammed me fit subir la même opération; quelques gouttes de mon sang coulèrent dans le gobelet; après quoi le chef se déchira lui-même le bras, mêla son sang au nôtre, et, reprenant pathétiquement son discours, s'écria :

« Maintenant partageons le breuvage de l'amitié en trois; que chacun de nous le boive en élevant sa pensée vers Celui qui connaît tous les secrets du cœur des hommes! Désormais nous aurons six pieds, six bras, six yeux, six oreilles, et cependant tout cela ne fera qu'un pied, qu'un bras, qu'un œil, qu'une oreille, qu'une bouche; nous aurons trois cœurs, trois têtes, et cela ne fera qu'un cœur et qu'une tête; ce que l'un de nous voudra, tous le voudront. Louons Dieu, qui nous a donné cette heureuse journée! »

Il me tendit le vase.

« Émir hadji Kara ben Nemsi, ton peuple habite loin d'ici; cependant prends ta part de ce breuvage, et, quand tu auras fini, donne-le à notre ami Malek. »

Je répondis par un discours accommodé au goût de ces gens; puis je tendis le gobelet à Malek, qui le remit à Mohammed, lequel nous embrassa en disant :

« A présent tu es mon *rafik* et je suis ton rafik; notre amitié sera éternelle, quand même il plairait au Seigneur de séparer nos voies. »

La nouvelle de cette alliance se répandit promptement dans tout le camp, de sorte que petits et grands, pour peu qu'ils se crussent autorisés à le faire, vinrent nous féliciter. Ces formalités nous prirent beaucoup de temps; il fallait pourtant instruire Malek de notre plan; je m'en chargeai; il parut le comprendre et l'approuver.

Il fut convenu qu'on emmènerait quelques vieilles femmes, expertes dans l'art de panser les blessures, pour soigner les guerriers. On donna aussi des ordres afin que Malek et ses gens trouvassent des montures fraîches; puis dès le matin l'armée se mit en bon ordre, sans confusion, bien pourvue de chefs, chacun sachant à qui obéir, et presque disciplinée comme une troupe européenne. J'étais fier de mon œuvre; mais il faut avouer que les hommes y avaient mis de l'intelligence et de la bonne volonté.

Aussitôt que le soleil se montra au fond de l'horizon, tous les guerriers se prosternèrent la face contre terre pour la prière du matin.

Ce ne fut pas sans émotion que je vis ces centaines d'hommes, le visage dans la poussière, s'humiliant et invoquant le Créateur de toutes choses, Celui qui pouvait leur donner la victoire ou les rappeler à lui dans quelques heures peut-être. Pourquoi faut-il que le sentiment religieux, si profond chez les peuples simples et primitifs, s'efface au souffle d'une civilisation menteuse, et que nos armées chrétiennes reçoivent ainsi une grande leçon des musulmans?

Nous savions, par les courriers venus des avant-postes, que rien ne s'opposait à notre marche, et nous atteignîmes paisiblement le Djebel Deradji, derrière lequel s'étend de l'est à l'ouest la vallée où devait avoir lieu le combat.

Les tireurs, que nous avions désignés, descendirent de cheval, et leurs montures furent conduites avec ordre dans la plaine, où l'on eût pu les reprendre facilement en cas de déroute.

On déchargea les chameaux, on établit les tentes, on prépara un lieu pour les pansements. Nous avions beaucoup d'outres pleines d'eau, mais le linge manquait pour les bandages; je n'avais pu en obtenir, à mon grand regret.

Nous eûmes soin de doubler les postes qui nous reliaient aux Abou Mohammed, nos auxiliaires; ils nous firent bientôt savoir que l'ennemi ne semblait point se douter de nos mouvements.

Lindsay, qui au milieu de tous ces préparatifs était demeuré fort taciturne, chevauchait depuis le matin à mes côtés. Lorsque nous nous fûmes arrêtés, il me demanda :

« Où comptez-vous que se donnera la bataille? Ici?

— Non, derrière la hauteur.

— Puis-je rester avec vous?

— Comme il vous plaira.

— Où serez-vous? dans l'infanterie, la cavalerie, le génie, les pontons?

— Dans les dragons, car nous nous battrons à l'arme blanche et nous tirerons également.

— Je me joins à vous; descendons-nous dans la vallée?

— Non; nous défendrons ici les abords du fleuve, afin d'empêcher l'ennemi de gagner le côté nord.

— Combien avez-vous d'hommes?

— Cent.

— Well! Bonne combinaison. »

Je n'avais pas choisi ce poste sans dessein. Si j'aidais volontiers les Haddedîn, il me répugnait de tirer sur des gens qui n'étaient point mes ennemis; en somme cette querelle ne m'était nullement personnelle; j'avais demandé aux chefs de me laisser le commandement d'une place de défense pour ne pas prendre part à l'attaque, et j'aurais bien préféré encore rester à l'ambulance; mais ces guerriers n'eussent jamais compris mon inaction.

Le cheikh Mohammed conduisit sa cavalerie dans la vallée; il la partagea en deux troupes, placées à droite et à gauche; l'infanterie suivit; un tiers gravit les hauteurs de gauche et se dissimula derrière les roches les plus élevées pour tirer de haut en bas; le second tiers fut envoyé sur la droite, et le troisième, commandé par Malek, se plaça près de l'entrée de la vallée, qu'on barricada solidement, de manière à ne laisser pénétrer l'ennemi qu'en le saluant de la bonne façon. J'assistai à ces dispositions, puis je rejoignis mes hommes; nous nous dirigeâmes vers le nord jusqu'à un endroit d'où il nous était aisé d'atteindre le Djebel. Au bout d'une demi-heure de marche, nous aperçûmes le fleuve; nous redescendîmes un peu et nous trouvâmes au sud, à droite, une place où l'eau coupait la montagne en deux endroits, formant par son cours une sorte de demi-cercle. Le lieu paraissait tout à fait inexpugnable et eût pu servir de refuge à des vaincus. Je fis faire halte à nos hommes; il nous eût été facile de défier là une troupe dix fois plus nombreuse que la nôtre.

Mes dispositions pour la défense et l'observation une fois prises, je m'assis tranquillement près de master Lindsay, lequel en revint bien vite à son dada :

« Sir, connaissez-vous cet endroit? me dit-il.

— Non.

— Peut-être y trouverait-on des ruines?

— Je n'en sais rien.

— Demandez donc aux Arabes ce qu'ils en pensent. »

Je traduisis sa question aux hommes qui m'entouraient, et lui transmis les réponses :

« Ils disent qu'il y a des ruines plus haut, à quelque distance.

— Comment s'appelle ce lieu?

— Maouk al Kal, ou Kala Chergatha.

— Il y a là des fowling-bulls?

— Pour cela, je n'en sais rien.

— Combien avons-nous de temps avant le combat?

— Jusqu'à midi. Qui sait, du reste? Il n'y aura sans doute point d'attaque de ce côté.

— Eh bien! si nous y allions?

— Où donc?

— Chercher un fowling-bull.

— Ce n'est guère faisable; pour atteindre les ruines, il faudrait un trajet de quinze milles anglais, disent nos gens.

— Ah! misère! »

Lindsay s'assit mélancoliquement à l'ombre d'un buisson d'euphorbes. Je résolus de faire une reconnaissance aux alentours; je donnai quelques instructions à mes hommes, et partis du côté du fleuve, au sud.

Mon cheval, comme tous ceux des Chammar, était un grimpeur intrépide; je pouvais tenter avec lui la montée du Djebel jusqu'à son extrême pointe.

Arrivé à une place assez élevée déjà, j'interrogeai l'horizon avec ma longue-vue. De l'autre côté de l'eau, sur la rive gauche, tout était en mouvement. La plaine se remplissait de cavaliers allant et venant jusqu'au Tell Hamalia, au delà du torrent de Chelab; je voyais distinctement une grande quantité d'outres en peau de chèvres, qu'on s'occupait à attacher aux radeaux pour la traversée des Obeïd. Je ne pouvais me rendre compte de ce qui se passait plus près de moi, sur la rive occupée par les Haddedîn, à cause des hauteurs qui entourent la vallée de Dradji. Comme le temps ne me manquait point, je tentai l'ascension de ces cimes.

Pour arriver jusqu'à la crête et gravir le sommet le plus élevé, j'estimai qu'il me fallait au moins une heure; heureusement mon cheval ne paraissait pas plus fatigué que s'il venait de quitter sa litière. Je grimpai avec lui d'abord sur une sorte de muraille de roches, que je suivis en regardant le lit de l'Oued Deradji s'étendre à mes pieds; dans toutes les anfractuosités des rochers, dans tous les plis avantageux du terrain, se cachaient et épiaient les meilleurs tireurs des Haddedîn.

Plus loin, du côté opposé, j'aperçus un camp nombreux dont on démontait les tentes. C'étaient les Abou Hamed et les Djouari qui se préparaient au combat. A la place même où ils campaient encore, les troupes de Sardanapale, de Cyaxare et d'Alyatte avaient campé. Là les guerriers de Nabopolassar s'étaient agenouillés avec terreur, le cinquième mois de la cinquième année de ce monarque, quand survint cette éclipse totale de lune, suivie d'une éclipse totale de soleil, qui rendit si terrible la bataille d'Halys et répandit tant d'épouvante parmi les guerriers assyriens. Là encore la cavalerie s'était noyée dans les eaux du Tigre, quand Nabuchodonosor passa en Égypte pour détrôner le roi Hopra. Oui, c'étaient bien ces mêmes eaux qui retentirent du chant de mort dont les montagnes de Kara Zichook, de Zibar et de Sar Hassan répétaient l'écho, lorsque Nériglissor et Nabonide avaient chanté leur défaite.

Je m'assis à cet endroit, perdu dans les souvenirs d'un lointain passé, ou parfois distrait par le mouvement de l'actualité.

Je voyais l'ennemi enfler ses outres, les attacher à d'étranges embarcations, monter avec les chevaux sur ces radeaux légers, aborder notre rive. Il me semblait entendre les cris de joie avec lesquels leurs alliés les accueillaient; puis ils montèrent tous à cheval afin d'exécuter une brillante fantasia. C'était fatiguer inutilement leurs bêtes, et l'on pouvait tirer bon augure pour nous de cette maladresse.

Je restai ainsi une heure au moins. Tous les Obeïd étaient débarqués; ils s'avançaient en longue file vers le nord.

Il était temps de redescendre; le moment du combat approchait.

Il me fallait une heure pour retourner d'où j'étais venu, la pente me forçant à mille zigzags. Je n'étais pas loin d'atteindre la vallée, quand j'aperçus au nord de l'horizon un point très brillant, comme si les rayons du soleil se trouvaient vivement renvoyés par un morceau de métal poli. Je fus assez longtemps, même avec ma longue-vue, avant de me rendre compte de la cause de cet effet; enfin je distinguai, tout près du fleuve, un certain nombre de cavaliers; l'un d'eux était vêtu de manière à refléter la lumière.

Était-ce un ennemi? Mais l'ennemi venait par le nord et se trouvait à une distance aussi grande de la cachette de mes gens que j'en étais éloigné moi-même en cet instant. Cependant je redescendis avec mon coursier aussi rapidement que possible. Dès que le brave cheval eut touché le sol de la plaine, il se mit à courir ou plutôt à voler, obéissant à mes excitations.

A peine arrivé près de mes hommes, je les appelai et leur racontai ce que je venais de voir.

Ils se hâtèrent de prendre leurs chevaux; la moitié de la troupe resta cachée derrière les massifs d'euphorbes ou d'arbres à gomme, l'autre moitié s'avança du côté du sud, dissimulant sa marche derrière les roches. Master Lindsay était à mes côtés, en avant. Nous nous arrêtâmes et attendîmes : ce ne fut pas long; bientôt le bruit d'une troupe de cavaliers parvint à nos oreilles.

Master Lindsay, quand nous arrivâmes à une portée de fusil, me dit soudain :

« Cette troupe est peu nombreuse, une vingtaine d'hommes, je crois ; pourquoi m'inquiéter d'ailleurs de ces querelles ? Vous allez voir ! »

Il me quitta et s'assit gravement sur une roche en avant du chemin, où les cavaliers débouchèrent bientôt en tournant un grand bloc de granit. Les domestiques de l'Anglais s'étaient placés à ses côtés.

Un Arabe de haute taille commandait le détachement ennemi ; il portait sur son *aba* une cuirasse d'écailles d'acier, brillante comme un soleil ; il avait une mine vraiment royale. Cet homme devait n'avoir jamais éprouvé la peur ; cependant il tressaillit à l'apparition bizarre des trois Anglais, quoique aucun muscle de son visage ne remuât. Il porta la main à son sabre recourbé, sans précipitation ni colère, fit deux ou trois pas en avant ; puis, quand ses gens l'eurent rejoint, il dit quelques mots à un personnage maigre et jaune qui se plaça près de lui. Ce cavalier, d'un aspect sordide, montait mal à cheval et semblait fort peu guerrier. Je le soupçonnai d'être d'origine grecque.

Sur l'ordre du chef, ce fut lui qui adressa la parole à l'Anglais ; il se servit d'abord de la langue arabe.

« Qui es-tu ? » demanda-t-il.

Lindsay retira son chapeau, se leva et fit une demi-inclination sans répondre un seul mot.

L'interlocuteur reprit sa question en langue turque.

« English... English ! Je suis Anglais ! dit gravement Lindsay.

— Ah ! je vous salue, honorable lord ! s'écria l'interprète en anglais. C'est une véritable surprise que de trouver dans ce désert un fils d'Albion. Oserai-je, sir, vous demander votre nom ?

— David Lindsay.

— Ces hommes sont vos domestiques, sans doute ?

— Yes.

— Mais que faites-vous ici ?

— Rien.

— Vous devez cependant avoir un but en venant dans ces lieux ?

— Yes.

— Quel but?

— Faire des fouilles.

— Pourquoi?

— Pour touver un fowling-bull.

— Ah! fit l'interlocuteur de plus en plus étonné; pour cela il faut des instruments, des gens et une autorisation. Comment êtes-vous venu ici?

— Avec un petit bateau à vapeur.

— Où est-il?

— Je l'ai renvoyé à Bagdad.

— Alors vous êtes seul, avec vos domestiques?

— Yes.

— C'est singulier; mais où vous rendez-vous pour le moment?

— Nous allons chercher le fowling-bull. Qui est ce monsieur? »

Mon Anglais montrait l'homme à la cuirasse. Le Grec traduisit à son chef la question et le reste de l'étrange conversation; puis il répondit:

« L'homme illustre que vous avez devant vous se nomme Eslah al Mahem, c'est le cheikh des Obeïd Araber, qui ont leurs pâturages et leur campement dans ces contrées. »

Ces mots me surprirent; ainsi le cheikh n'assistait point au départ de sa troupe, il s'en était séparé. Pour quelle raison?

« Mais vous, qui êtes-vous? reprit l'Anglais.

— Je suis un des interprètes du vice-consul de Mossoul.

— Ah! Où allez-vous?

— J'accompagne une expédition contre les Haddedîn.

— Une expédition, une guerre? et pour quelle cause?

— Les Haddedîn sont une race indomptable; il faut souvent leur faire sentir le mors. Ils ont voulu soutenir les *Yézidis, ou adorateurs du diable,* dont le gouverneur de Mossoul avait à se plaindre; mais comment se fait-il que... »

En ce moment l'interprète s'arrêta court; un de nos chevaux s'était mis à hennir, tous les autres l'imitaient. Nous étions découverts; le cheikh, saisissant la bride de son cheval, se dirigeait déjà vers le rempart de roches qui nous dérobait à ses yeux, mais d'où il avait entendu partir le bruit. Je crus qu'il fallait me montrer; je sortis de ma cachette.

« Permettez-moi de me présenter moi-même, » m'écriai-je en anglais.

Le cheikh, stupéfait, s'arrêta pour demander au truchement :

« Qui est celui-ci ? un Anglais ? Mais il est vêtu comme un Arabe.

— Je suis Allemand, j'appartiens à la suite de ce personnage anglais ; nous cherchons des fowling-bulls, tout en étudiant les mœurs de ce pays.

— Que dit-il ? reprit le chef en s'adressant au Grec.

— C'est un Nemsi.

— Les Nemsi sont-ils infidèles ?

— Ils sont chrétiens.

— Nazara ! Cet homme pourtant est hadji ; il est allé à la Mecque.

— Oui, répondis-je, je suis allé à la Mecque.

— Tu parles notre langue ?

— Oui.

— Et tu appartiens à cet Anglais ?

— Oui.

— Depuis combien de temps êtes-vous dans nos contrées ?

— Depuis quelques jours. »

Ses sourcils se froncèrent.

« Connais-tu les Haddedîn ?

— Je les connais.

— Où les as-tu rencontrés ?

— Je les connais, je suis le rafik de leur chef.

— Alors tu es perdu.

— Perdu ? Pourquoi ?

— Je te fais prisonnier, toi et ces trois Anglais.

— Quand cela ?

— Mais tout de suite !

— Tu es puissant ; Zédar ben Houli, le cheikh des Abou Hamed, est puissant aussi, et pourtant il n'a pu me retenir captif.

— Mach'Allah ! tu es l'homme au lion ?

— Oui.

— N'importe, tu m'appartiens. Je ne te laisserai point échapper.

— C'est toi qui m'appartiens. Regarde autour de toi. »

Il tourna machinalement la tête et ne vit personne; je criai de toutes mes forces :

« A moi, les hommes! »

Aussitôt ma troupe s'élança hors de l'embuscade, en menaçant de ses armes les guerriers de l'Obeïd.

« Ah! murmura celui-ci, tu es prudent comme un Abou Heïssan (surnom du renard); mais tu peux bien tuer les lions, tu ne prendras pas le cheikh Eslah al Mahem! »

Il saisit son grand sabre recourbé; puis, lançant sur moi son cheval, leva cette arme terrible au-dessus de ma tête. J'évitai le coup et visai facilement sa monture, qui l'entraîna dans sa chute; il se releva rapidement. Alors commença entre nous deux une lutte acharnée. Cet homme était d'une vigueur et d'une force peu communes. Je parvins cependant à lui arracher son turban et à l'étourdir par un coup violent sur la nuque avant qu'il ait pu me frapper.

Pendant notre combat, tous s'agitaient autour de nous; j'avais ordonné aux Haddedîn de ne tirer que sur les chevaux. Dès la première décharge une partie des montures de l'ennemi fut grièvement atteinte, et les guerriers roulèrent sur le sol; en se relevant, ils trouvèrent les lances de nos hommes dirigées contre eux. Nous étions cinq fois plus nombreux. La fuite du reste leur devenait impossible; s'ils avaient essayé de passer le fleuve à la nage, nos balles les eussent bientôt arrêtés. En revenant de leur premier étourdissement, ils semblèrent fort indécis sur ce qu'ils devaient faire. Le cheikh, dont je m'étais enfin rendu maître, se trouvait aux mains des deux domestiques de Lindsay; le sang ne coulait point cependant; je pouvais me féliciter de notre aventure, et je crus devoir haranguer les guerriers ennemis en ces termes :

« Obeïd, vous êtes en notre pouvoir, n'essayez point de résister. Vous êtes vingt, nous sommes cent; votre cheikh vient de tomber entre mes mains, tous vos efforts resteraient vains.

— Tirez sur lui! tuez-le! criait le cheikh en se débattant.

— Si vous faites un mouvement, votre chef est mort! repris-je avec résolution.

— Tirez sur lui! répétait le cheikh plein de rage; tirez sur ce loup, sur cet ibn aoua (petit-fils de chacal), sur ce lièvre! Vos frères me vengeront et vous aussi!

— Leurs frères? dis-je avec calme. Tu comptes sur les Obeïd et sur les Abou Hamed unis aux Djouari, n'est-ce pas? »

Eslah al Mahem me regarda avec surprise et me demanda d'un ton rogue et inquiet :

« Comment connais-tu ces tribus? Comment sais-tu ce qu'elles font?

— Je sais qu'en cet instant elles sont enveloppées par les guerriers des Haddedîn, comme tu te trouves enveloppé au milieu de nous.

— Tu mens! tu es une bête sauvage! Toi ni les Haddedîn ne pouvez rien contre nous. Nous nous emparerons de nos ennemis, nous prendrons les filles et les troupeaux des Haddedîn!

— Qu'Allah t'éclaire, cheikh! Pourquoi t'aurions-nous attendu ici, si nous n'avions su que tu t'avançais contre le cheikh Mohammed?

— Comment sais-tu cela? J'allais vénérer la tombe du hadji Ali.

— Tu allais prier sur cette tombe pour le succès de tes armes. Mais écoute : la tombe d'Ali se trouve sur la rive gauche du Tigre, et tu es venu sur la rive droite! Tu voulais épier auprès de l'Oued Nour l'arrivée de tes alliés. »

J'avais touché juste, je m'en aperçus aux traits contractés du cheikh; il reprit, me bravant avec un rire ironique :

« Ton intelligence est faible et molle comme l'éponge qui croît au bord de l'eau. Rends-nous la liberté, et tu n'auras rien à craindre! »

Ce fut à mon tour de rire; je lui demandai :

« Et que m'arrivera-t-il, si je te garde?

— Les miens sauront me rejoindre, alors ta perte est certaine!

— Tes yeux sont aveugles et tes oreilles sourdes, cheikh; tu n'as ni vu ni entendu ce qui s'est passé avant que tes hommes aient traversé le fleuve.

— Quoi donc? murmura-t-il d'un air dédaigneux.

— Ils ont été surpris par les Haddedîn, ainsi que tu l'es toi-même en ce moment.

— Où?

— A l'Oued Deradji. »

L'Obeïd sembla se troubler, je repris :

« Tu le vois, ton plan a été trahi. Les Alabeïd et les Abou Mohammed se sont unis contre vous et contre les Abou Hamed, qui les aviez si souvent pillés; ils doivent commencer l'attaque près de l'Oued Deradji; écoute! » En ce moment retentissait une vive fusillade. « Écoute! ils sont pris dans la vallée par nos alliés; ils vont être contraints de se rendre.

— Allah il Allah! dis-tu vrai? s'écria cet homme avec angoisse.

— Oui; cela est indubitable.

— Alors tue-moi!

— Tu es un lâche.

— Est-il lâche celui qui veut mourir?

— Oui, cheikh des Obeïd, père de ta tribu : ton devoir est de soutenir tes hommes, et tu veux les abandonner!

— Comment les pourrais-je soutenir à cette heure? tu m'as fait prisonnier!

— Tu les soutiendras par ta présence et tes conseils; les Haddedîn ne sont pas des lécheurs de sang, ils demandent seulement que vous les laissiez en paix; tu pourras traiter avec eux; sans toi que deviendraient ceux de ta tribu? Leur ruine serait complète.

— Encore une fois me dis-tu la vérité?

— Oui, je te la dis; cheikh!

— Jure-moi que tu ne me trompes pas.

— La parole d'un homme d'honneur vaut un serment... Arrêtez-le! »

J'adressais cette injonction à mes gens en leur désignant le truchement grec, qui, après avoir affecté une tranquillité presque indifférente, venait tout d'un coup de prendre la fuite, profitant de la distraction de mes gens, groupés autour de moi pour entendre notre conversation.

On s'élança aussitôt à sa poursuite; quelques coups de fusil furent tirés derrière lui, mais ne l'atteignirent point. Enfin un des Haddedîn le frappa d'une balle à une centaine de pas plus loin; il fut rapporté tout sanglant.

« Tu le vois, dis-je à Eslah al Mahem, nous y allons sérieusement; tu m'as forcé à répandre du sang, et je le ferais encore si tu résistais contre tout espoir. »

Le jeune chef mordait ses lèvres avec rage; il hésitait toujours; enfin il s'écria :

« Me promets-tu de rendre témoignage de moi, d'affirmer que je n'ai cédé qu'au nombre? car vous êtes ici cinq contre un, et tu m'assures que mes hommes sont cernés à l'Oued Deradji?

— Je te promets de rendre ce témoignage.

— Bas les armes! commanda alors le chef en grinçant des dents; mais qu'Allah te précipite au fond le plus terrible de la djehenna si tu m'as trompé, étranger! »

Les Obeïd rendirent leurs armes. Pendant ce temps, Lindsay me tirait par la manche, et, me montrant le Grec, me disait tout bas :

« Sir, ce drôle mange du papier! »

Je m'approchai du blessé; il tenait, en effet, du papier froissé à la main.

« Donnez-moi ce chiffon! ordonnai-je.

— Jamais! »

Je pressai son poignet avec violence, la douleur lui fit ouvrir la main et pousser un cri. Le papier dont je venais de m'emparer provenait d'une enveloppe de lettre; je ne pus y lire que ce mot : *Bagdad.* Notre homme était en train d'avaler le reste. Je voulais qu'il me donnât le morceau qu'il avait dans la bouche; il refusa et fit un effort en levant la tête, pour essayer d'avaler hâtivement. Je me précipitai sur lui et le serrai à la gorge, afin de l'obliger à cracher le papier presque englouti; j'y réussis, mais sans résultat satisfaisant, car les lignes de ce chiffon déjà mâché étaient indéchiffrables. Me tournant vers le Grec, je lui demandai d'une voix terrible :

« De qui vient cette écriture?

— Je n'en sais rien.

— De qui l'avez-vous reçue?

— Je n'en sais rien.

— Menteur! on va vous abandonner ici, pour y périr misérablement, pour servir de pâture aux oiseaux de proie et aux chacals! »

Le malheureux regarda autour de lui avec effroi, puis murmura d'un ton découragé :

« Je dois me taire.

— Bien! le silence sera éternel, repartis-je; nous allons nous éloigner.

— Effendi, supplia le blessé, je dirai tout : cette lettre vient du vice-consul de Mossoul.

— A qui était-elle adressée?

— Au consul anglais de Bagdad.

— En connaissiez-vous le contenu?

— Non.

— Oh! point de mensonges inutiles.

— Je jure que je n'en ai pas lu une lettre!

— Au moins soupçonniez-vous l'importance du message?

— Oui.

— De quoi était-il question?

— De politique.

— Naturellement.

— Je ne puis rien dire de plus.

— Êtes-vous lié par serment?

— Oui.

— Hum! vous êtes Grec?

— Oui.

— De quelle province?

— De Lemnos.

— Je l'aurais parié! Un véritable Turc a le caractère plus droit, plus honnête, et quand il est autrement, c'est de votre faute, à vous autres Grecs. Vous vous appelez chrétiens, et vous êtes pires que tous les païens du monde. Lorsqu'en Turquie se découvre une affaire véreuse, ou un brigandage quelconque, c'est toujours un Grec qui les dirige. Tu trahirais ton serment aujourd'hui, misérable, si je te le payais, ou si je te menaçais. Tu n'es qu'un espion de la pire espèce. Comment as-tu pu te faire accepter en qualité de drogman à Mossoul? Ne réponds pas! je devine comment la chose s'est passée. Je sais ce dont vous êtes capables, partout où l'on vous rencontre! Tu peux garder ton serment! car la politique dont tu parles, je la connais. Pourquoi excitez-vous ces tribus les unes contre les autres? Pourquoi aiguillonnez-vous tantôt les Turcs et tantôt les Persans, en les poussant contre ces malheureux? Est-ce là agir en chrétiens? Si vous suiviez les enseignements du Sauveur, ce n'est point la guerre, mais l'Évangile de paix et d'amour que vous auriez porté autour de vous. Vous semez l'ivraie, et vous voulez qu'elle étouffe le froment. Hélas! votre mauvaise graine ne rend que trop au centuple!

« Je t'engage à demander à ton pope l'absolution de tes trahisons, il te la vendra toujours! As-tu servi la Russie?

— Oui, Monsieur.

— Où cela?

— A Stamboul.

— Bien; je vois que tu es encore capable de répondre sans mentir, je ne te livrerai point aux Haddedîn.

— O seigneur, mon âme te bénira, car tu te montres généreux!

— Comment t'appelles-tu?

— Alexandre Kolletis.

— Tu portes un nom illustre; mais qu'as-tu de commun avec ceux qui l'ont porté avant toi? Bill, venez panser la plaie de cet homme. »

L'Irlandais s'employa de son mieux près du blessé. Pour moi, si j'avais pu prévoir dans quelles circonstances je rencontrerais de nouveau ce Grec, je ne sais si je l'eusse épargné ainsi. Je m'adressai alors au cheikh et lui tins ce discours :

« Eslah al Mahem, tu es un vaillant guerrier, il me semble pénible de te laisser lié; me promets-tu de marcher à mes côtés sans chercher à fuir?

— Je te le promets.

— Par la barbe du Prophète?

— Par la barbe du Prophète et par la mienne!

— Ordonne à tes gens de faire le même serment.

— Vous m'entendez! cria le cheikh en se retournant vers ses hommes, jurez de ne pas prendre la fuite!

— Nous le jurons! »

Je fis aussitôt délier le chef; il me remercia avec effusion.

« Sidi, tu es un noble guerrier. Tu as fait viser nos chevaux pour garder notre vie. Qu'Allah te bénisse, quoique mon cheval me fût aussi cher qu'un frère! »

Le visage de ce jeune cheikh m'intéressait; il avait une expression loyale et fière qui ne pouvait tromper; je lui demandai gravement :

« Eslah al Mahem, cette guerre que tu entreprenais contre des tribus de ta race, ce sont des langues étrangères qui te l'ont conseillée, n'est-ce pas? »

Il baissa la tête; je poursuivis :

« Sois plus fort une autre fois, repousse les perfides conseils. Veux-tu que je te rende ton sabre, ton poignard et ton fusil?

— Effendi, tu ne ferais pas cela? dit-il tout étonné.

— Si, je le ferai. Un cheikh est le plus noble, le plus loyal de sa tribu; on ne le traite pas comme un houteyeh, ou un chelavych[1]. .

« Le cheikh Mohammed Emin te rendra l'honneur dû à ton rang. Tu dois l'aborder en homme libre, les armes à la main. »

J'ordonnai qu'on lui remît ses armes. Cet homme sembla hors de lui; il s'avança vers moi, me regarda avec émotion et me demanda :

« Quel est ton nom, Sidi?

— Les Haddedîn me nomment Émir Kara ben Nemsi.

— En quel lieu les hommes de ta tribu font-ils paître leurs troupeaux?

— Bien loin, au couchant ; je suis un Franc.

— Un Franc?

— Oui, un chrétien !

— Tu appartiens aux Nasara? Cependant tu portes le turban blanc; le hamaïl pend à ton cou !

— Je suis chrétien et hadji, car j'ai vu la Mecque.

— Tu es chrétien, Émir ! Ah ! aujourd'hui je sais que les Nasara ne sont pas des chiens, mais qu'ils peuvent quelquefois se montrer plus sages, plus généreux que les musulmans. Tu m'as rendu mes armes, et tout à l'heure, quand tu aurais pu me tuer, tu as pris toutes les précautions pour épargner ma vie. Veux-tu me faire voir ton poignard? »

Je lui tendis mon arme; il en éprouva la lame et me dit :

« Cet acier ne vaut rien, je le briserais facilement dans mes doigts. Regarde mon chambiyeh ! »

Il tira un poignard de sa ceinture; c'était un objet vraiment artistique : la lame affectait une légère courbure ; elle était damasquinée avec un goût exquis. La sentence suivante se lisait des deux côtés en caractères arabes :

Au fourreau seulement après la victoire !

---

[1] Classes presque aussi méprisées que celle des parias dans les Indes.

Cette arme avait dû être forgée à Damas, au temps où l'Orient excellait dans la fabrication des lames d'acier; elle pouvait être estimée, comme curiosité, à un très haut prix, sans compter sa valeur intrinsèque.

« Te plaît-elle ? me demanda le cheikh.

— Elle vaut bien quinze chèvres !

— Dis plutôt cent, ou cent cinquante, car dix de mes aïeux l'ont portée; ils l'ont maniée dans le combat, et jamais l'acier ne s'est altéré. Eh bien ! je te la donne ; donne-moi la tienne. »

Je me serais exposé à blesser le chef au plus sensible de son amour-propre, si j'avais refusé un échange qui pourtant me causait un certain scrupule.

« Je te remercie, hadji Eslah al Mahem, m'écriai-je; je porterai ce poignard en souvenir de toi et en l'honneur de tes pères !

— Il ne te laissera pas dans l'embarras, tant que ta main pourra le soutenir ! »

En ce moment nous entendîmes les sabots d'un cheval retentissant sur la roche, et un cavalier, tournant rapidement l'angle d'une grande masse de granit, se présenta devant nous. Ce n'était autre que mon petit Halef.

— Sidi, me cria-t-il tout ému, hâte-toi, viens, on t'attend.

— Qu'y a-t-il donc, hadji Halef Omar ?

— La victoire est à nous.

— Vous a-t-elle coûté beaucoup de monde ?

— Non, Sidi, et ils sont tous prisonniers avec leur cheikh. Hamdoul illah ! Il n'y a que le cheikh des Obeïd qui n'a point été retrouvé.

— Ne t'ai-je pas dit la vérité ? demandai-je alors à Eslah.

— Nous avons rejoint les Abou Mohammed juste à temps, continuait Halef; ils venaient derrière les Djouari, et entourèrent avec nous l'Oued, de façon qu'aucun des ennemis n'a pu échapper. Quel est cet homme, Sidi ?

— C'est le cheikh Eslah al Mahem, que vous cherchiez.

— Tu l'as fait prisonnier ?

— Comme tu le vois.

— Ou Allah, billah, tala ! Permets que je retourne tout de suite près du cheikh Malek pour lui donner cette bonne nouvelle. »

Sur ce, mon Halef piqua des deux et disparut. Le chef prisonnier montait un de nos chevaux, j'en avais fait donner un au Grec blessé ; les autres suivaient à pied. Notre troupe ne marchant pas très vite, nous n'avions point encore atteint l'Oued Deradji, que quatre cavaliers s'avancèrent au-devant de nous. Je reconnus Malek, Mohammed Emin avec les cheikh des Abou Mohammed et des Alabeïde.

« Eslah al Mahem ! tu l'as pris ? me dit Mohammed fort surpris.

— Oui, c'est lui !

— Allah soit loué ! Avez-vous des morts et des blessés ?

— Non.

— Allah s'est montré miséricordieux envers nous ; nous ne comptons que trois morts et onze blessés.

— Et l'ennemi ?

— Ses pertes sont plus grandes ; il se trouvait si étroitement cerné, qu'il ne pouvait bouger ; nos balles portaient à chaque coup. Nos cavaliers ont bien manœuvré, de la manière que tu leur avais enseignée.

— Où sont les prisonniers ?

— Dans l'ouadi ; ils ont mis bas les armes, on les garde étroitement. »

Eslah al Mahem nous rejoignait en cet instant, car je l'avais laissé à quelques pas pour aller au devant de Mohammed. Celui-ci remarqua que mon prisonnier portait ses armes.

« Il m'a promis de ne point chercher à s'enfuir, dis-je ; ne sais-tu pas qu'il faut honorer les braves ?

— Mais cet homme voulait nous perdre !

— N'es-tu pas déjà vengé ?

— Tu lui as laissé ses armes, qu'il les garde ; viens ! »

Nous nous avançâmes sur le champ de bataille. Tout y était en mouvement, les guerriers allaient et venaient ; un grand nombre d'entre eux, assis en armes, formaient le cercle autour des cheikh garrottés.

« Veux-tu rester près de moi ? demandai-je à Eslah.

— Ce sont mes alliés, je dois m'asseoir près d'eux, » répondit-il gravement, et il alla rejoindre les prisonniers.

Aucune parole ne fut échangée, seulement les chefs captifs regardèrent le nouveau venu avec surprise ; ils l'avaient cru mort sans doute.

« Conduisons les autres prisonniers dans l'Oued, » ordonna Malek.

Je le suivis avec les Obeïd et une partie de mes gens. Lorsque j'arrivai dans la vallée, un coup d'œil tout à fait pittoresque s'offrit à moi. On avait ouvert une brèche dans le glacis pour faciliter la sortie, et placé, par un excès de précaution, des postes sur les flancs des rochers qui se dressaient des deux côtés de la vallée; celle-ci fourmillait de chevaux, d'hommes, d'allants et venants très affairés; au fond de ce terrain un peu creux campaient ceux des alliés qui n'avaient pu trouver place dans l'Oued. Les Haddedîn s'occupaient à rassembler les chevaux démontés des vaincus, pour les conduire dans une autre petite plaine entre deux collines, où l'on déposait tout le butin, amoncelé déjà en gros tas.

« As-tu jamais vu plus de troupes? me demanda Malek.
— Oui.
— Moi, jamais!
— Les blessés ennemis sont-ils bien traités?
— On les panse comme les nôtres; nous te l'avons promis.
— Qu'allez-vous faire à présent?
— Célébrer notre victoire par la plus grande fantasia qui se soit jamais exécutée dans nos tribus.
— Non, vous ne ferez pas cela!
— Et pourquoi?
— Vous insulteriez à l'ennemi par ce bruyant triomphe.
— L'ennemi prenait-il beaucoup de ménagements envers nous?
— D'ailleurs vous n'aurez pas le temps de vous livrer à ces réjouissances; il faut vous occuper de nourrir toute cette armée; amis et ennemis doivent manger.
— Certes, c'est pour cela que je te dis que nous allons célébrer notre victoire par une fête : un festin et une fantasia; mais d'abord il est nécessaire d'assembler le conseil des chefs afin de prendre une résolution; nous ne pouvons nourrir ni garder longtemps un si grand nombre de prisonniers et de troupes. Je te laisse, j'ai à parler au cheikh. »

Je vis en même temps accourir Lindsay criant tout essoufflé :
« Sir, une belle victoire! Que d'hommes rassemblés dans cette plaine! Ne croyez-vous pas que quelques-uns d'entre eux pourraient me donner des renseignements sur les ruines?
— Peut-être.

— Si nous les interrogions ?

— Excusez-moi, sir, on va tenir le conseil ; je serais curieux d'y assister.

— Du moins vous m'aiderez ensuite.

— Certainement. »

Je me rendis d'abord à l'endroit où se faisaient les pansements. Le cheikh tenait sa parole : on suivait ponctuellement mes prescriptions ; je ne pouvais que louer et me hâtai de rejoindre Malek, qui m'accueillit en me disant :

« Émir hadji Kara ben Nemsi, tu vas nous donner un bon conseil ; tu as visité toutes les contrées du monde, tu en connais les lois et les usages ; à qui juges-tu que doivent appartenir les armes des vaincus ?

— Aux vainqueurs.

— Et leurs chevaux ?

— De même.

— Et leurs habits ?

— Des pillards seuls prendraient les habits ; de vrais guerriers se contentent des armes et des montures.

— A qui l'argent et les bijoux ?

— Je te l'ai dit, des hommes d'honneur ne pillent point ; contentez-vous des armes et des chevaux.

— A qui appartiennent les troupeaux du vaincu ?

— S'il n'a d'autre ressource que ses bêtes, elle doivent lui être laissées, mais en le soumettant à un tribut qui payera les frais de la guerre et servira à l'affaiblir.

— Tu parles comme si tu étais l'ami de nos ennemis ! Nous les avons vaincus : leurs vies, leurs biens, tout est à nous.

— Je parle comme un ami de la justice et de l'humanité. Tu prétends que la vie des prisonniers vous appartient ?

— Oui, certes.

— Voulez-vous donc les égorger tous ?

— Non ; nous ne sommes pas des bourreaux.

— Et cependant vous voulez leur enlever leurs troupeaux ; pourront-ils vivre sans bétail ?

— Non.

— Donc, si vous leur prenez leurs troupeaux, vous leur prenez la vie ! De plus, vous vous nuisez à vous-mêmes.

— Comment cela ?

— Ces misérables affamés pourront-ils vous payer un tribut?

— Ta bouche parle sagement et intelligemment.

— Écoute encore! si vous leur enlevez leurs vêtements, leurs bijoux, leurs troupeaux, tous leurs biens, vous les forcez à piller et à marauder; et où voulez-vous qu'ils aillent piller, si ce n'est chez leurs voisins, autrement dit, chez vous? Ne vaut-il pas mieux avoir pour voisinage des gens à peu près dans leurs affaires, que des affamés qui, d'un moment à l'autre, peuvent se jeter sur vous?

— Tu as raison.

— Faites-vous donc des tribus vaincues des amies et des tributaires; n'en faites pas des voleurs et des désespérés.

« Ne leur prenez même pas toutes leurs armes, ni tous leurs chevaux; gardez-en seulement la meilleure partie, afin qu'ils ne puissent vous nuire. De cette manière vous les tiendrez en votre pouvoir, sans pourtant les réduire aux dernières extrémités.

« J'ai dit.

— Parle encore, Émir; combien estimes-tu que nous puissions exiger d'eux de têtes de bétail pour être livrées tout de suite?

— Autant qu'il en faut pour vous dédommager du tort qu'ils vous on fait par leurs maraudes et par cette guerre.

— Et pour le tribut annuel, combien faut-il demander?

— Évaluez à peu près les richesses de l'adversaire. Envoyez un de vos cheikh les plus sages, afin d'évaluer aussi leurs troupeaux; demandez-leur assez pour qu'ils ne deviennent pas trop puissants, pas assez pour qu'ils ne se regardent pas comme misérables.

— Mais il reste la dette du sang; plusieurs des nôtres ont été tués.

— Et aussi plusieurs des leurs. Avant de renvoyer les prisonniers, réunissez les familles des morts et fixez le prix du sang. En calculant bien, vous auriez plus à payer qu'eux, et vous pourrez vous contenter, pour vos morts, du butin qui vous revient aujourd'hui.

— Faut-il les laisser nous apporter l'indemnité de guerre?

— Non; allez la chercher vous-mêmes; les prisonniers resteront ici comme otages, jusqu'à ce que vous ayez ramené les troupeaux qu'on devra vous livrer.

« Je serais d'avis également que vous gardiez quelques chefs des tribus vaincues, afin de vous assurer le payement de votre imposition annuelle. Si vos tributaires refusaient de s'exécuter, vous pourriez les menacer de...

— Oh! nous tuerions leurs hommes! ils le savent! Mais il est encore une chose plus difficile que le reste, Effendi, c'est le partage du butin entre nous et nos alliés.

— Pourquoi serait-ce difficile, si vous êtes justes? Allez chercher ensemble l'indemnité de guerre, partagez-la avant de vous séparer; que chacun reçoive exactement ce qui lui est dû.

— Et pour le tribut?

— N'êtes-vous pas trois alliés? vos ennemis comptent aussi trois tribus; partagez-vous les tributaires. Vous êtes frères et amis; vous querellez-vous donc pour une chèvre de plus ou de moins, pour quelques paires de cornes?

— Non, certes. Qui faut-il envoyer aux pâturages ennemis? Combien d'hommes doivent marcher dans cette expédition?

— A votre place, je choisirais un nombre de guerriers assez considérable pour ne redouter aucune surprise, et je leur adjoindrais un nombre trois fois moindre de prisonniers.

— Très bien. Que t'offrirons-nous, Émir?

— Rien; je vais m'éloigner, je ne puis emmener un troupeau; j'ai de bonnes armes, mon cheval vaut tous leurs chevaux.

— Et aux trois hommes qui t'accompagnent?

— Ils n'ont besoin de rien, sois-en sûr.

— N'importe, tu accepteras ce que nous te donnerons, nous voulons te remercier.

« Ta tête est moins ancienne que la nôtre, et cependant tu as su instruire nos guerriers mieux que nous ne l'aurions fait nous-mêmes! Grâce à toi, nous sommes vainqueurs presque sans avoir versé de sang.

— Écoute, voici le remerciement que je désire : que l'on continue à bien soigner les ennemis blessés et qu'on nous aide à découvrir un endroit où il y ait beaucoup de ruines, des figures de pierre, des briques couvertes d'écritures étrangères.

« Mon compagnon souhaite vivement ces sortes d'objets. Maintenant je prie Allah d'éclairer votre esprit afin que votre conseil soit prompt et sage.

— Viens, tu assisteras à la délibération.

— Je ne pourrais dire autre chose que ce que je t'ai dit. Réfléchissez-y. »

Il me sembla que je devais les laisser débattre ensemble les points sur lesquels je venais d'appuyer de mon mieux près de Malek ; je me rendis dans la tente d'ambulance pour porter des dattes et de l'eau aux blessés. Sur mon chemin je rencontrai Halef, qui m'accompagna. Bientôt quelques Abou Hamed me reconnurent et me saluèrent respectueusement ; un peu plus loin, les guerriers des Abou Mohammed m'entourèrent avec mille témoignages d'amitié. Tous les alliés me félicitaient de leur avoir ménagé une si facile et si complète victoire. Je dus aller de groupe en groupe ; plusieurs heures s'écoulèrent avant que je pusse regagner ma tente.

On avait envoyé du monde au campement des Haddedîn, pour donner ordre de transporter les tentes et de rassembler les troupeaux tout près de l'Oued Deradji. La plaine entière se couvrait de troupeaux, et les préparatifs du festin commençaient.

Mohammed Emin vint me trouver.

« Ta parole vaut tes actions, me dit-il ; tout est arrangé. Les Obeïd sont mes tributaires, les Abou Hamed payeront la rente aux Abou Mohammed, et les Djouari aux Alabeïde.

— Et à combien se monte l'indemnité exigée ? »

Il me dit le chiffre, que je jugeai très raisonnable. Je me sentais tout heureux de mon influence près de ces chefs ; elle empêchait, au moins cette fois, l'usage des droits barbares que s'attribue ici le vainqueur. De l'esclavage des prisonniers, il ne fut pas même question.

« A présent, reprit le chef, permets-moi une prière.

— Parle.

— Nous allons envoyer chercher la part des troupeaux que nous enlevons au vaincu ; il faut que des chefs prudents et habiles conduisent cette expédition. Moi et le cheikh Malek nous restons à la garde des prisonniers. Il y a trois chefs vaincus à accompagner : celui des Obeïd, celui des Djouari, celui des Abou Hamed. Les cheikh des Abou Mohammed et des Alabeïde sont prêts ; il nous manque un troisième chef ; veux-tu te charger de cette mission ?

— Oui.

— Où désires-tu aller ? choisis.

— Eh bien, j'irai chez les Abou Hamed, je les connais déjà. Quand partirons-nous ?

— Demain. Combien veux-tu d'hommes avec toi ?

— Donne-moi quarante Abou Hamed et soixante de tes Haddedîn; je réclame Halef aussi pour être mon lieutenant.

— Bien. Faut-il laisser des armes aux Abou Hamed ?

— Non, certes. Le cheikh vaincu connaît-il vos dispositions ?

— On les lui apprendra ainsi qu'aux autres après la prière du soir. Viens voir les hommes que tu veux emmener. »

Nous nous éloignions, lorsque Lindsay courut à moi.

« Eh bien ? demanda-t-il.

— Eh bien ! j'ai parlé de votre désir au cheikh; il vous trouvera des ruines, je l'espère, du moins.

— Parfait, sir !

— Voulez-vous entreprendre une expédition intéressante ?

— Où ?

— Jusque au-dessous d'El Fattha, où le Tigre entre dans la chaîne des monts Hamrin.

— Et que ferons nous là-bas ?

— Nous irons chercher l'indemnité de guerre, c'est-à-dire des troupeaux.

— Chez qui ?

— Chez les Abou Hamed, ceux qui nous avaient volé nos chevaux.

— J'en suis, sir ! Très curieux, ce voyage ! Combien avez-vous d'hommes ?

— Une centaine.

— Parfait. Nous rencontrerons sans doute des ruines.

— Il y a quelques monuments funèbres à demi détruits, sur la rive gauche du fleuve; mais nous ne traverserons pas l'eau.

— Dommage ! Mon fowling-bull tarde beaucoup à sortir de terre !

— Nous trouverons autre chose, sir : un mets excellent, des truffes !

— Des truffes, ah ! oh ! »

Et l'Anglais ouvrait une bouche qui eût pu avaler un pâté de truffes tout entier.

« Oui, les truffes croissent en abondance dans cette contrée; elles ne sont pas un objet des moins importants du commerce à Bagdad et à Bassora; on en porte jusqu'à Kerkouk, Soulimania, et même jusqu'à Kirmania.

— Oh ! sir, je vais avec vous...; j'aime beaucoup les truffes. »

Lindsay s'éloigna à ces mots, pour faire à la hâte ses préparatifs de départ.

Cependant les trois chefs vaincus comparurent dans la soirée devant leurs vainqueurs, et furent contraints d'accepter toutes les conditions ; puis le grand festin commença. Beaucoup de moutons y laissèrent leurs os. Fatigué du mouvement et du bruit de cette journée, ennuyé de ces longs repas arabes, je parvins à m'esquiver quelques instants ; j'allai me reposer auprès d'un massif odoriférant, assez près du camp pour que les voix et les cris parvinssent encore jusqu'à moi, mais assez isolé pour y rêver tranquillement. A la place où je me trouvais, les Doryphores avaient brandi leurs terribles lances ; la tente d'Holopherne s'était peut-être dressée là, sur cette terre que je foulais du pied. Je la voyais : toute de pourpre, avec ses cordes d'or, ses broderies d'émeraudes et de pierres précieuses. Plus loin, sur les ondes bruyantes du fleuve, je me figurais apercevoir les antiques flottilles décrites par Hérodote.

« Les canots sont de forme ronde et construits avec des peaux. Ce sont les Arméniens et les gens de la haute Assyrie qui les travaillent ainsi. Leur carcasse est faite d'osier et de branches flexibles qu'on revêt de cuir durci. Ronds comme un bouclier, on ne voit aucune différence entre l'avant et l'arrière. Les matelots garnissent le fond de leur bateau avec de la paille ou des roseaux. On charge sur ces embarcations des marchandises de toutes sortes, particulièrement du vin de palme, et on leur fait suivre la pente du fleuve. Les canots ont deux rames et deux rameurs ; l'un tire sa rame à lui, pendant que l'autre pousse la sienne. Les dimensions de ces bateaux diffèrent ; quelques-uns sont si grands, qu'ils peuvent porter une charge estimée à cinq mille talents ; les plus petits ont un âne à bord ; les grands emmènent plusieurs de ces animaux. Aussitôt que les matelots débarquent à Babylone, ils se débarrassent de leurs marchandises, puis offrent aussi en vente la carcasse et les roseaux de leur canot ; ils chargent les peaux sur leurs ânes et s'en retournent par l'Arménie, où ils construisent un nouveau bateau. »

Malgré les siècles écoulés, on retrouve encore de ces embarcations singulières, et pourtant toute l'ancienne civilisation a disparu de ces rives. Lorsqu'un même nombre de siècles aura passé après nous, que sera devenue cette contrée ?

Le lendemain, nous nous mîmes en route avec Halef et l'un des chefs des Abou Hamed. Nous formions la tête de la troupe; Lindsay et ses gens se tenaient en arrière, ou allaient en voltigeurs.

Nous arrivâmes bientôt à l'endroit où se réunissent les montagnes de Kanouza et de Hamrin. Je remarquai en face de nous, sur la rive gauche, le Tell Hamlia, petite éminence artificiellement construite. Sur la rive droite, nous vîmes se dresser encore quelques ruines du Kalaat al Djeber (le donjon des tyrans). Cette ruine consiste en plusieurs tours rondes à demi écroulées, que relie une muraille de circonvallation. Ensuite nous atteignîmes le Tell Dahab, qui est une petite colline baignée par le fleuve, puis le Bled el Bad, roche assez élevée et fort escarpée, près de laquelle nous fîmes halte pour le repas de midi. Vers le soir nous étions à El Fattha; là le fleuve se fraye une large route dans la montagne et mesure environ soixante mètres. Après avoir dépassé cet endroit, nous dressâmes le campement de nuit. Quoique les Abou Hamed fussent sans armes, je crus prudent de partager mes Haddedîn en deux troupes, pour veiller tour à tour sur les prisonniers; car, dans le cas où un seul d'entre eux fût parvenu à s'échapper, il aurait averti les hommes restés aux pâturages, et la tribu se serait hâtée de cacher ses meilleures bêtes.

Dès la pointe du jour nous reprîmes notre chemin; le fleuve s'étendait toujours à nos côtés, large et riant, entrecoupé par plusieurs îlots. Sur la rive gauche s'échelonnaient de petites collines plongées dans les brumes; sur la droite, devant nous, se déroulait la plaine où campaient les Abou Hamed.

« N'avez-vous que ce lieu de pâturage? demandai-je au chef subalterne des ennemis qui nous accompagnaient.

— Oui, nous n'avons que celui-là.

— Tu mens !

— Je ne mens point, Émir.

— Bien. Je veux essayer de te croire, mais n'oublie pas qu'à la première fraude je te loge une balle dans la tête.

— Tu ne le ferais pas, Émir.

— Si, je le ferais, je t'assure !

— Non, tu ne le feras pas, car je te dirai que nous avons peut-être deux places de pâturages.

— Peut-être?

— Eh bien! oui, nous en avons certainement deux.
— Ou trois?
— Non, deux seulement.
— Bien; mais si j'en découvrais trois, tu serais perdu.
— Pardonne, Émir. Peut-être en trouverez-vous plus de deux; alors il y en aura trois.
— Alors?
— Oui.
— Et si nous ne la trouvons pas, cette troisième place, il n'y en aura que deux?
— Émir, je te dirai la vérité : il y en a trois.
— Ah!... quatre, peut-être?
— Émir, tu voudrais en trouver dix.
— Tu es un Abou Hamed, tu ne perdrais pas volontiers ce que tu as gagné par tes rapines. Je ne te presserai pas davantage; mais prends garde!
— Nous en avons quatre, Émir! soupira le malheureux prisonnier.
— Bien, tais-toi; je vais moi-même me rendre compte de vos richesses. »

J'interrogeai l'horizon avec ma longue-vue, et je découvris au loin quelques points où se mouvaient des hommes et des bêtes. J'appelai le chef des Haddedîn qui me suivait; c'était un guerrier vaillant et résolu, sur lequel je pouvais compter; je lui demandai :

« Nous avons quarante Abou Hamed avec nous; crois-tu pouvoir les maintenir avec trente de tes hommes?
— Je les garderais avec dix hommes, Émir; ils n'ont point d'armes.
— Eh bien! je vais prendre les devants en compagnie de Halef Omar pour examiner un peu les choses; quand le soleil aura atteint ce buisson que tu vois là-bas, si nous ne sommes pas revenus, envoie-moi trente hommes, ils me retrouveront sur les pâturages. »

J'allai ensuite parler à Lindsay, qui chevauchait à peu de distance.

« J'ai une mission importante à vous confier, sir, lui dis-je.
— Well!
— Je pars à la découverte. Je voudrais me rendre compte des

pâturages occupés par cette tribu; si je ne suis pas de retour dans deux heures, trente hommes des Haddedîn devront se mettre en marche et me rejoindre.

— Je les accompagnerai?

— Non; vous resterez à cette place, avec les trente autres de nos gens, pour garder les prisonniers. S'ils faisaient mine de s'enfuir, il faudrait tirer dessus sans hésiter.

— Oh! yes; si un seul bougeait, je les tuerais tous!

— Bien! vous vous borneriez-là..., c'est entendu?

— Sir, puisque vous allez au camp, parlez-leur des fowling-bulls.

— Oui, oui, nous verrons. Allons, partons, Halef! »

Nous traversâmes rapidement la plaine, nous dirigeant vers les points que j'avais remarqués. Nous rencontrâmes d'abord un grand troupeau de chèvres, gardé par un vieillard que je saluai du :

« Salam aléïkoum!

— Aléïkoum! répondit-il en s'inclinant avec respect.

— La paix règne sur ton pâturage!

— La paix est ici, ô seigneur; et toi, nous apportes-tu la paix?

— Oui, je l'apporte à ma manière. Tu appartiens, n'est-ce pas, aux Abou Hamed?

— Tu l'as dit.

— Où est votre camp?

— Là-bas, derrière le coude que fait le fleuve.

— Avez-vous plusieurs places de pâturages pour vos troupeaux?

— Pourquoi demandes-tu cela, ô seigneur?

— Parce que j'ai un message dont je dois faire part à la tribu tout entière.

— De qui ce message?

— De Zédar ben Houli, ton cheikh.

— Hamdou illah! c'est sans doute un messager heureux?

— Tu le sauras plus tard. Combien avez-vous de pâturages?

— Six; trois de ce côté du fleuve, et trois dans les îles.

— Sont-ils peuplés en ce moment?

— Tous, excepté un.

— Où se trouve celui-là?

— Juste en face de toi est le premier; celui dont je parle est le quatrième et le dernier. »

Il y avait dans le ton et le geste de cet homme quelque chose qui me donnait à penser : je résolus d'avoir l'œil sur les îlots du voisinage; cependant je repris en affectant un air d'indifférence :

« Pourquoi donc ce pâturage reste-t-il désert?

— Parce qu'il est malaisé d'y aborder, le fleuve est très rapide en cet endroit. »

Mes soupçons ne diminuaient point; je me disais que cette place, justement à cause de sa situation, devait servir de lieu de refuge aux pirates de ces tribus. Je continuai mes questions :

« Combien reste-t-il d'hommes dans votre camp?

— Es-tu réellement envoyé par le cheikh, seigneur?

— Oui, je viens de la part de votre chef.

— Quel message apportes-tu?

— Un message de paix.

— Pourquoi le cheikh n'a-t-il pas dépêché un homme de notre tribu?

— Les hommes des Abou Hamed me suivent de près; tu vas les voir. »

Je ne voulus point presser davantage ce berger, dont la défiance du reste semblait s'éveiller; je continuai à m'avancer, mais en marchant plus au bord du fleuve, afin de pouvoir examiner les îles. Quand nous eûmes dépassé la troisième, le fleuve dessina une large courbe, et nous aperçûmes bientôt dans la prairie une grande quantité de tentes, non loin desquelles paissait ou se reposait un bétail nombreux : chameaux, brebis, chèvres, jeunes vaches, bœufs, etc. Je vis fort peu de chevaux; les hommes étaient aussi très rares dans le camp; on n'y avait laissé que des vieillards tout à fait incapables de porter les armes.

Nous nous engageâmes dans les ruelles formées par la rangée des tentes. Devant une de ces habitations se trouvait une jeune fille qui caressait un joli cheval. Elle poussa un cri d'effroi à notre approche, s'élança sur le cheval et s'enfuit.

Je ne m'amusai point à poursuivre l'enfant; quand même elle eût donné l'alarme à tout le camp, qu'aurions-nous eu à craindre? Quelques vieillards, des femmes, des malades, des enfants, ne me paraissaient guère redoutables. Nous marchâmes presque au pas. Un vieillard vint à notre rencontre, mit la main sur le cou de ma monture, et me demanda :

« Seigneur, qui es-tu ?

— Un envoyé de votre cheikh, Zédar ben Houli.

— Le cheikh !... Et de quelle commission t'a-t-il chargé ?

— Je vous la communiquerai quand toute la tribu sera rassemblée pour l'entendre. Combien de guerriers sont restés au camp ?

— Quinze jeunes hommes. Mais Adjéma vous a vus, elle va les appeler tous.

— Bien, je descends de cheval et les attends ici. Toi, Halef, continue ton chemin, examine, puis retourne vers les nôtres.

— Que ton compagnon s'arrête avec toi; vous boirez et mangerez ensemble, dit le vieillard.

— Il n'est pas fatigué, il n'a ni faim ni soif; laisse-le partir. Où sont vos jeunes hommes ?

— Là-bas, dans l'île. »

Encore cette île, pensai-je; décidément c'est leur fort retranché. Je repris aussitôt :

« Que font-ils là ?

— Ils... » Mon interlocuteur hésitait visiblement. « Ils... gardent les troupeaux.

— Est-elle loin, cette île ?

— Oh ! non, tout près ! Regarde : voici déjà les guerriers. »

En effet, une petite troupe abordait sur la rive et accourait vers nous; elle était composée des plus jeunes hommes de la tribu, des enfants presque; leurs armes consistaient en couteaux, lances ou massues; pas un seul n'avait d'armes à feu. Celui qui paraissait conduire et commander les autres s'avança sur moi, brandissant sa massue et criant :

« Chien ! comment as-tu osé pénétrer jusqu'ici ? »

Je parai le coup avec mon fusil; mais les autres dirigeaient leurs lances contre moi : les écartant, j'allai droit au jeune chef. J'étais encore à cheval; mon brave coursier noir s'élança au milieu de leurs montures en renversant tous les obstacles.

« Comment ! m'écriai-je, tu reçois ainsi un hôte de ta tribu ! Enfant, il faut t'apprendre à vivre ! »

Puis, arrachant le petit chef de sa monture, je le plaçai devant ma selle; il était mince et fluet comme une femme; il ne comptait pas vingt ans. Il se débattait dans mes mains à la façon d'un pantin; je le sentais trembler de colère et de peur.

« Maintenant, frappez, si vous l'osez ! » dis-je aux autres jeunes gens, qui se gardèrent bien d'obéir, car leur compagnon me servait de bouclier.

Quelques-uns descendirent de cheval, cherchant à m'atteindre par derrière, tandis que les autres essayaient d'attirer mon attention par devant.

Fallait-il tirer, tuer ces enfants, ou même les blesser? Je n'en aurais pas eu le courage.

Je fis reculer mon cheval contre une tente, où je l'acculai pour n'avoir plus à m'occuper d'une agression par derrière; puis je demandai à cette petite troupe furieuse :

« Pourquoi m'attaquez-vous ? Que vous ai-je fait ?

— Nous te connaissons, reprit l'un d'eux, tu ne nous échapperas plus; tu es l'homme au lion !

— Tu parles bien hardiment, mon agneau ! » repris-je en souriant.

Au même moment une vieille femme accourut à nous; elle criait de toutes ses forces et levait les bras au ciel.

« Laissez-le, suppliait-elle, laissez-le, mes enfants ; c'est un homme terrible !

— Nous voulons le tuer ! hurlait la bande.

— C'est le diable ! il va vous déchirer tous, puis s'enfuir dans les airs.

— Non, je ne m'enfuirai pas; au contraire, je reste parmi vous, j'ai à vous parler, » dis-je avec insistance ; mais la foule ne se calmait pas. Je laissai s'échapper mon prisonnier; sautant à bas de ma monture, je pénétrai dans la tente en me frayant un passage avec la pointe de mon poignard, et en tirant mon cheval après moi de peur que ces brigands ne me l'enlevassent. Je me trouvai pour l'instant débarrassé de ce véritable essaim de guêpes. Tous criaient comme des enragés au dehors :

« Nous le tenons! Hamdoul illah ! nous le tenons ! Entourons la tente ! Ne le laissez pas échapper, répondaient d'autres voix.

— Prenez vos lances ! Percez-le à travers la toile !

— Non, non, il faut le saisir vivant; il ne faut pas blesser son beau cheval, il l'a fait entrer avec lui ! Nous donnerons le cheval au cheikh. »

J'étais persuadé que, malgré toutes ces bravades, pas un ne tenterait de pénétrer jusqu'à moi ; ils avaient vu mes armes et connaissaient la force de mon poignet ; du reste, depuis l'aventure des chevaux et du lion, je me trouvais protégé chez eux par leurs idées superstitieuses. Sans se l'avouer bien nettement, tous me croyaient plus ou moins le favori du Cheïtan. Je m'assis donc assez tranquillement et goûtai même un peu de viande froide déposée au fond de la tente sur des feuilles. Dehors, les cris, les délibérations, les menaces à mon adresse continuaient de plus belle. Au bout de quelque temps j'entendis, dominant ce tumulte, le pas de plusieurs chevaux lancés au galop, puis des exclamations telles que celles-ci :

« Allah kérim ! Dieu nous vienne en aide : voilà l'ennemi ! »

Puis une course folle, puis un grand silence. Je sortis de ma cachette : la foule s'était dissipée ; tout le monde se réfugiait dans les tentes voisines ; quelques spectateurs restaient seuls sur la place. J'aperçus aussi Halef, revenu à toute bride. Il me demanda d'un air effaré :

« Sidi, es-tu blessé ? que t'ont-ils fait ?

— Rien, mais aie soin que personne ne quitte le camp. Nous serons contraints de tirer sur ceux qui chercheront à fuir. »

Je prononçai très haut ces derniers mots pour effrayer mon monde ; après quoi j'envoyai Halef dans les tentes, afin d'assembler les vieillards. Quant aux jeunes guerriers dispersés, je ne m'en occupai guère ; Halef avait ramené avec lui quelques Haddedîn que leur chef inquiet déjà envoyait au-devant de nous. Les vieux de la tribu furent longtemps à se décider. Ils tremblaient et se cachaient ; enfin l'éloquence de Halef vainquit toutes leurs craintes ; ils se réunirent en cercle autour de moi ; je les fis asseoir pour les interroger en ces termes :

« Vous voyez les guerriers qui m'accompagnent, vous les reconnaissez à leurs vêtements et à leurs armes ; qui sont-ils ?

— Des Haddedîn, seigneur !

— Et vos guerriers à vous, où sont-ils ?

— Tu le sais, seigneur !

— Je le sais, je vais vous le dire. Ils sont tous prisonniers des Haddedîn ; pas un seul ne leur a échappé.

— Allah kérim !

— Oui ; priez Allah de vous faire miséricorde ainsi qu'à eux.

— Il ment ! » murmura l'un des assistants, auquel l'âge n'avait pas enlevé l'énergie, et dont les yeux brillaient de colère.

Je m'adressai à cet homme :

« Tu dis que je mens ! m'écriai-je. Tes cheveux sont gris et tes épaules sont voûtées par les ans, c'est pourquoi je te pardonne ; mais sur quoi fondes-tu cette parole ?

— Comment les Haddedîn auraient-ils pu faire prisonnières à la fois trois tribus entières ?

— Tu ignores, vieillard, que les Haddedîn avaient de puissants alliés : les Abou Mohammed, les Alabeïde, les Ateïbeh. On vous dira tout plus tard ; sachez seulement que les vôtres ont été cernés à l'Oued Deradji, où ils restent étroitement gardés. Vous n'avez plus qu'à vous soumettre aux conditions des vainqueurs. Halef, remonte à cheval et fais avancer les prisonniers. »

Les vieillards se regardèrent épouvantés ; ils balbutièrent :

« Est-ce possible, seigneur ?

— Je vous dis la vérité. Vos cheikh sont entre nos mains ; si vous ne payez pas la rançon, leurs têtes tomberont.

— Le cheikh Zédar ben Houli est pris ?

— Oui.

— Il est convenu de l'indemnité ?

— Oui.

— Quelles sont les conventions ?

— Vous les apprendrez bientôt ; on va vous amener un de vos chefs et quarante guerriers de votre tribu qui nous suivent.

— Qu'Allah nous protège ! La rançon est-elle forte ?

— Vous le saurez tout à l'heure. Combien comptez-vous de têtes de bétail dans vos pâturages ?

— Nous n'en savons rien.

— Vous mentez ; tous vous connaissez le nombre des troupeaux. Voyons, combien avez-vous de chevaux ?

— Vingt, sans compter ceux des combattants.

— Ceux-là sont perdus pour vous. Combien de chameaux ?

— Trois cents.

— Combien de bêtes à cornes ?

— Douze cents.

— Combien d'ânes et de mulets ?

— Environ une trentaine.

— Combien de brebis ?

— Neuf mille.

— Votre tribu n'est pas riche. On ne vous demandera probablement que dix chevaux, cent chameaux, trois cents bêtes à cornes, dix ânes et mulets, deux mille chèvres et brebis. »

Là-dessus s'élevèrent des cris et des hurlements affreux. Ces malheureux me faisaient pitié; mais je ne pouvais rien rabattre, et je savais que les conditions étaient très douces, en comparaison de ce qui se pratique ordinairement dans ces circonstances.

Lorsque les lamentations commencèrent à s'apaiser, je dis d'un ton rude à l'assemblée :

« Silence ! votre chef a consenti aux conventions.

— Nous ne pouvons payer une telle rançon !

— Vous ne pouvez ? bah ! Ce qu'on a volé, on le rend plus facilement que son propre bien.

— Nous n'avons rien volé. Pourquoi nous traites-tu de brigands ?

— Silence ! N'avez-vous pas cherché à me dépouiller moi-même ?

— C'était une plaisanterie, seigneur.

— Une plaisanterie de pillards ! Voyons, combien avez-vous de pâturages ?

— Six.

— En comptant ceux des îles ?

— Oui, six.

— Même ceux de l'île, d'où j'ai vu venir vos jeunes guerriers ?

— Oui.

— On m'a dit que vous en aviez davantage ; mais votre bouche est pleine de mensonges. Dites-moi, que faites-vous dans cette île ? »

Ils se regardèrent, et l'orateur de la troupe reprit :

« Il y a là quelques hommes.

— Quels hommes ?

— Des étrangers.

— Pourquoi y sont-ils ?

— Nous n'en savons rien.

— Qui le sait ?

— Le cheikh seul.

— Ces hommes sont-ils venus d'eux-mêmes, ou les a-t-on amenés ?

— Nos guerriers les ont amenés.

— Vos guerriers les ont amenés, et vous ne savez pas qui ils sont ! Allons ! je vois qu'il faut vous demander trois mille brebis au lieu de deux mille, autrement vous ne sauriez parler.

— Seigneur, nous n'osons rien dire.

— Pourquoi cela ?

— Le cheikh nous punirait. Prends pitié de nous !

— Eh bien, oui, attendons ! »

Quelque temps après un grand bruit s'éleva dans tout le camp; ce fut un gémissement général, des cris de désespoir poussés par les femmes et les enfants : la troupe de nos prisonniers s'avançait avec leurs conducteurs. Je me levai et dis aux vieillards :

« Vous le voyez, je ne vous trompais point. Voilà quarante des vôtres qui viennent chercher l'indemnité pour délivrer le reste des guerriers. Allez maintenant dans chaque tente, assemblez les femmes, les enfants, tous les habitants du camp; il ne leur sera fait aucun mal; mais je veux qu'ils entendent ma parole. »

On eut assez de peine à réunir toute cette foule tremblante; enfin ils m'entourèrent; les prisonniers étaient placés au milieu. Je dis à ceux-ci :

« Vous voyez vos pères, vos mères, vos sœurs et vos enfants qui sont entre mes mains; sur mon ordre les Haddedîn les emmèneraient tous en esclavage; mais j'espère que vous ne me forcerez pas à user de cette rigueur, et que vous exécuterez loyalement le traité de paix. Vous avez six pâturages dans les environs; vous allez vous partager en six groupes, et, sous la surveillance de mes hommes, vous vous rendrez dans ces différentes prairies pour choisir les bêtes; dans une heure il faut que tout soit prêt. »

Les vaincus savaient bien que toute résistance serait vaine et dangereuse, ils s'éloignèrent sans murmurer; je restai avec douze hommes; parmi eux était Halef, auquel je remis le commandement de la troupe.

« Où vas-tu, Sidi ? me demanda le petit homme.

— Je voudrais visiter leur fameuse île. Tu resteras ici pour faire ranger les troupeaux; prends garde qu'on n'enlève à ces malheureux toutes leurs meilleures bêtes; il faut leur en laisser quelques-unes, ne fût-ce que pour la reproduction. Tu rappelleras aux Haddedîn qu'ils doivent être justes.

— Sidi, ces gens ne méritent aucun ménagement.

— Mais je veux qu'on les ménage ! M'as-tu compris, Halef ? »

Lindsay, qui errait depuis quelque temps alentour, vint me demander si je m'étais informé de l'endroit où il pourrait trouver des ruines.

« Pas encore.

— Surtout n'allez point oublier.

— Certainement non ! Voulez-vous que je vous confie encore une mission?

— Well ! laquelle ?

— Il s'agit de surveiller les femmes et de les empêcher de quitter le camp.

— Bien ! Si l'une d'elles faisait mine de s'enfuir, il faudrait tirer dessus ?

— Oh ! non, Mylord.

— Que faudrait-il faire ?

— L'arrêter, s'il était possible.

— J'essayerai, sir. »

J'étais persuadé que la vue seule de Lindsay tiendrait en respect toute la population féminine. Son costume gris, ses favoris roux, son étrange figure, devaient le faire passer aux yeux de ces gens pour un être surnaturel et redoutable. Je pris seulement deux guerriers avec moi, puis me rendis sur le bord du fleuve ; le mystérieux îlot émergeait en face, tout ombragé par des roseaux de la hauteur d'un homme au moins ; la forme de l'île était longue et très étroite ; je ne distinguais, même avec une longue vue, aucune trace d'habitation.

« Amenez-moi un canot, dis-je à mes Haddedîn, il y en a sans doute aux environs ; cherchez.

— Où veux-tu aller, Émir ?

— Dans l'île.

— Seigneur, c'est impossible ; le courant est trop fort au milieu, aucune barque n'y résisterait. »

Les Arabes avaient raison ; cependant il existait certainement un moyen d'aborder. J'examinai avec plus d'attention encore tous les détails du lieu, je remarquai que les roseaux étaient couchés et foulés à un certain endroit.

« Regardez, dis-je à mes hommes ; ne croyez-vous pas qu'on ait passé par là ?

— On le supposerait, Émir.

— Donc il a bien fallu se servir d'une barque.

— O Émir, une barque se briserait dans le torrent, c'est sûr !

— Cherchez toujours. »

Les Haddedîn fouillèrent à droite, à gauche, remontèrent et descendirent le courant, revinrent enfin près de moi sans avoir rien découvert. Je cherchai de mon côté, presque aussi vainement. Pourtant, au bout d'un quart d'heure, je trouvai un... En vérité, je ne sais quel nom donner à cet objet : ce n'était ni un canot ni une barque, mais une longue corde solidement attachée à un arbre non loin de la rive, puis couchée et dissimulée au milieu d'un massif de roseaux ; lorsque je la tirai, je vis qu'elle aboutissait à une sorte d'outre en peau de bouc ; en travers de cette outre se trouvait fixé un morceau de bois destiné probablement à être saisi avec les mains pour se cramponner pendant le passage.

« Voilà l'embarcation ! m'écriai-je ; elle ne peut être brisée par le fleuve ! Je vais traverser ; gardez la rive afin d'empêcher une surprise.

— C'est bien dangereux, Émir !

— Bah ! cette outre sert tous les jours. »

Je jetai bas mes habits, sauf mes pantalons, et je fis gonfler l'outre, dont l'ouverture fut solidement nouée avec une corde de roseaux ; après quoi je recommandai à mes gens de tenir la corde en ne la laissant couler que par petites brassées.

Saisissant fortement le morceau de bois, je m'abandonnai au courant, qui ne tarda point à m'entraîner ; il était si fort, que mes hommes eurent toutes les peines du monde à retenir la corde. Cependant je parvins à aborder, malgré les rudes secousses de mon singulier bateau ; mon premier soin fut de le lier à un tronc d'arbre, après quoi je pris mon poignard à la main et m'avançai au milieu de la forêt de bambous. Je découvris non sans peine un chemin étroit et sinueux se faufilant sous les roseaux. Il me conduisit à une petite hutte de bambous et de joncs. Cette hutte était si basse, qu'on n'eût pu s'y tenir debout ; je me glissai dans l'intérieur. Quelques vêtements restaient accrochés à la paroi ou jetés à terre ; je les examinai avec attention ; ils indiquaient trois possesseurs, mais rien ne me prouvait que ceux-ci eussent récemment quitté la hutte.

Le sentier ne s'arrêtant point là, je me remis en marche. Après

Une horreur involontaire s'empara de tout mon être.

avoir fait quelques pas, j'entendis un soupir étouffé ; j'avançai encore et trouvai une place où les roseaux étaient coupés. Là, sur le sol, gisaient trois têtes ! Elles avaient été enfoncées dans la terre jusqu'au menton ; elles me parurent monstrueusement enflées. Un nuage de moustiques et de cousins s'éleva dans l'air à mon approche. Les yeux et la bouche de ces têtes restaient fermés. Qu'étaient-ce que ces victimes ? pourquoi cette exécution ?

Je me baissai pour ramasser une de ces têtes ; mais à peine l'avais-je touchée, qu'un douloureux et faible soupir s'échappa des lèvres tuméfiées. Certes, je ne suis pas peureux, mais en ce moment une horreur involontaire s'empara de tout mon être ; je reculai d'effroi. Ce fut en faisant un violent effort sur moi-même que je m'approchai de ces tristes objets ; les yeux de la tête que j'avais touchée venaient de se rouvrir et me regardaient d'un œil terne, éteint, affreux.

Ces hommes avaient donc été enterrés vifs, enterrés jusqu'à la tête, dans ce sol humide et marécageux, pour que les moustiques ajoutassent à leur épouvantable supplice !

« Qui êtes-vous ? » balbutiai-je hors de moi.

Et ces trois paires d'yeux me regardèrent à la fois d'un regard trouble, et l'une de ces bouches murmura avec peine :

« O..., Hadi !... »

Hadi ! n'était-ce pas le nom d'un héros vénéré par les Yézidis, les adorateurs du diable ?

« Qui donc vous a traités ainsi ? »

La bouche essaya encore de s'ouvrir ; mais je ne perçus aucun son. Je me hâtai de courir sur le rivage en écartant les roseaux sur mon chemin. Je plongeai mes deux mains dans l'eau, et revins comme un insensé pour rafraîchir les malheureux torturés. Que pouvais-je leur offrir ? Quelques gouttes découlant encore le long de mes doigts ; ils les sucèrent avidement.

Je fis plusieurs fois ce trajet ; mais qu'était-ce que ce soulagement pour leur soif ardente ?

« N'y a-t-il pas une hache ? » murmurai-je enfin dans mon trouble.

Et l'une des victimes fit un signe négatif.

Alors je regagnai l'endroit par où j'avais abordé ; mes Haddedîn m'attendaient sur la rive. Faisant un porte-voix de mes deux mains, je leur criai :

« Une hache, une pique ! Appelez les trois Anglais ! Qu'ils viennent, mais secrètement ! Il faut que Halef reste là-bas. Hâtez-vous ! »

Les deux hommes disparurent rapidement. Je les attendais avec une fébrile impatience ; enfin ils reparurent, portant un instrument qui ressemblait assez à une pioche. Lindsay courait derrière eux; je l'interpellai aussitôt :

« Sir David Lindsay !

— Yes.

— Vite ! traversez l'eau avec Bill et l'autre ! Apportez-moi le hoyau.

— Vous avez trouvé un fowling-bull ?

— Venez toujours. »

Je détachai l'outre et la lançai à l'autre bord. Mon brave Anglais n'hésita pas; il nageait comme un poisson; il fut bientôt près de moi, me disant tout essoufflé :

« Eh bien ! où ?

— Attendez, faites venir vos gens. »

Les deux domestiques, vigoureux garçons et habiles nageurs, vinrent rejoindre leur maître de la même façon. Bill était muni de la pioche; j'attachai solidement notre outre et fis signe à mon compagnon.

« Suivez-moi, sir !

— Ah ! enfin, nous y sommes !

— Sir David Lindsay, me pardonnerez-vous ?

— Quoi donc ?

— Ce n'est point un fowling-bull que j'ai trouvé.

— Vraiment ! » Et le pauvre homme resta un moment immobile, la bouche ouverte.

« Qu'avez-vous donc trouvé ? demanda-t-il en soupirant.

— Quelque chose d'horrible; suivez-moi ! » Je pris la pioche, et marchai en avant. Arrivés à l'endroit du supplice, les Anglais reculèrent en poussant des cris d'horreur; le fait est que le spectacle dut leur paraître effrayant; les trois têtes ouvraient leurs yeux affolés et branlaient de leur mieux, pour essayer de se débarrasser des insectes.

« On les a enterrés vifs ! murmurai-je.

— Qui donc ?

— Je n'en sais rien; nous l'apprendrons plus tard. »

Je travaillai de toutes mes forces avec la pioche; mes Anglais m'aidèrent de leurs mains; au bout d'un quart d'heure nous avions arraché les victimes à leur tombe. Ces hommes étaient entièrement nus; leurs bras et leurs jambes avaient été attachés avec des cordes.

Je savais que les Arabes ont coutume, dans certaines maladies très dangereuses, d'enterrer le patient jusqu'au cou, prétendant que ce moyen leur rend les forces et la santé ; mais, dans ce cas, les malades ne sont pas liés.

Nous portâmes nos hommes au bord du fleuve, où nous les aspergeâmes à grande eau ; ce rafraîchissement ne tarda point à les ranimer.

« Qui êtes-vous ? leur demandai-je alors.

— Baadri ! »

Baadri... C'est le nom d'un village habité exclusivement par les adorateurs du diable. Je ne m'étais pas trompé.

« Il faut les emmener d'ici.

— Et comment, sir ?

— Je vais retourner le premier en emportant leurs habits, pour aider à tirer la corde de l'autre côté ; puis chacun de vous viendra me rejoindre avec l'un des malheureux.

— Well ! mais ce n'est pas facile.

— Vous les soutiendrez sur l'outre en passant les bras autour d'eux. »

Je roulai les vêtements trouvés dans la hutte, de manière à former un gigantesque turban, puis je me fis remorquer par les Haddedîn, qui durent y mettre toutes leurs forces. Ce fut encore bien pis, quand il fallut tirer deux hommes à la fois ; à nous trois nous dûmes employer toute la vigueur de nos bras. La traversée fut extrêmement périlleuse ; je tremblai pour mes braves Anglais, qui se montraient vraiment héroïques. Enfin tous atteignirent la rive. Lorsqu'on eut repris haleine, j'ordonnai de réhabiller les Yézidis ; nous laissâmes les domestiques anglais à leur garde, ainsi que les deux Haddedîn, leur recommandant de se cacher dans une touffe d'arbustes. Sir Lindsay devait apporter secrètement de la nourriture ; nous retournâmes ensemble au camp. L'Anglais était tout songeur ; il me demanda :

« Qui donc leur a infligé un si cruel supplice ? qu'en pensez-vous ?

— Belle question ! c'est le cheikh de cette tribu.

— Il faudra faire exécuter ce misérable. »

Notre aventure nous avait pris plus d'une heure ; quand nous arrivâmes au camp, nous vîmes toute la plaine remplie de troupeaux que l'on comptait, qu'on choisissait et qu'on mettait à part avec beaucoup de débats et de cris. Le petit Halef se donnait au milieu de tout cela un mouvement incroyable; il était monté sur mon coursier noir. Je le voyais, allant, venant, tranchant les difficultés, ordonnant, apaisant les conflits; il semblait se multiplier pour assurer le bon ordre. Il n'était pas fâché de parader un peu sur mon beau cheval et de passer pour un chef influent.

Les Haddedîn mettaient beaucoup d'entrain et d'ardeur à leur besogne; mais les prisonniers qui les accompagnaient maîtrisaient avec peine leur rage et leur fureur. Quant aux vieillards et aux femmes de la tribu, ils fondaient en larmes; quelques-uns laissaient échapper les plus foudroyantes malédictions, murmurées à voix basse, ou se traduisant par des gestes difficilement contenus. Je m'approchai d'un des groupes de femmes : j'avais remarqué l'expression singulière du visage de l'une d'elles; au lieu de pleurer et de se lamenter comme les autres, elle semblait suivre des yeux, avec une joie muette, les opérations de nos gens. Avait-elle au cœur quelque haine contre le cheikh? n'appartenait-elle pas à la tribu?

« Suis-moi! lui dis-je.

— Seigneur, sois-moi miséricordieux! Je n'ai rien fait pour te déplaire, murmura cette femme tout effrayée.

— Ne crains rien, viens avec moi. »

Je la conduisis dans une tente vide; me plaçant devant elle, je la regardai fixement et lui demandai :

« Tu as un ennemi dans la tribu, n'est-ce pas? »

La Bédouine parut très étonnée; elle répondit :

« Seigneur, comment sais-tu cela?

— Parle franchement : quel est cet ennemi?

— Tu ne me trahiras point?

— Non, car cet ennemi est aussi le mien.

— Es-tu celui qui l'a vaincu?

— Oui! Tu hais le cheikh Zédar ben Houli; avoue-le! »

Les yeux noirs de la Bédouine lancèrent des éclairs; elle dit, du plus profond de son cœur :

« C'est vrai, je le hais.

— Pourquoi?

— Parce qu'il a fait tuer le père de mes enfants.

— Et pour quel motif?

— Mon seigneur ne voulait pas voler.

— Ah! et pourquoi?

— Parce que le cheikh garde la plus grande partie du butin.

— Tu es pauvre?

— L'oncle de mes enfants m'a prise chez lui; mais il est pauvre aussi.

— Combien a-t-il de têtes de bétail?

— Un bœuf et dix chèvres; mais il faudra aujourd'hui même qu'il abandonne son petit troupeau au cheikh; ce sera nous qui supporterons la perte. La tribu est pauvre, mais le cheikh est riche.

— Si tu me dis la vérité, le cheikh ne reviendra pas parmi vous.

— O seigneur, tes paroles ne me trompent-elles point?

— Non; je ferai en sorte que Zédar ben Houli soit retenu comme otage chez les Haddedîn, et on vous enverra un chef plus juste. L'oncle de tes enfants gardera ses bêtes.

— Seigneur, ton âme est pleine de miséricorde! Que désires-tu savoir de moi?

— Connais-tu l'île qui est là-bas, vis-à-vis du camp? » La femme pâlit et reprit vivement :

« Ah! seigneur, pourquoi veux-tu savoir cela?

— Parce que j'ai besoin d'apprendre ce qui se fait dans cette île.

— Émir, ne me le demande point, c'est un secret; celui qui le trahirait serait puni de mort par le cheikh.

— Ne t'ai-je pas promis que, si tu disais la vérité, le cheikh ne reparaîtrait plus ici?

— Tu me le jures, seigneur?

— Crois-moi, je n'ai jamais menti. Raconte-moi ce que tu sais de cette île.

— C'est là que sont déposées les prises du chef.

— Quelles prises? »

La femme hésitait encore; enfin elle reprit en balbutiant :

« Il guette les voyageurs qui traversent la plaine ou suivent le fleuve; il les dépouille. S'ils sont pauvres, il les tue; s'ils sont très riches, il en tire souvent de grosses rançons.

— Et il les garde dans l'île?

— Oui, dans la hutte de bambous; ils ne peuvent s'enfuir, car on les garrotte solidement.

— Quand leur rançon est payée, que fait le cheikh?

— Il les tue tout de même, pour n'être point trahi.

— Et s'ils ne voulaient ou ne pouvaient promettre de payer?

— On les torturerait.

— Par quel genre de supplice?

— Il y en a de plusieurs sortes; parfois on les enterre vivants.

— Quels sont les bourreaux?

— Le cheikh et ses fils. »

C'était, en effet, un des fils de Zédar ben Houli qui s'était occupé spécialement de ma personne, quand j'avais été fait prisonnier par cette tribu. Il se trouvait au nombre de nos otages de l'Oued Deradji; je l'avais reconnu.

« Combien le cheikh a-t-il de fils? demandai-je encore.

— Deux.

— Sont-ils ici?

— Tu as gardé l'un d'eux, celui qui voulait te tuer le jour du lion; l'autre est ici.

— Y a-t-il des prisonniers dans l'île en ce moment?

— Oui, deux ou trois.

— Où sont-ils?

— Je n'en sais rien; personne ne le sait, que ceux des hommes présents à la prise.

— Mais comment ces gens sont-ils tombés dans les mains du cheikh?

— Ils montaient un *kellek* (barque) sur le fleuve; le soir ils ont voulu mettre à l'ancre près d'ici; c'est alors que le cheikh les a surpris.

— Depuis combien de temps ces hommes ont-ils été amenés dans l'île? »

Mon interlocutrice réfléchit un peu, puis répondit :

« Depuis environ vingt jours.

— Avez-vous beaucoup de *tachterouan* (panier dans lequel on place souvent les femmes pour voyager à dos de chameau)?

— Oui, nous en avons plusieurs.

— Bien. »

Je pris sous mon turban quelques pièces de monnaie. Cette

monnaie venait de la somme que j'avais trouvée dans la selle d'Abou Seïf; son chameau avait dû être vendu à Bagdad; mais jusqu'alors je laissais l'argent sans y toucher; je crus bien l'employer en en donnant une partie à la pauvre Bédouine.

« Je te remercie, lui dis-je, voilà pour ta peine.

— Oh! ta bonté est grande comme... »

Je l'interrompis dans ses hyperboles, en lui demandant si l'oncle de ses enfants se trouvait parmi nos prisonniers.

« Oui.

— Sa liberté lui sera rendue. A présent va près de ce petit homme, monté sur un cheval noir; dis-lui de ma part qu'il te rende tes bêtes. Zédar ben Houli ne reviendra pas, crois-le bien.

— O seigneur!...

— Va, te dis-je; mais ne laisse deviner à personne de la tribu que tu m'as parlé; tu entends? »

Quelques minutes plus tard, comme le partage des troupeaux touchait à sa fin, je fis signe à Halef de s'approcher; il accourut, toujours grimpé sur mon beau coursier noir; je lui demandai :

« Qui donc t'a permis de prendre mon cheval, hadji Halef Omar?

— Je voulais l'habituer à mes jambes, Sidi.

— Je pense qu'il ne les craint pas beaucoup?

« Écoute, tu vas rendre à la femme que je t'ai envoyée son bœuf et ses dix chèvres.

— Oui, Sidi.

— Ensuite tu prendras trois tachterouan, que tu feras attacher sur trois chameaux.

— Qui veux-tu emmener, Sidi?

— Regarde là-bas, sur la rive du fleuve; tu vois ces arbres et ce bouquet de bambous, là, à droite?

— Je les vois.

— Il y a sous ce bosquet trois hommes fort malades, je veux les emmener dans les corbeilles. A présent va dans la tente du cheikh, elle t'appartient avec tout ce qu'elle renferme. Tu y prendras des couvertures avec ce qui est nécessaire pour adoucir le transport à des gens épuisés. Seulement, jusqu'à nouvel ordre, je désire que personne ne se doute de ce que porteront les trois chameaux.

Bill, croyant qu'on assassinait son maître, tira à son tour.

— Tu sais, Sidi, que j'exécute toujours ce que tu me commandes ; mais je ne puis faire tout cela seul.

— Tu trouveras, à la place indiquée, les trois Anglais avec deux guerriers Haddedîn ; ils t'aideront. Pour le moment rends-moi mon cheval ; je vais parcourir le campement. »

Une heure après tout était disposé. Les Haddedîn, fort occupés à l'arrangement de leurs troupeaux, prenaient peu garde aux faits et gestes de mon Halef, malgré l'importance qu'il s'attribuait à l'occasion. Les trois malheureux avaient pu être chargés sur les chameaux et cachés sous les couvertures. La longue caravane se disposa à partir sans autre incident, les troupeaux au milieu de nos guerriers ; avant de m'éloigner, je cherchai des yeux le jeune homme qui m'avait reçu à coups de lance le matin même. Je le découvris parmi ses camarades, m'avançai vers lui, et, appelant du geste Lindsay, je dis à celui-ci :

« Sir, avez-vous des cordes avec vous ?

— Bah ! s'il vous en faut, en voilà ! » s'écria l'Anglais.

Il se dirigea vers le groupe de chevaux que nous laissions à la tribu, et qui étaient attachés aux tentes par de longues cordes en écorces de palmier ; il coupa plusieurs de ces liens, puis me les présenta triomphant.

« Eh bien, sir, repris-je, voyez-vous ce jeune drôle là-bas, avec sa figure brune et sournoise ?

— Oui, certes, je le vois.

— Sir David Lindsay, je vous l'abandonne ; c'est un de ceux qui faisaient la garde près des malheureux enterrés vifs, un de ceux qui ont contribué sans doute à leur supplice ; il faut l'emmener. Liez-lui, s'il vous plaît, les mains derrière le dos ; attachez-le à votre selle ou à vos étriers ; il apprendra un peu à courir.

— Yes, sir ; bonne idée !

— Je vous le confie, sir Lindsay.

— Oui, oui, soyez en repos. »

L'Anglais s'avança tranquillement vers le jeune homme, lui mit la main sur l'épaule en faisant signe à ses deux domestiques.

« *I have the honour*, Mylord ! » dit-il d'un air grave, tandis que Bill et son compagnon se saisissaient de l'Abou Hamed et le garrottaient malgré ses cris.

Le jeune homme, se tournant vers moi, me demanda d'un air furieux :

« Que me veulent-ils, Émir? Parle-leur!

— Tu vas nous suivre.

— Je ne suis pas prisonnier! je... »

Une femme intervint alors en criant :

« Allah kérim! Émir, que veux-tu faire de mon fils?

— Je veux l'emmener, comme tu le vois.

— Lui! la lumière de mes yeux! le soutien de ma vieillesse! le plus hardi de tous nos jeunes hommes! Que t'a-t-il fait? Pourquoi le lier comme un meurtrier? Rends-le-moi!

— Vite, sir Lindsay, attachez-le à votre cheval et partons! »

Je donnai le signal, tout s'ébranla pour sortir du camp. Je devenais impitoyable. En arrivant chez ces malheureux vaincus, je m'étais attendri sur leur sort; mais tout ce que j'avais vu parmi eux, et les horreurs de l'île qui leur servait de repaire, changeaient entièrement ma façon de penser; ce fut sans remords, presque sans compassion que je m'éloignai, poursuivi par les cris de douleur et de rage qui retentirent longtemps derrière nous. Il me semblait quitter une caverne de brigands.

Halef, avec les trois chameaux mystérieusement chargés, se tenait en tête de la marche; j'allai le rejoindre.

« Sont-ils bien installés? lui demandai-je.

— Comme sur le divan du padischah, Sidi!

— Ont-ils pu manger?

— Non; ils ont seulement bu un peu de lait.

— La parole leur est-elle revenue?

— Ils n'ont prononcé que quelques mots, dans une langue que je ne connais point.

— Cela doit être du kourde.

— Le crois-tu, Sidi?

— Oui; j'imagine que ce sont des adorateurs du diable.

— Des adorateurs du diable! Allah il allah! que Dieu nous protège du diable trois fois lapidé! Comment peut-on adorer le diable, Sidi?

— Ils ne l'adorent point, quoiqu'on leur ait donné ce nom injurieux; ce sont de braves gens, travailleurs et probes, moitié chrétiens, moitié musulmans.

— Cependant ils ont un langage qu'aucun musulman ne saurait comprendre. Le comprends-tu, toi, Sidi?
— Non. »
Halef fit un mouvement de surprise.
« Non! toi qui sais tout! C'est impossible, ou alors...
— Je ne connais point cette langue, te dis-je.
— Pas du tout?
— Je ne sais. Si elle a quelque parenté avec vos différents dialectes, j'y reconnaîtrai bien quelques mots.
— Tu le vois, Sidi, j'ai raison, tu sais tout!
— Dieu seul sait tout; la faible science de l'homme n'est qu'une goutte tombée de cette source infinie. Je ne sais pas encore, par exemple, si Hanneh, la lumière de tes yeux, est contente de son Halef?
— Contente, Sidi! Ah! trois choses sont précieuses à son cœur: Allah d'abord, Mohammed son aïeul, le Cheïtan enchaîné dont tu lui as fait présent, et une quatrième la ravit, c'est hadji Halef Omar, ben hadji Aboul Abbas, ibn hadji Daoud al Gossarah!
— Comment! Halef, le diable vient avant toi?
— Non, pas le diable, mais le présent que tu lui as fait, à elle et à son aïeul, Sidi. »
Je ne pus m'empêcher de sourire et retournai près de l'Anglais. Nous avancions lentement, on le pense bien, avec ces troupeaux qu'il fallait ménager et diriger. Vers le soleil couchant, nous atteignîmes un endroit baigné par la Djebar, tout rempli de fleurs et de verdure; cette place nous semblait très propre au campement. Le difficile était de garder à la fois nos prisonniers et nos bêtes. J'eus beaucoup de peine à organiser le campement; il se faisait tard quand je crus pouvoir m'enrouler dans ma couverture pour m'endormir. Je n'avais pas fermé l'œil, que Lindsay accourait.

« Affreux, épouvantable, sir! criait-il.
— Quoi donc?
— Incompréhensible!!!
— Mais quoi? Votre prisonnier s'est enfui?
— Oh! no! Il est solidement lié.
— Eh bien! qu'y a-t-il d'incompréhensible et d'affreux?
— Nous avons oublié le principal.

— Quoi donc? parlez!

— Les truffes! »

J'éclatai de rire malgré moi.

« O sir, vous avez raison, m'écriai-je; la chose est déplorable! Mais consolez-vous cependant, on a trouvé dans une tente un grand sac de truffes que j'ai fait emporter.

— Ah! oh! alors, au retour...

— Oui, soyez tranquille, vous aurez des truffes demain plus que vous n'en pourrez manger.

— Parfait! bonne nuit, sir! »

Le lendemain, en m'éveillant, mon premier soin fut d'aller visiter mes trois malades; on les avait laissés dans les corbeilles qui leur servaient de selle, et ils étaient rapprochés l'un de l'autre, de manière à pouvoir communiquer facilement. Je trouvai leur état aussi satisfaisant que possible; leur visage désenflait et reprenait forme humaine; ils parlaient presque sans difficulté, employant un arabe fort pur, au lieu du langage inintelligible qu'ils avaient fait entendre la veille, dans leur épuisement.

Dès que je m'approchai, l'un d'eux se souleva; il tendit les mains vers moi, me disant avec un accent de gratitude qui me toucha :

« Ah! c'est toi! c'est toi! je te reconnais.

— Qui suis-je, mon ami? demandai-je avec un sourire.

— Tu es celui qui m'est apparu, quand la mort étendait sa main pour étouffer mon cœur. O Émir Kara ben Nemsi, je te remercie!

— Comment sais-tu mon nom?

— Je le sais, car le bon hadji Halef Omar nous a beaucoup parlé de toi.

— A votre tour, si vous êtes assez fort pour me répondre, dites-moi qui vous êtes?

— Je m'appelle Pali, celui-ci Selek, et cet autre Melaf.

— Quelle est votre patrie?

— Notre patrie se nomme Baadri; elle est située au nord de Mossoul.

— Comment vous trouviez-vous chez les Abou Hamed?

— Notre cheikh nous avait envoyés à Bagdad, pour porter une lettre et des présents au gouverneur.

— Au gouverneur de Bagdad? mais ne relevez-vous pas de Mossoul?

— Émir, le gouverneur de Mossoul est un méchant homme, qui nous pressure tant qu'il peut; celui de Bagdad est le favori du Grand Seigneur; nous allions lui demander de s'intéresser à nous.

— Comment voyagiez-vous? Vous descendiez le fleuve?

— Non; nous étions allés près du courant de Ghazir; nous y avions construit un canot qui nous conduisait jusque dans le Zab, et de là sur le Tigre, où nous devions prendre un bateau, quand nous avons été surpris par le cheikh des Abou Ramed.

— Il vous a dépouillés?

— Oui; il nous a enlevé le présent que nous portions au gouverneur, puis il voulait nous contraindre à écrire aux nôtres pour en tirer une rançon; mais nous ne pouvions le faire, notre tribu est trop pauvre; d'ailleurs, nous savions qu'une fois payée, la rançon ne servirait à rien. Zédar ben Houli nous eût mis à mort d'une façon comme de l'autre.

« Ce fut alors que commença notre supplice; on nous battit cruellement, on nous suspendit par les poignets, et, comme nous refusions toujours d'écrire, on nous enfouit dans la terre.

« Savez-vous que votre bourreau est entre nos mains?

— Hadji Halef Omar nous l'a dit.

— Il sera puni comme il le mérite.

— O Émir, pardonne-lui!

— Comment?

— Émir, tu es musulman; mais nous suivons une autre religion, et, puisque nous voilà délivrés, nous devons pardonner.

— Vous vous trompez; je ne suis point musulman, je suis chrétien.

— Chrétien! tu portes les habits des musulmans, mais tu as le signe du pèlerinage.

— Ne peut-on être chrétien et avoir été à la Mecque?

— Non; aucun chrétien ne saurait entrer dans cette ville.

— J'y suis entré cependant; demande à cet homme.

— Oui, oui, interrompit Halef, hadji Kara ben Nemsi a vu la Mecque!

— A quelle branche appartiens-tu, Émir? Es-tu chrétien de Chaldée?

— Non, je suis un Franc.

— Reconnais-tu la Vierge qui a Dieu pour fils ?

— Oui.

— Reconnais-tu Aïssa (Jésus), le fils du Père ?

— Oui.

— Crois-tu qu'Aïssa, le fils de Dieu, reviendra pour nous juger ?

— Oui, je le crois.

— Reconnais-tu le saint baptême ?

— Oui.

— Crois-tu que les anges environnent le trône de Dieu ?

— Oui.

— O Émir, ta croyance est bonne ; elle est la vraie ; béni soit Dieu qui t'a envoyé vers nous ! Accorde-nous donc une faveur; pardonne à celui qui nous a fait du mal !

— Nous verrons ; je ne suis pas le chef de la tribu victorieuse. Savez-vous où je vous conduis ?

— Oui, nous allons à l'Oued Deradji.

— Le cheikh des Haddedîn vous accueillera bien, sur ma demande, je vous le promets ! »

Cependant le moment de reprendre notre marche était venu. Près de Kalaat el Djebar, nous trouvâmes une énorme quantité de truffes, au grand ravissement de mon Anglais, qui en fit une bonne provision et promit de m'inviter le lendemain à goûter du pâté confectionné de ses propres mains.

Vers midi nous passâmes entre les monts de Kanouza et de Hamrin ; bientôt nous descendîmes dans l'Oued Deradji. Je n'avais envoyé personne en avant, afin de me donner le plaisir de surprendre mon ami Mohammed ; mais les guetteurs nous virent de loin, des cris de joie remplirent toute la vallée. Mohammed Emin et Malek s'avancèrent au-devant de nous, pour me souhaiter la bienvenue ; j'étais le premier qui rentrait au camp avec le tribut.

Pour se rendre aux pâturages des Haddedîn, il n'y avait d'autre moyen que de traverser l'Oued.

Là se trouvaient encore les prisonniers de guerre ; ceux de la tribu des Abou Hamed nous accueillirent avec de terribles regards de haine, quand ils virent passer leurs troupeaux. Enfin nous atteignîmes la plaine ; je sautai à bas de mon cheval.

« Que contiennent ces trois tachterouan ? me demanda Mohammed.

— Trois hommes que le cheikh Zédar ben Houli avait voulu faire périr dans les tortures. Je te raconterai cela. Où sont les cheikh prisonniers ?

— Ici, dans la tente ; mais les voilà qui viennent à nous. »

Le cheikh des Abou Hammed, le regard étincelant, s'approchait de moi en effet ; il aperçut de loin le butin que nous avions ramené, et me dit d'un ton plein de colère :

« As-tu pris plus que tu ne devais ?

— Les conventions ont été exécutées, cheikh, répondis-je froidement.

— Je veux faire compter le bétail devant moi.

— Tu le peux ; cependant je dois t'avouer tout de suite que j'ai pris quelque chose dont nous n'avions point parlé.

— Quoi donc ?

— Veux-tu le voir ?

— Oui, certes.

— Viens ! »

Il appela son fils aîné ; les autres cheikh nous suivirent. Je me rendis, ainsi entouré, à l'endroit où Halef faisait décharger les trois chameaux qui portaient les malades.

« Connais-tu ces hommes ? demandai-je à Zébar.

— Les Yézidis ! s'écria-t-il stupéfait.

— Oui, ceux que tu as fait lentement torturer, ceux qui, par tes ordres, devaient périr d'une mort affreuse, comme tant d'autres de tes victimes, monstre que tu es ! »

Il me regarda d'un air farouche.

« Qu'a-t-il fait ? demanda Esla el Mahem.

— Ce qu'il a fait va vous épouvanter tous ! » repris-je indigné ; et je racontai sommairement les horreurs dont j'avais été témoin. Je parlais encore, lorsque Lindsay, resté un peu en arrière, parut à cheval avec ses domestiques ; le second fils de Zédar était attaché à sa selle. A cette vue le cheikh des Abou Hamed se tourna vers moi, dans le paroxysme de la rage, en criant :

« Allah akbar ! qu'est ceci ? Mon second fils prisonnier !

— Comme tu le vois !

— Et pourquoi ?

— Il a été l'instrument et le complice de tes crimes. Il a gardé pendant deux jours ces malheureux enterrés vifs jusqu'à la tête ! Quel châtiment suffira pour vous punir ? Dis-moi, en connais-tu d'assez cruels ? Allons, va délier ton fils. »

Le cheikh s'élança, plein de rage, pour saisir la bride du cheval de l'Anglais ; mais Lindsay, qui n'avait rien compris, le repoussait et grommelait :

« Retirez-vous ! ce drôle m'appartient. »

Avant que nous eussions eu le temps d'intervenir, Zédar, saisissant un des pistolets d'arçon de notre insulaire, faisait feu : Lindsay fut atteint au bras. Bill, croyant qu'on assassinait son maître, tira à son tour ; le cheikh, atteint à la tempe, roula dans la poussière, tandis que nos gens s'emparaient de ses deux fils et les liaient étroitement.

C'était la justice de Dieu qui permettait cette mort. Une véritable confusion suivit l'événement ; enfin Halef parvint à se faire entendre :

« Où faut-il conduire les Yézidis ? » demanda-t-il.

Je regardai Mohammed.

« Marabah ! s'écria celui-ci, qu'ils soient les bienvenus ! Ils resteront près de nous jusqu'à ce qu'ils puissent reprendre leur route ; Mohammed Emin sait être hospitalier. »

Là-dessus Selek, l'une des trois victimes, se leva avec effort et dit au chef :

— Tu t'appelles Mohammed Emin ?

— Oui, tel est mon nom.

— Tu n'es point un Chammar, mais un Haddedîn ?

— Les Haddedîn appartiennent à la race des Chammar.

— O seigneur ! j'ai un message pour toi.

— Parle.

— Avant notre départ, quand j'étais encore à Baadri, j'allai au ruisseau pour puiser de l'eau ; là je trouvai une troupe d'Arnautes conduisant un prisonnier. Ce malheureux me pria de lui donner à boire, et, comme il buvait, il me glissa ces mots à l'oreille : « Va chez les Chammar, parle à Mohammed Emin, dis-lui que je me rends à Amadiah. Les autres ont été exécutés. » Voilà, ô cheikh, ce qu'il me dit. »

Mohammed tressaillit.

« Amad el Ghandour ! mon fils ! s'écria-t-il. Était-ce lui ! Comment était-il fait ?

— Grand comme toi à peu près, avec une longue barbe noire tombant jusque sur sa poitrine.

— Oh! c'est lui! Hamdoul illah! enfin nous sommes sur sa trace! Réjouissez-vous avec moi, vous tous! Aujourd'hui nous ferons un festin pour tous, amis et ennemis! Combien de temps s'est-il écoulé depuis que tu lui as parlé?

— Six semaines.

— Je te remercie. Six semaines! le temps est long, mais nous ne tarderons plus. Je vais aller le chercher, et, quand je devrais mettre tout à feu et à sang dans Amadiah, je le ramènerai!

« Hadji Émir Kara ben Nemsi, viens-tu avec moi? Nous abandonneras-tu, quand il s'agit de retrouver mon fils?

— J'irai avec toi.

— Qu'Allah te bénisse! Je vais faire publier la nouvelle par tout le camp, partout. »

Il s'éloigna fort agité, tandis que Halef me demandait:

« Est-ce vrai, Sidi, que tu veux l'accompagner?

— Oui, certainement.

— Sidi, me permets-tu de te suivre?

— Et ta jeune femme, Halef?

— Hanneh est entre bonnes mains; toi, Sidi, il te faut un serviteur; laisse-moi te suivre.

— Viens donc; mais auparavant demande la permission aux cheikh Mohammed et Malek. »

FIN